KB172078

무대 위 세상
무대 밖 세상

무대 위 세상
무대 밖 세상

유민영 에세이

필자가 연극문화에 관련한 책을 펴내면서 최근 10년 동안에는 우연하게도 무거운 학술서만 연달아 상재했다. 즉『한국인물연극사』1·2권(2006)을 비롯하여『한국근대연극사신론』상·하권 (2011),『한국연극의 아버지 동랑 유치진』(2015), 그리고 금년 여름 의『한국 연극의 거인 이해랑』에 이르기까지 여섯 권이나 출간했 는데 모두가 700페이지가 넘는 대작들이다. 이는 사실 필자로서는 피나는 노력의 산물이지만 다른 한편으로 독자들에는 부담도 주 는 비례(非禮)일 것도 같다는 생각을 종종 했었다.

그래서 이번 가을을 맞아서는 독자 서비스라는 차원에서 변변 치 못하지만 근자 여기저기에 썼던 글들을 골라 한데 모아보았다. 거의가 학회 등 여러 문화기관과 단체의 강연 요청에 따라 쓴 글 과 잡지, 극단 프로그램 등에 기고한 글이어서 짧을 수밖에 없었 는데, 그 이유는 의뢰한 쪽에서 시간과 매수를 제한해주었기 때 문이다. 그렇기에 독자들로서는 오히려 읽기가 편할 수도 있을 것 같다.

이번 책은 글의 내용과 성격에 따라 네 부분으로 분류했다. 첫 장 은 유치진, 이해랑, 오영진 임춘앵, 백성희, 차범석 등등 한국 연극 의 뼈대를 세우고 지켜왔던 작고 예인들에 대한 간단한 내력과 인연, 그리고 추억이 서린 단상이다. 두 번째 장은 현재 왕성하게 활동하고 있거나 또는 연로하여 인생을 정리하고 있는 주요 예인들에 대한 이야기다. 따라서 떠난 분들에 대하여는 경외와 연민, 그리고 그리움의 감정으로 썼고, 현재 교유하고 있는 예인들에게 대하여는 존경과 우정, 그리고 사랑의 감정으로 서술했다고 말할 수가 있겠다. 그런데 인물들에 대한 글 속에는 성공한 예인만 있지 않다. 따라서 독자는 이 이 책을 읽는 동안 은연중에 타산지석과 반면교사로 삼아야겠다는 생각도 할 것 같다.

그리고 세 번째 장에서는 주로 한때 변화를 위해 동요했던 국립극장과 전속극단에 대해서 노파심으로 소견을 개진했던바, 어떤 문제는 곧바로 개선되어 기쁜 생각을 하고 있다. 또한 여타 주요 극장과 극단들에 대한 생각을 피력했는데, 특히 종로구청이 최초로 만든 '아이들극장'을 주목하면서 극찬하고 싶었다. 왜냐하면 그 일이 성공하여 전국으로 확산된다면 한국 연극뿐만 아니라 어린이 청소년 정서 교육에 획기적인 변화를 일으킬 만하기 때문이다. 마지막 장은 현재진행형인 창극과 뮤지컬에 대한 생각이나 전국에서 별다른 개성이나 특징도 없이 행해지고 있는 예산 낭비의 축제 문화에 대한 개선책을 강력하게 요구한 글들이다.

모두가 최근에 쓴 단상들이어서 시의성에 있어서는 문제가 덜하겠지만 대체로 산문집들에서 나타나는 체계의 허술만은 필자도 솔직하게 인정하고 있다. 독자의 해량에 기댈 수밖에 없다는 생각이다. 출판계가 어려운 속에서도 흔쾌하게 졸저를 내준 푸른사상사의 한봉숙 대표와 편집부 여러분께 진심으로 감사한다.

2016년 가을, 용인에서

柳敏榮

제3부 문화가 만만보

제1부

한국 연극의
주춧돌들

.

차범석 선생에 대한 아린 추억

필자가 연극계의 한모퉁이에서 연구와 비평 활동을 해오는 동안 평균(차범석 선생의 아명) 선생과는 유별나리만치 만 30년간이나 명콤비(?)를 이루었던 것을 평생의 행운이라 생각하고 있다. 작가와 평론가로 만나 1976년 대한민국연극제로부터 시작하여 2006년 이 해랑연극상까지, 조선일보 신춘문예, 지방 연극제, 호암상 등등 수십여 가지에 이르는 각종 상 심사를 함께하고 전국의 각종 강연과 세미나도 함께 다닌 경우는 아마도 연극사에서도 드문 일일 것 같다. 솔직히 필자는 〈산불〉로부터 〈옥단어!〉에 이르는 수많은 명작을 쏟아냄으로써 한국 현대극을 빛낸 불세출의 극작가로서 선생을 존경하는 것 못잖게 '인간 평균'을 좋아했다. 우리 시대에 찾아보기 힘든 남산골 샌님 같은 꼿꼿한 기개와 호불호가 분명하고 경우가 밝으며 불의를 참지 못하는 그의 선비정신에 이끌렸던 것이다.

차범석(車凡錫) 선생은 목포의 명문가 장손이다. 천석꾼의 지주였고 선대가 모두 도쿄 유학을 다녀올 정도로 개화된 가문의 종손이었음에도 불구하고 연극을 평생의 업으로 삼았던 것도 별나지만, 젊은 시절 유산 상속을 사양(?)하고 고생을 감수하면서 줄기차게 창작에 올인했던 것도 별나다. 선생은 예술가답게 미각이 뛰어나고 사람과 일과 술을 좋아해서 항상 피로에 젖어 있는 듯싶었고 결국 70대 후반부터 위장질환으로 병원 신세를 지기 시작했다. 늙으면 누구에게나 병이 찾아오게 마련이지만 선생이 갑자기 큰 수술을 받았다는 전갈을 받자마자 필자는 곧바로 일산 백병원으로 달려갔다. 수척한 선생은 가뜩이나 왜소한 몸이 너무 말라 있어서 마음이 아팠다.

그 무렵 선생은 필자에게 지나가는 말로 '고향 목포로 낙향할까'라는 이야기를 몇 번 한 적이 있었다. 그 이야기를 듣자마자 필자는 매우 좋은 생각이라고 요양도 할 겸 귀향하는 것이 좋을 것 같다고 적극 환영했었다. 그런데 얼마 후 선생은 예술원 회장을 맡는 등 더욱 분주해졌고 더욱이 사람을 좋아하다 보니 위장질환 환자로서는 절대 금해야 할 술을 다시 마시기 시작했다. 필자는 만날 때마다 금주를 은근히 권했었다. 말년에는 후배들이 평균회라는 저녁 모임까지 만들어서 술자리가 잦아졌다. 필자는 술을 그렇게 좋아하는 편은 아니어서 몇 번 참여하다가 슬그머니 빠졌다. 선생의 건강이 나날이 나빠감을 느낄 수 있었다.

그럼에도 불구하고 선생은 연극계의 중요한 일은 솔선해서 했다. 2006년 4월에 김동원 선생이 작고했을 때는 장례위원장까지 맡아서 전체를 지휘했다. 필자가 추도사를 마친 후 뒤이어 단상에 올라 작별인사를 하고 내려오던 선생이 갑자기 제단에서 쓰러지는 사달이 벌어지기도 했다. 모두가 깜짝 놀랐지만 선생은 아무렇지 않다는 듯이 혼자 일어나 필자의 옆자리에 앉더니 히죽 웃기까지 했다. 그 직후 이해랑연극상 심사 때 선생은 결국 나오지 못했다. 그러나 며칠 뒤 시상식 때는 나와서 심사평까지 했다. 그는 정말 초인적일 정도로 책임감이 강했다. 아니나 다를까. 달포 후 선생이 갑자기 입원했다는 소식이 들려왔다. 지난 봄 김동원 선생 장례식장에서 겪었던 일이 생각나 어쩐지 마음이 불길했다.

급히 내자와 함께 일산의 백병원으로 달려갔다. 선생은 몸이 너무 수척해서 볼 수가 없을 정도였다. 마음이 아렸다.

"그때(첫 번째 수술 당시를 말함) 유 교수가 나보고 술 마시지 말고 요양하라고 했었지?"

"그 말이 생각나세요?"

"왜 안 나? 그걸 못 지켰어!"

우리 둘은 한참 동안 더 대화를 나누지 않았다. 이상스럽게도 선생과 필자는 천주교 세례명(프란치스코)까지 같았고, 따라서 우리 부부는 기적을 바라면서 병상의 그를 위하여 간단한 기도를 올리고 돌아 나왔다. 첫 수술 때는 엘리베이터까지 따라 나와 배웅했던 선생이었는데, 이번에는 그러지도 못했다. 며칠 뒤 선생이 소천(召天)했다는 부음이 들려왔다. 상가에서 들으니 선생은 '살 만큼 살았다'면서 아예 곡기(穀氣)를 끊었다는 것이다. 그처럼 곡기를 끊을 정도로 강했던 분이 왜 첫 수술 뒤 절주(絶酒)를 못 했을까.

필자는 선생이 마지막으로 쓰고 싶어 했던 〈옥단어!〉 다음의 자전적인 작품을 영원히 보지 못하게 된 것이 못내 아쉬웠다. 2007년 6월 1주기 때 목포의 묘소를 가보니 잔디가 별로 자라지 않아 너무나 황량하고 쓸쓸했다. 선생이 평소 시끄러운 것을 싫어했음을 산새들도 아는지 멀리서 뻐꾹새 소리만 은은히 들려올 뿐 사위는 적막했다. 돌아서 먼 하늘을 바라보니 나도 모르게 눈물이 주르륵 흘렀다.

근대 리얼리즘극의 전환점

■ 차범석의 〈산불〉

이 땅에서 근대극 운동이 시작되면서 1930년대 초 동랑(東朗) 유치진(柳致眞, 1905~1974)에 의해 처음 서구식 리얼리즘 희곡이 시도된 이후 함세덕(咸世德)과 김영수(金永壽)라는 징검다리를 건너 신예 차범석에 와서야 비로소 우리 연극이 닮고자 했던 세계 연극 조류에 한걸음 다가섰다고 필자는 생각한다.

함세덕 등 초창기 극작가들은 너 나 할 것 없이 유치진을 거쳐야 했던 것이 당시 우리 연극계의 현실이었다. 그러나 이들 중 차범석만큼 유치진과 빼닮고, 또 극작가로서의 궤적을 같이한 경우는 드물다. 이는 아무래도 차범석을 유치진이 등단시키고 또 가르치면서 아꼈던 데 따른 것이라 볼 수 있다. 따라서 차범석의 초기 작품은 유치진의 초기 작품들과 극작술이라든가 현실인식 등에서 유사한 점이 많다. 차이점이라고 한다면 차범석이 역사의 전진과 시대 변화에 따라 리얼리즘을 한 단계 끌어올린 사실이라 하겠다.

그러니까 차범석의 경우, 초창기 혹은 그 이후의 희곡들에서 공통적으로 나타나는 특징적 한계라 할 시대 상황과의 대결로부터 조금은 벗어나 시대 상황 속의 인간의 실존에 포커스를 맞춰나갔다는 사실에서 진전된 모습을 보여준다. 좀 더 구체적으로 말해서 초창기 희곡들이 지나치게 시대 상황과의 대결에 포커스를 맞추다 보니 시대가 바뀌면 곧바로 작품의 생명력이 상실된 반면 차범석만은 역사 속의 인간 실존에 포커스를 맞추었기에 시대가 바뀌어도 여전히 생명력을 유지하고 있는 것이다. 그런 대표적인 작품이 차범석의 두 편의 희곡 〈산불〉과 〈옥단어!〉이다. 그 점에서 그의 희곡은 우리의 현대 연극사에서 하나의 전환점을 만든 것이라 말할 수 있다.

보편적 인간을 탐구하다

모두가 알다시피 그의 출세작 〈산불〉은 6·25전쟁을 배경으로 한 희곡이다. 그 이전에도 이후에도 6·25전쟁을 배경으로 한 희곡들은 많았다. 그럼에도 불구하고 차범석의 작품만이 유독 생명력을 유지하고 있는 이유는 앞에서 설명한 대로 그가 예술이 궁극적으로 추구해야 하는 인간 탐구, 즉 보편성을 추구한 데 따른 것이다.

가령 6·25전쟁을 제재로 한 작품들의 대부분이 어떤 이데올로기의 편에 서서 분노의 시선으로 상황을 묘사했다고 한다면, 차범석의 경우는 특정 이데올로기에 의해서 야기된 전쟁이 인간을 어떻게 파괴하는가를 정면으로 다루었다는 점에서 여타 작품들과 구별된다. 이 작품의 무대만 하더라도 전쟁의 피해가 적을 것 같은 산골의 한촌이지만 그곳마저도 남자라고는 노망 든 늙은이 한 사람뿐이고 그 외에는 모두가 생과부들이다. 따로 설명할 필요도 없이 남자들은 모두가 순전히 타의에 의해서 전쟁에 끌려가 죽었거나 실종된 상태라는 것을 암시해준다.

그런 한촌에 한 젊은 남자(강제로 끌려가 공비가 된)가 숨어 들어오면서 사건이 수습하기 어려울 정도로 복잡하게 얽혀 돌아가게 된다. 그 사건이 곧 이 작품의 핵심 부분이라고 말할 수 있는데, 그 이유는 작가가 전쟁이나 이데올로기보다는 인간 본능에 초점을 가져다 맞춘 점에서 그렇다. 그 본능이란 두말할 것도 없이 질투와 증오가 수반되는 사랑과 번식에 따른 동물의 자연법칙이다. 두 젊은 과수댁이 그 남성 공비를 사이에 두고 이데올로기나 전쟁 등을 잊은채 애욕 갈등을 빚는 것이나 한 여자(사월이)가 임신한 상태에서 자살하는 것이 모두 다 그러한 인간의 본능에 포커스를 맞춘 데서 비롯되는 것이다. 그리고 결국에는 공비마저 아군이 불을 지른 대나무 밭 속에서 타 죽는 것으로 종결된다.

물론 작가가 뒷날 개작했을 때는 사월이가 자살하지 않고 도시로 나가 아기를 키우는 것으로 종결지음으로써 한 가닥 희망의 빛을 던지기도 했다. 그러나 처음에는 작가가 주인공 모두를 죽이고, 대나무 밭은 물론이며 한촌까지 몽땅 태움으로써 무모한 전쟁과 이데올로기가 인간과 자연을 얼마나 비극적으로 파괴하는가를 리얼하게 보여주려고 했다. 그러면서 작가는 한 발짝 더 나아가서 우리로하여금 소멸과 신생이라는 자연법칙까지도 명상케 한 것이 아닌가 싶다.

그렇다면 50년 전에 쓰인 이 희곡의 무대화가 역사가 변동하고 시대 감각이 많이 바뀐 오늘날에 던지는 의미는 어떤 것일까. 세 가지 의미를 던질 수 있다고 본다. 첫째 우리는 오늘날 여전히 이데올로기에 의한 갈등과 긴장 상태에서 벗어나지 못한 만큼 과거를 다시 한 번 심각하게 돌아보자는 데 있을 것 같고, 두 번째는 요즘의 우리 연극 현상이 정체성과 방향성을 잃고 실험극이니 상업극이니 하면서 혼란에 빠져 있는 만큼 견고하게 짜여진 사실적 작품을 보여줄 필요가 있으며, 세 번째로는 우후죽순 속출한 군소 극단들이 이름 없는 소극장들에서 부실한 작품들을 남발하고 있는 상황에서 정통 리얼리즘극에서나 가능할 수 있는 진지하고 탄탄한 연기를 바탕으로 한 짜임새 있는 공연을 제시함으로써 연극계에 경종을 울리고 자성의 기회를 갖자는 뜻도 있지 않을까 싶다. 바로 그 점에서 이번에(2011년) 〈산불〉을 국립극장 해오름극장에 올리는 것은 특별한 의미가 있다고 본다. 생각하며 앞으로 그 파급 효과가 클 것이라고 믿어 의심치 않는다.

난쟁이 시대에 더욱 생각나는 '큰 바위 얼굴'

■ 이해랑 탄생 100주년에 부쳐

셰익스피어의 희극 〈뜻대로 하세요〉에 "끝이 좋아야 다 좋다"라는 대사가 나오는데, 이를 음미해보면 그가 이미 400년 전 혼란스런 오늘의 우리 사회를 염두에 두고 한 잠언(箴言) 같다는 생각이 든다. 왜냐하면 근자 우리 주변에서 권세와 부귀, 명예를 누리던 사람들이 성추문, 막말, 재물욕, 그리고 권력욕 등으로 하루아침에 패가망신하는 경우를 자주 목격하면서 한평생을 '잘살기'가 참으로 어렵다는 것을 새삼 느끼기 때문이다.

그래서 그런지 요즘 난세에 처한 우리나라에는 큰 어른이 없고, 국민이 위로받고 기댈 정신적 지도자가 없다고들 한다. 그러니까 난세일수록 현자가 절실히 필요한데, 현자는 없고 고식지계에 눈이 먼 에고이스트들만이 날뛰고 있는 세상이다. 10여 년 전까지만 해도 자기희생의 상징이랄 김수환 추기경이라든가 법정스님과 같은 고매한 분들이 있어서 이따금 그분들이 들려주는 황야의 외침 같은 잠언을 듣고 정신을 가다듬곤 했었다. 그러나 지금은 나라의 나침반이 되고 국민이 본받고 싶은 상징적 거인은 전혀 안 보이고 오직 눈살을 찌푸리게 하는 난쟁이들만 날뛰고 있어서 뜻있는 이들을 걱정케 하고 있는 것이다.

그 점에 대해서는 문화예술계를 둘러볼 때, 더욱 걱정스러울 지경이다. 즉 철 지난 이데올로기의 미몽에서 아직도 깨어나지 못한 부류가 목소리를 더욱 높이는가 하면 우리 문화에 비전을 제시하고 그 방향으로 힘차게 이끌어갈 만한 리더가 눈에 띄지 않는다. 연극계에 국한해 보더라도 요즘 주요 행사에 축사 한마디를 부탁할 만한 어른이 없다고들 한탄한다. 어른은커녕 중심축마저 무너져서 말 그대로 포스트모던 시대라고까지 말하지 않을 수 없는 상황이다.

그래서 뒤돌아보니 이해랑(李海浪, 1916~1989) 선생이야말로 지난 시대 우리 연극계의 '큰 바위 얼굴'이었다는 생각이 들어서 새삼 그리워진다. 지도자란 어느 나라 어느 시대에서도 삶의 행적에서 공적인 면에서나 사적인 면에서 도덕적 하자가 없어야 하는데, 선생이야말로 어느 면에서도 흠결을 찾아볼 수 없는 인물이었다. 굴곡진 역사를 몸으로 겪어온 우리나라에서는 수많은 인재들이 자의든 타의든 적잖은 흠결을 지녀야 했다. 그럼에도 불구하고 선생은 험난한 역사에 국척(跼蹐)하지 않고 의연하게 정도를 걸어온 매우 드문 경우였다. 식민지 시대에는 다행히(?) 연기자로서만 활동했기 때문에 군국주의에 아유(阿諛)할 필요성이 없었고, 평소 일제에 대한 반감이 강했던 터라서 20대부터 신문 잡지에 글을 쓰면서도 순전히 연극 본질에 관해서만 언급했었다.

두 번째로 선생이 예술가로서도 출중했다고 보는 것은 누구나처럼 그 역시 서양 연극의 영향을 절대적으로 받았음에도 불구하고 자기화하여 독자적인 예술론을 창출한 점 때문이다. 좀 더 구체적으로 말하면 선진 예술을 수용하면서도 자신만의 확고한 정체성을 수립하여 작품으로 형상화해냈다는 이야기가 된다.

다 아는 사실이지만 선생이 연극계의 리더로서 궁극적으로 가진 목표는 이 땅에 건강한 근대극을 착근(着根)시키는 일이었다. 따라서 선생은 체호프주의자로서 스타니슬랍스키의 연극관에 입각하여 유치진이 개척한 리얼리즘 연극을 한층 심화시키고 동시에 한국 연극의 바탕이 되도록 끝까지 진력했다. 그러한 자세로 번역극과 창작극을 조화시켰던 일이야말로 선생의 가장 큰 업적 중의 한 가지라고 말할 수가 있다.

따라서 선생은 예술사조가 변화하거나 아무리 요동을 쳐도 흔들리지 않고 일관되게 리얼리즘 연극의 토대를 견고히 하는 데만 진력했던 것이다. 선생은 리얼리즘이 예술의 바탕으로서 탄탄해야 다양한 실험도 가능하다고 보았다. 이처럼 흔들리지 않는 자세야말로 선생의 지도자로서의 면모를 여실히 보여주는 것이라 하겠다. 게다가 선생은 세상을 보는 심오한 안목과 인품마저 훌륭해서 연극계, 더 나아가 문화예술계의 '큰 바위 얼굴'이었음을 아무도 부인 못 할 것이다. 요즘 같은 난세에 선생이 더욱 생각나는 이유다.

이해랑 선생의 황혼을 지켜보며

필자가 젊은 시절 공연예술 분야를 평생의 연구 목표로 삼고 사료를 뒤지고 현장을 누비면서 만난 인물들 중에서 이해랑 선생과 극작가 유치진, 오영진 선생 세 분과 특별한 교분을 갖게 된 것은 일생의 가장 큰 행운이었다. 이 세 분은 문화계 어느 분야에 내놓아도 돋보일 만큼 탁월한 인물이었던 데다가 높은 도덕성까지 갖춰서 인격적으로도 배울 점이 너무나 많았기 때문이다.

세 분이 다 개성이 강한 실력자들이었지만 이해랑 선생만은 누구나 쉽게 다가갈 수 있는 온화한 인품을 지니고 있어서 주변에 언제나 사람들이 몰렸다. 필자 역시 그분의 작품과 인품에 반해서 열렬한 추종자가 되어 30여 년간 근접 거리에서 선생의 이모저모를 살필 수 있었다. 선생은 누구보다도 호불호가 분명했다. 사람을 가리는 기준은 품성과 내실인 것 같았다. 그렇다고 해서 선생이 사람을 차별했다는 이야기가 아니다. 사람을 대할 때, 누구에게나 겉으로는 전혀 표가 나지 않는다. 그러나 선생은 일단 아니라고 생각하는 이들과는 어느 자리에서도 전혀 가까이하지 않았다. 물론 자신의 작품에도 사람이 덜 되었다고 판단한 배우는 절대로 기용하지 않았음은 더 말할 것도 없다.

선생은 삶을 진정으로 즐길 줄 아는 인물이었다. 그런데 그는 도박성이 있는 것이라든가 겨뤄야 하는 놀이는 거의 하지 않았다. 즉 골프에서부터 바둑, 마작, 화투 등은 전혀 손대지 않았다. 그가 좋아하는 것은 연출 외에 독서와 친한 사람들과 어울려 술 마시는 것, 그리고 수영이었다. 그의 주연(酒演) 상대는 대체로 문화계의 지도급 동지들과 연극계의 후배들이었다.

문화계의 동지들은 김광주, 조병화, 한노단, 이봉구, 서정주, 김동원, 유한철, 박경주, 박목월, 조연현 등으로 정해져 있었고, 연극계 제자와 후배들은 장민호, 백성희, 오사량, 차범석, 황정순, 강유정, 임영웅, 권오일, 이태주, 김동훈, 노경식, 유용환, 양혜숙, 손숙 그리고 필자 정도였다. 선생이 혈기 방장했던 장년기에는 당대의 명사들인 전기(前記) 친구들과 주로 어울렸지만 시간이 흐르면서 친구들이 하나둘 세상을 떠나고 술을 못 마실 정도로 건강이 나빠지면서 인생 후반기에는 제자, 후배들과 어울리는 것을 무척 좋아했다.

그런데 필자는 영광스럽게도 일찍부터 선생의 술친구들의 주연 말석에 끼어드는 기회를 여러 번 얻었다. 선생은 늦봄서부터 초가을까지는 자주 사당동 집 정원을 카페로 활용하여 밤 이슥하도록 왁자지껄 주연을 베풀었다. 좌석에서는 언제나 웃음이 넘쳤다. 명사들은 주로 세상 돌아가는 이야기와 문화예술에 관하여 이야기를 나눴지만 해학이 넘쳐서 웃음꽃이 만발했다. 화제를 이끌어가는 이는 단연 입담 좋은 의사 출신의 시나리오 작가 유한철 선생이었다. 그는 이해랑 선생을 자주 놀려댔는데, 왈(曰) "해랑이는 눈깔이 작아서 주연배우 자리를 맨날 동원(金東園)이한테 빼앗기고 조연만 했어……." 그러면 친구들이 "맞아 맞아" 맞장구를 치면서 박장대소를 했다. 당사자인 이 선생 역시 머리를 뒤로 젖히고 허리를 잡고 웃었음은 두말할 나위 없었다.

인생과 연극을 논하던 술자리

그런데 필자에게 인상 깊었던 것은 선생이 아무리 취해도 흐트러지는 일이 없었다는 점이다. 비근한 예로서 겨우 한 살 위의 미당(未堂, 서정주) 시인에게 항상 '형님'이라고 깍듯이 존댓말을 썼다. 다섯 살 터울까지 친구가 될 수 있다는 속설이 선생에게는 통하지 않았고, 사대부 가문 출신다운 금도(襟度)를 술자리에서도 반드시 지켰던 것이다.

세월이 흘러가면서 선생의 술친구는 자연히 제자, 후배들이 되었다. 차남이 마련한 남양주 한강변의 양지바른 별장은 외져서 주객들이 마음껏 떠들고 놀아도 주변에 피해를 주지 않는 장소였다. 선생께서는 운전사를 시켜 소고기를 잔뜩 사다가 구워 먹으며 제자, 후배들과 호쾌하게 즐기고 인생과 연극에 대하여 치열한 논쟁도 벌이곤 했다. 그때그때 일정이 바쁜 사람은 빠지고 언제나 대여섯 명은 고정 출석(?)했다.

그 자리에서도 장민호, 황정순, 강유정, 임영웅 등 제자들과 김동훈, 노경식, 유용환, 손숙 등 연극인들에게는 이름도 부르고 해라를 했지만 제자가 아닌 젊은 우리들에게는 꼭 존댓말을 썼다. 화제는 언제나 연극 이야기였는데, 점차 연극 이야기도 단순히 작품성에 대한 것이기보다는 인생과 연관지어 설명하곤 했다. 그의 원숙함이 연극 이야기에서도 그대로 나타나기 시작한 것이다. 양주 별장에서의 술판은 저녁까지 이어지다가 압구정동 옥혜경 만두집에서 밤늦게 끝나곤 했다.

그런데 흥미롭게도 세월이 흐르면서 선생의 연극 이야기는 차차 늙음과 죽음의 이야기로 심화되어갔다. 선생은 이런 이야기도 했다. "즐거웠던 시절은 어느새 지나가버렸는지 그때를 짐작할 수 없으리만큼 짧기만 하고 고생을 하던 시절의 인생은 하루가 천추같이 길기만 하였다. 인생이란 길게 산다는 것만이 능사가 아니다. 오래 살면 오래 살수록 고생만을 연장하는 것이다. 즐거움이 가실세라 충실한 삶을 만끽하고 짧게 살다 간다는 것 또한 좋은 일이 아닌가? 저 창공에 빛나는 별들과 해와 달은 일찍이 우리 조상들을 위로한 것들이며 또 앞으로도 우리 후손들이 즐겨 볼 것들이다. 그리고 태초부터 오늘까지 그들의 연기(演技)에는 변화가 없지 않은가? 그들의 연기는 하루 동안에 연극으로 끝나고 마는 것이다. 지구의 표정 또한 1년 4계절을 지내보면 그의 연기를 다 보게 되는 것이다. 그 외에 또 무엇을 더 보려고 마냥 기다리면서 오래 살아야 하는 것인가?" 운운. 그러면서 그는 만날 때마다 자주 저쪽 동네로 이사 가는 이야기를 빠뜨리지 않았다.

선생은 연륜을 더해갈수록 한 연출가가 아니라 도인(道人)이 되어가고 있는 듯싶었다. 그래서 필자는 선생을 더더욱 좋아했고 존경했다. 왜냐하면 선배 연극인들은 말할 것도 없고 내 주변의 어떤 어른도 선생만큼 인생과 예술을 심도 있게 명상하고 사유하는 이가 없었기 때문이다.

선생께서는 사모님에 이끌려 생전 안 다니던 교회도 다닌다면서 껄껄 웃기도 했다. 그런데 한동안 선생을 만나지 못했었다. 선생께서 그 좋아하던 술판을 벌이지 않았기 때문이다. 얼마 후 만났을 때 선생께서는 차남이 마련해준 강남의 어느 빌딩에 개인 사무실을 내고 자서전 준비에 여념이 없다고 했다.

그런 와중에 선생은 호암아트홀에서 요청받은 〈햄릿〉 연출에 나서게 되었다. 공연을 며칠 앞둔 어느 날 선생의 소천(김天) 소식이 들려왔다. 역시 과로였다는 생각이 들면서 압구정동 만두집에서 선생이 자주 되뇌던 "또 무엇을 더 보려고 마냥 기다리면서 오래 살아가야 하는가?"라는 말씀이 머리를 스쳤다.

이해랑 선생이 가장 잘한 일 네 가지

우리 현대사가 식민 통치, 해방, 좌우 대립, 6·25전쟁, 혁명 등으로 점철됨으로써 지식인들이 흠결을 남기지 않고 바르게 살아남기가 매우 어려웠음은 다 아는 사실이다. 그렇지만 그런 굴곡진 현대사 속에서도 정도를 걸으면서 역사에 크고 작은 공적을 남긴 인물들이 있었기에 우리가 오늘의 번영을 누리고 있는 것이리라.

연극을 떠나 친일을 피하다

우리 현대 연극사에 커다란 족적을 남긴 이해랑 선생은 그 험난한 역사의 격랑 속에서 흠결을 남기지 않고 큰 공적을 남긴 몇 안 되는 인물이라고 할 수 있다. 그렇게 보는 이유는 그가 중요한 역사의 고비마다 용기와 결단력으로 장애를 뛰어넘었기 때문이다.

일제 말엽 소위 국민연극이라는 이름 아래 친일 국책극(國策劇)

을 할 때가 첫 고비였는데, 그는 그 시절을 매우 현명하게 넘겼다. 당시에는 연극계를 아예 떠나지 않는 경우를 제외하고 누구나 극작가로서건 배우, 연출가, 무대미술가 혹은 기획자로서라도 친일 연극을 하지 않으면 안 되었다. 물론 그도 1938년 니혼(日本)대학 졸업과 동시에 동랑 유치진이 이끌던 극연좌 신입단원으로 참여하여 무대 활동을 했고, 1941년 현대극장이 출범하면서 단원으로서 작품에 잠시 출연도 했었다. 그런데 그는 현대극장이 어용성을 띠는 것을 눈치채고 곧바로 탈퇴하여 아예 다른 직업으로 바꾼 것이다. 그가 그렇게 좋아하던 연극계를 쉽게 떠날 수 있었던 데는 아내(김인순)의 역할이 컸다고 보아야 한다. 유서 깊은 양반집 규수였던 아내가 배우 직업을 꺼린 데다가 가뜩이나 친일극에 회의를 갖고 있던 그가 즉각 연극계를 떠날 수 있었던 것이다.

연극계를 떠나서 가진 첫 직업은 그에게는 매우 생경할 수 있는 스토브 회사 직원이었다. 돈암동 집에서 전차로 두 시간 걸려서 용산의 스토브 회사에 다니는 일은 쉬운 일이 아니었다. 그러나 그 일도 곧 접어야 했다. 왜냐하면 일제의 조선징병제에 따라 일본 군대에 나가야 할 처지에 몰렸기 때문이다. 다행히 의학박사인 부친이 부산의 유지로서 총독부의 부산 지역 의원으로 있어서 그는 징병을 면하고 대신 경남우편국의 임시직원으로 근무하게 되었다. 우편국 직원이란 표 팔고 우표 붙이는 일이므로 그로서는 무위하기 이를 데 없었다.

좌우 대립의 소용돌이에서 민족연극을 지키다

B29 비행기가 한반도 상공까지 날아올 정도로 태평양전쟁이 막바지에 다다르자 그는 곧바로 우편국 직원 자리를 박차고 가족과 함께 아내의 고향인 용천(龍川)으로 피신했다. 그곳에 얼마 있지 않아서 8·15해방을 맞자마자 그는 아내에게 등 떠밀리다시피 곧바로 서울로 돌아오게 된다. 그런데 흥미로운 점은 그가 아내가 원하던 것과는 달리 다시 연극계로 복귀한 사실이라 하겠다. 4년 가까이 연극계를 떠나 있던 그가 또다시 연극계로 돌아온 것은 아무래도 역사가 그를 불러냈기 때문인 같다. 필자는 그것을 운명의 견인(牽引)이라 지칭하고 싶다. 가령 역사의 고비마다 중요한 인물이 등장하여 새로운 역사를 만드는 것 자체가 바로 그런 현상이라고 생각한다. 그만큼 혼란스런 해방 연극계에서 이해랑이란 인물이 꼭 필요했다는 이야기도 되는 것이다. 왜냐하면 해방의 소용돌이에서 좌우 연극인들이 피투성이 싸움을 벌일 때, 그가 중심에 서서 민족연극의 노선을 지켜나갔기 때문이다. 그러니까 마치 문단에서 김동리(金東里)가 했던 것처럼 그는 국제공산주의를 내걸고 연극계를 혼란으로 몰고 가던 좌파 연극인들을 상대하여 이론과 실력으로 싸움으로써 우파 연극이 민족연극의 기본 노선이 되도록 했던 것이다. 만약에 당시 그가 없었으면 연극계가 좌파 일색으로 혼란이 상당 기간 진행되었을 가능성이 없지 않았다. 이 일이야말로 그가 두 번째로 현명하게 넘긴 고비였다고 본다.

그런데 그가 해방 연극계에서 발언권이 강할 수 있었던 것은 소위 일제 말엽 국민연극 시대에 친일 협력을 회피했기 때문이었다. 좌파 연극인들 모두가 친일연극을 했지만 그만은 동조하지 않았기 때문이다. 그리고 동랑의 지원을 받긴 했지만 1947년에 발족한 극협(劇協)은 신협(新協)의 모체가 됨으로써 뒷날 근대 연극사의 중심 축이 되었다.

전쟁 중에도 공연을 이어가다

그리고 세 번째로 그가 현명하게 넘긴 고비는 1950년 6·25전쟁을 맞았을 때 보여주었던 용기와 결단이라고 말할 수 있다. 사실 그 당시 전쟁이 예고 없이 발발함으로써 서울이 순식간에 점령당했기 때문에 연극인들 대부분은 서울에 머물러 있을 수밖에 없었다. 그런데 그는 위험을 무릅쓰고 용감하게 한강을 헤엄쳐서 건너감으로써 쉽게 부산으로 피난을 갔고, 따라서 납치라든가 부역 등을 피할 수 있었다. 여기서 그의 한강 도강 자체가 중요한 것이 아니다. 요점은 그가 부산 피난지에서 끊어질 수도 있었던 정극의 맥을 잇는 데 결정적인 역할을 한 점에 있다. 이를 좀 더 구체적으로 설명하면 그는 부산에서 국립극장 전속의 신협(新協)을 사설극단으로 변화시켜 난중에도 공연 활동을 이어간 것이다. 물론 그 자신도 이 시기에 연기자에서 연출가로 전신함으로써 연극계에 더 큰 공헌을 하게 되었다는 점에서도 의미가 크다고 말할 수 있다.

우리나라 근대 연극사에서 처음으로 셰익스피어의 대표작들을 무대 위에 올린 것도 그가 주도한 신협이었으며 상당수 작품도 그가 연출과 연기를 주도하여 피난 시절의 대중을 위로했다. 그뿐만 아니라 그는 연극인들을 이끌고 전쟁의 포연 속에서도 국군 장병들을 위문하는 계몽 연극도 열심히 한 대표적인 연극 지도자였다. 바로 그러한 공로로 해서 그는 이미 40대에 연극계의 지도자로 우뚝 설 수 있었다. 만약 그가 없었다면 분단과 동족상잔의 와중에서 우리 정극의 맥이 제대로 이어지지 못했을 것이다.

이동극장으로 연극의 존재 이유를 밝히다

그리고 그가 네 번째로 현명하게 넘긴 고비는 그 유명한 이동극장 운동이라 하겠다 1966년부터 시작된 이동극장 운동은 대체로 6년여 동안 진행되었는데, 전국적으로 500만여 명의 관객을 동원함으로써 한 극단으로서는 한국 연극사상 최고 기록을 세우기도 했다. 그런데 그의 이동극장 운동은 관중 동원보다도 더 중요한 역할을 세 가지 했다. 첫째, 문화 불모지였던 농어촌에 공연예술의 씨앗을 뿌림으로써 지방에서도 연극의 싹이 틀 수 있게 한 점이다. 솔직히 한 나라의 문화가 건강하려면 지방 문화가 살아 있어야 한다. 그러나 1960년대의 우리나라 지방 문화는 없는 것이나 마찬가지였다. 예를 들어서 대도시에서조차 전문적인 극단이나 무용단 같은 것은 찾아볼 수 없었으며 더구나 농촌이나 어촌에는 아마추어 단체조차 전무한 상태였다. 그런 시절에 이해랑 이동극장의 공연 활동은 농어촌에서는 마치 10년 가뭄에 한 줄기 단비 같은 것이었다. 바로 여기서 연극의 존재 이유를 그가 시범적으로 보여준 것이었다.

두 번째로 이동극장이 남긴 업적은 연극을 비좁은 극장 안에서 밖으로 끌어낸 점이다. 이것이 뭐 그리 대단한 것이냐고 하는 이도 있을지 모르나 그렇지 않다. 가령 1970년대 이후의 마당극 운동도 이런 방법으로부터 비롯된 것이며 현대의 제의극(祭儀劇)도 바로 탁 트인 공간에서 이루어지는 것이 아닌가.

그러나 그보다 더 중요한 일은 공연단체가 한 곳에서 관객을 기다리는 것이 아니라 관객을 찾아나서는 방식을 처음으로 시도했다는 사실이다. 오늘날 각급 관립 단체들이 너도 나도 찾아다니는 공연을 함으로써 생활에 분주한 관객들을 즐겁게 하고 있지 않은가. 그것이 바로 오늘날 공연예술 단체들의 존재 이유이기도 하다. 특히 지리적으로 멀리 떨어져 있는 지역민들은 바쁜 생활 속에서 대도시의 극장을 찾기가 쉽지가 않다. 그런 점에서 찾아다니는 공연 행위야말로 현대 생활에 적합한 것이다.

이상과 같이 그의 고단한 연극 인생은 오늘날 우리가 누리고 있는 찬란한 공연문화의 밑거름이 된 것이다.

이해랑 선생이 넘은 마지막 고개
■ 이동극장 초기의 업무일지를 중심으로

　지난 시절 당대 최고의 연출가로 군림했던 군자 스타일의 이해랑 선생을 근거리에서 지켜보았던 사람들 가운데에서도 그가 지난 시절에 옳은 길을 위해서는 몸싸움까지 마다하지 않는 투쟁적 연극운동가였음을 아는 이는 극히 드물다. 왜냐하면 그가 평소 약주 좋아하고 제자와 후배 사랑이 끔찍해서 늘 웃는 얼굴로 주변 사람들을 편안하게 해주었기 때문이다. 그러니까 그가 생전에 후배, 제자들에게 남긴 인상은 열정적 연극운동가라기보다는 사대부 출신답게 품격 높은 호야형(好爺型) 인물이었다는 이야기다.

　그렇지만 그는 젊은 시절 격동의 현대사 한복판에서 우리 신극이 정치의 수단으로 전락하거나 상업주의 또는 이데올로기에 오염되어 그 본도를 벗어날 때는 단호하게 막아섰고, 동족상잔의 전쟁 와중에도 연극판을 벌일 정도로 연극에 대한 애정이 누구보다도 강했던 인물이었다. 그러한 그의 열정은 해방 공간에서 처음 나타났고, 이어서 6·25전쟁기에 또다시 분출되었다. 가령 그가 해방 공간에서 발호했던 저질 신파극에 대해서는 추상 같은 비판을 넘어 아예 예술로 인정하지 않았으며, 좌익 연극인들이 해방 공간에서 예술보다는 국제공산주의 선전에 열을 올릴 때는 그들과 피투성이 싸움도 마다하지 않았다. 즉 해방 직후 대부분의 연극인들이 시대 추세에 따라 사회주의 사상에 물들어 좌파 성향의 극단들을 만들어 이념 연극을 할 때, 그는 극소수 연극 동지들을 모아서 극단 전선(全鮮)을 조직하여 순수 민족극 노선의 연극을 고수하면서 좌익 연극인들과 혈투를 벌였었다.

이광래의 극단 민예까지 해서 단 두 개의 극단 가지고는 10여 개의 좌익 노선 극단들과 경쟁을 하기에는 역부족이었다. 그러나 그는 완력으로 덤벼드는 좌익 연극인들과 때로는 주먹다짐도 피하지 않았고, 이론 투쟁에서도 고군분투했지만 결코 밀리지 않았다. 왜냐하면 평소 닦아놓은 탄탄한 연극이론이 저들의 편향적 사회주의 목적극 이론보다는 우월했기 때문이다. 그의 지론은 일관되게 연극이 정치이념의 선전 수단이 되어서는 안 된다는 것이었다.

결국 그는 승자가 되었고, 1947년 봄에 극협(劇協)의 출범에 이어 1950년 4월 국립극장(전속 극단 신협)이 개관되면서 우리 민족연극은 탄탄대로를 걷기 시작했다. 그렇지만 그것도 잠시, 6·25전쟁이 발발하면서 취약했던 연극 기반은 단번에 산산조각이 났다. 그는 전쟁 발발 직후 홀로 수영으로 한강을 건너 부산으로 내려갔고, 3개월 뒤 9·28수복과 함께 국군을 뒤따라 상경, 극단 신협을 재건하여 포성이 울리는 속에서도 단원들을 규합하고 이선근 육군정훈 감의 후원을 얻어 국도극장에서 〈혈맥〉(김영수 작)과 〈원술랑〉(유치진 작) 두 편의 막을 올리는 만용(?)을 부리기도 했다. 그 공연이 결국 관객 부재로 인하여 실패로 끝나긴 했지만 어떤 상황하에서도 신극사의 맥이 끊어져서는 안 된다는 그의 굳은 신념만은 꺾이지 않았다. 이러한 신념에 따라 그는 피난지 부산에서 신협을 사설극단으로 재건하여 전쟁 직후까지 8년여 간 이끌면서 신극사의 맥을 굳건하게 지켜냈다.

이해랑 이동극단의 눈부신 성과

이처럼 고비마다 솟구친 그의 민족연극의 존립에 대한 신념과 애정은 전쟁이 끝나고 10여 년 뒤인 1966년에 또다시 발동되는데, 그것이 다름 아닌 '이해랑 이동극장' 운동이었다. 당시 예총회장으로서 승승장구하고 있었던 그가 왜 군이 험난한 유랑극단 운동의 길에 나선 것일까? 그는 '신협 재건 후 관객이 들지 않아 능동적으로 관객을 찾아 나선 것'이라고 간단하게 설명했지만 속뜻은 더 깊고 넓었다. 그러니까 그는 전쟁으로 붕괴된 관객 기반을 다시 구축하고, 동시에 지방 문화 부재까지 단번에 극복해보려는 원대한 포부를 지니고 있었던 것이다.

이러한 그의 야심찬 꿈은 얼마나 실효를 거두었을까? 결론부터 말하면 6년 동안 대단한 성과를 올렸다. 그 증거로 처음 이동극장 운동을 시작했던 5개월간의 성적표를 한번 들여다볼 필요가 있을 것 같다. 지방도시들의 공연장 부실을 너무나 잘 알고 있는 이해랑 선생은 대형 버스를 개조하여 움직이는 무대를 만들었다. 작품도 이동무대에 맞는 경쾌한 희극으로 꾸미고 언제 어디서든 공연할 수 있게 했다. 전쟁으로 찌든 사람들을 위무하는 데 주안점을 둔 것이다.

뜨거운 8월 중순(8월 12일)에 청평을 시발점으로 하여 제1차는 강원도 지역이었다. 군소도시는 물론이고 군부대까지 포함하여 42지역(9월 3일)을 순회했는데, 갑작스런 폭우 등을 피해서 안흥(安興)까지 39지역을 23일 동안에 돌았다. 장소는 영화관이나 초중등 학교 운동장, 소양강 백사장, 시장 앞, 복지회관, 시내 로터리, 우시장 등을 가리지 않았으며 군부대 연병장까지도 포함, 그 지역에 맞는 장소면 어디서나 막을 올렸다. 가령 강원도는 문화 소외 도시였지만 관중은 구름처럼 몰려들었고, 어디를 가나 관중은 1천 명 이상 찾아왔으며 영월 같은 벽지에서도 관객이 무려 7천여 명이나 몰려서 주최 측을 놀라게 했다. 그리하여 13일 동안에 3,410리를 달렸고 강원도에서만 총 186,600명을 동원했다.

제2차는 충청도였는데, 9월 11일부터 10월 3일까지 23일간이었다. 경기도 남부 일부 지역(용인, 이천, 평택, 수원 등)을 포함하여 충청도 전 지역이었는데, 이 지역의 반응은 대단했다. 왜냐하면 충주의 경우는 전 시민을 동원했다고 해도 좋을 정도로 무려 2만 5천명이 관람했으며 청주가 2만 3천 명, 그리고 괴산 같은 벽지에서도 1만 3천 명이나 몰려들었기 때문이다. 충청도에서는 23일 동안에 3,495리를 돌면서 물경 313,500명을 모은 것이다.

제3차로는 곧바로 이어서 10월 12일부터 11월 6일까지 근 한 달

동안 남원에서부터 군산까지 50개 지역을 순회했는데, 역시 반응은 충청도 못지않았다. 가령 전남 순천 같은 지역에서는 2만여 명이 몰렸고, 여수에서는 3만 명이 몰려들어서 난리가 날 정도였다. 영광이나 부안 같은 오지에서도 각각 1만 6천여 명과 1만 명이 관람했다. 그리하여 전체 3,495리를 돌면서 총 262,900명을 동원했다.

제4차, 그러니까 마지막 순회 지역인 경상도에서는 11월 20일부터 12월 14일까지 25일 동안에 왜관에서부터 문경까지 48개 지역을 순회했는데, 이 지역 역시 반응은 뜨거웠다. 그리하여 4,390리를 돌아 총 123,900명을 동원했다. 경상도에서는 타 지역에 비해서 관객이 적게 들었는데, 이유는 주로 밖에서 공연을 갖기 때문에 초겨울 추운 날씨가 관람하기에 부적합했던 데 따른 것이었다.

한국 연극사상 전무후무한 일

그리하여 이해랑 이동극장은 5개월 동안 남한 일대(제주도 제외) 14,195리를 돌면서 총인원 886,200명이라는 전무후무한 관중을 공연에 끌어들인 것이다. 이것은 이동극장 운동 단 5개월 만에 거둔 성과였다. 이 운동을 1971년 봄까지 6년여 동안 지속했으니 과연 얼마나 많은 관중을 동원했는가는 통계를 내보면 금방 알 수 있다. 반년 만에 88만 6천 명을 동원했으니 단순 계산으로 거기에 여섯을 곱하면 총인원 500만이 넘는다. 그것도 지방 중소도시에서만 이렇게 많은 관중을 동원했으니, 이는 한국 연극사상 전무후무한 것이었다.

그 결과 이해랑 선생은 두 가지 큰 일을 일궈냈다. 첫째가 전쟁으로 완전 붕괴되었던 연극의 기반을 (관객의 측면에서) 다시 구축해 놓은 것이고, 두 번째는 거의 부재 상태였던 지방 문화에 싹을 틔우는 훈훈한 봄바람을 불어넣은 것이었다.

많은 사람들은 우리나라 문화가 저절로 꽃피어난 것처럼 생각한다. 그러나 문화는 저절로 꽃피는 것이 아니다. 이러한 숨은 선구자들이 있어야 문화가 융성하는 것이다. 이해랑 선생이야말로 바로 그러한 선구자들 중에서도 매우 중요한 인물인 것이다.*

---

* 이해랑 이동극장 '業務日誌'를 제공해준 유홍열 전 대구MBC 사장에게 감사한다. 그 '업무일지'(1966.8~1966.12)에 근거해서 이 글을 작성했다.

유치진, 진정한 한국 연극의 아버지

학자는 누구나 자신의 논문이나 저술을 그 논지에 대한 동의 여부와 상관없이 제대로 읽고 평가해주기를 바란다. 따라서 학자는 피나는 노력으로 수년에 걸쳐 쓴 저작물을 정독하지도 않은 채 편협한 선입관을 갖고 천박한 지식으로 시세에 편승하여 엉뚱하게 재단하는 것을 가장 꺼리고 또 서글프게 생각한다. 왜냐하면 서평도 학문 행위라는 것을 모르고 또 학문의 기초도 안 갖춘 이들이 에세이 투의 잡문으로 마구 써 갈기면 순진한 독자들이 사학(邪學)에 빠질 우려가 없지 않기 때문이다. 학문이 엄격한 규범과 격식을 갖추듯이 서평 또한 규범과 예절을 갖추어 쓰는 것이 원칙이다. 그럼에도 불구하고 학문에 대한 기본적 훈련이 안 된 일부 사람들이 서평이라는 이름으로 마구 잡문을 써대는 것을 보면서 그동안 정통 학자들이 우리 학계가 서평 부재의 나라라고 개탄해온 것을 필자 역시 이번에 새삼 느낄 수 있었다.

　필자가 연초(2015년)에 상재한 졸저(拙著) 『한국 연극의 아버지 동랑 유치진』에 대하여 명망 있는 연극인 몇 분이 과분한 평가를 해주어 음지에서 학문하는 보람과 용기를 얻기도 했지만 반면에 뭘 제대로 몰라서 그런 것인지 도저히 상식적으로도 이해할 수 없을 만큼 엉뚱한 글을 쓴 것에 대하여는 조금이라도 해명을 하고 지나가야 할 것 같다.

한국 연극의 아버지는 누구인가?

　이들이 가장 문제 삼은 것은 예상했던 대로 동랑은 '한국 연극의 아버지'가 될 수 없다는 것이었다. 솔직히 그런 제목을 붙이기까지 필자 역시 오랫동안 숙고하고 고민해왔다. 한국 연극사 수천 년을 하나의 거대한 집이라 생각할 때, 집다운 집이 되기 위해서는 대들보는 있어야겠고, 그래서 고민 끝에 찾아낸 인물이 바로 동랑 유치진이었다.

　사실 어느 나라나 정치, 경제, 문화 등 각 분야에서 불후의 업적을 남긴 인물을 '아버지'로 칭송하고 기린다. 미국 영화에서는 조직 폭력배의 두목까지 아버지라 하지 않는가. 따라서 '아버지'란 용어는 생물학적인 의미가 아니라 다분히 상징성을 띤다.

　그럼에도 불구하고 이의를 제기한 순직한(?) 이들은, 동랑은 아버지가 될 수 없고 그 전배들인 삼국시대의 미마지(味摩之, 일본에서는 味摩子로 쓰고 있음)라든가 조선시대의 성현(成俔)과 신재효(申在孝), 그리고 근대의 김우진(金祐鎭), 홍해성(洪海星), 윤백남(尹

白南) 등이 진정한 한국 연극의 아버지라고 주장한다. 이들이 제시한 인물들의 공통점은 모두가 동랑의 전배들이라는 사실이다. 바로 여기서 이들이 '아버지'라는 뜻을 단순히 생물학적으로 매우 순박하게 받아들였음을 알 수가 있는데, 그것은 그들의 자유에 속한다 (심지어 어떤 이는 윤백남이 아버지고 동랑은 '작은아버지'라고까지 친절(?)하게 가르쳐주어서 쓴웃음을 짓기도 했다).

그렇다면 이들이 제시한 여섯 명이 진정 한국 연극의 아버지가 될 수 있느냐는 것부터 검토해볼 필요가 있을 것 같다. 필자가 앞에서 언급한 대로 적어도 각 분야에서 아버지라는 칭호를 받으려면 누구도 따를 수 없는 업적이 있어야 한다. 그러한 기준으로 하여 전술한 여섯 명의 행적을 공연예술사의 관점에서 살펴보기로 하겠다.

우선 생몰 연대조차 확실치 않은 삼국시대의 미마지부터 살펴보자. 그에 대한 기록은 우리나라 문헌에는 있지도 않고 일본 고문헌 『니혼쇼키(日本書記)』에 몇 줄 나와 있을 정도다. 즉 『니혼쇼키』에 의하면 백제인 미마지가 7세기 초(612년, 스이코천황 20년)에 귀화하여 오(吳)나라에서 배워온 구레노우타마이(伎樂舞)를 일본에 전해주었다고 한다. 백제 무왕의 명을 받고 일본인들에게 공연예술을 가르치기 위해 도일(渡日)한 그는 평생 야마토(大和) 모리야(社屋)에서 살면서 백제에서 익힌 음악과 무용을 가르쳤던 귀화 일본인인 것이다. 따라서 그는 백제의 탈광대로서 조국을 등지고 일본인이 되어 그 나라에 가면무극(假面舞劇)을 전수했으므로 '일본 연극의 아버지'가 될 수는 있을지 몰라도 한국 연극의 아버지가 될 자격은 전혀 없다고 본다.

다음으로 조선시대의 성현(1439~1504)에 대하여 검토해보자. 주지하다시피 성현은 세조 때 과거에 급제하여 대사헌과 관찰사를 거쳐 연산군 때는 대제학과 공조판서까지 지낸 학자 겸 고위관료이다. 그의 예술적 업적이라고 한다면 유자광과 함께『악학궤범(樂學軌範)』을 쓴 것인데, 이는 주로 국악에 관한 이론서로서 광의로는 조선시대에 나온 공연예술론이라고 보아줄 수는 있을 것이다. 왜냐하면 임금의 명을 받들어 쓴 궁중음악과 무용의 이론 및 절차 악기 등에 관해 서술한 책이기 때문이다. 바로 그 점에서 성현은 연극의 아버지와는 거리가 먼 인물이라 본다.

그리고 성현보다 거의 4세기 뒤에 태어나 활동한 신재효(1812~1884)는 자타가 공인하는 판소리 이론가로서 천민들이 마구 불러대던 판소리를 훌륭한 예술장르로 정립한 인물이다. 즉 판소리를 고급화하여 관객을 양반층으로까지 확대함으로써 조선 후기의 대표적 대중예술로 승화시켰으며 열두 마당의 판소리를 〈춘향가〉 등 여섯 마당으로 재정립한 바 있다. 그는 스스로 단가도 여러 편 지었으며 여창(女唱)과 동창(童唱)까지 길러내고 판소리에 내재되어 있던 연극성을 살려서 개화기에 창극이 생성될 수 있게 한 선구적 인물임은 누구나 인정하는 바다. 그러나 그는 전통 연극 중에서도 판소리만을 빼어난 공연예술로 정립했을 뿐 다른 장르에는 전혀 공헌하지 않은 한계를 지닌 인물이었다는 점에서 연극의 아버지로서는 부적합하다고 생각한다.

이의 제기자들이 연극의 아버지로 내세운 첫 번째 근대 인물이 윤백남(1888~1954)이다. 그는 언론인 출신으로 1912년 '문수성'이라는 신파극단을 만들어 공연 활동을 벌였고, 단막 희곡도 몇 편 쓰면서 1920년대 초까지 활동하다가 영화로 방향을 틀었으며, 1931년에 해외문학파 출신들이 신극운동을 벌이기 위해 조직한 극연(劇研)에 이름만을 올린 것이 전부였다. 그 후로 그는 만담가(漫談家)와 역사소설가로서 활동하다가 생을 마감했다. 이러한 행적으로 보아 그는 우리 연극사에서 아버지로 칭송받을 만한 업적을 별로 남긴 바 없다고 본다.

그다음 인물이 1920년대의 김우진(1896~1926)이다. 그는 사실 필자가 최초로 발굴해낸 출중한 극작가로서 자신의 꿈을 제대로 펴보지 못하고 요절한 선각자였음은 아무도 부인 못 할 것이다. 제1차 세계대전 직후 독일에서 일어난 표현주의 문학을 1920년대 초에 처음 이 땅에 소개하고 실제로 〈난파〉〈산돼지〉 등 표현파 희곡을 발표함으로써 한국 근대문학사에서 수십 년을 앞서 간 선구적 인물이었다. 그러나 1926년 30세의 나이로 소프라노 가수 윤심덕(尹心悳, 1986~1926)과 현해탄에서 정사함으로써 사후에 비난을 많이 받기도 했다. 그리고 연극에 관한 업적도 희곡 5편과 연극론 10여 편이 전부이다. 이런 인물이 과연 한국의 아버지가 될 수 있겠는가.

마지막으로 이의 제기자는 연출가 홍해성(1894~1957)을 아버지로 삼아야 한다고 했다. 그렇다면 홍해성은 어떤 업적을 남겼기에 우리 연극의 상징적 인물이 될 수 있단 말인가. 잘 알려져 있듯이 그는 1920년대에 학생극 운동을 하고 쓰키지(築地) 소극장에서 한국인 최초로 배우가 되어 활동하다가 극장이 문을 닫으면서 귀국하여 태양극장이라는 극단을 조직하여 공연을 딱 한 번 하고 막을 내렸다. 1931년 극연 창립 멤버로서 연출을 전담하다가 1935년 동양극장이 개관되자마자 생활을 위해 거기의 전속으로 옮겨 앉아 5년여 활동했다. 거기서 제대로 활동을 못 한 것은 갑자기 찾아온 중환(重患) 때문이었다.

그가 병으로 거의 10여 년 동안 연출 활동을 못 하는 동안 일제 강압 통치의 극한상황이 전개됨으로써 요행(?)으로 친일 누명을 쓰지 않게 되었다. 어떻게 보면 그의 병고는 전화위복이 된 셈이다. 따라서 그가 6·25 이후 건강을 조금 회복하면서 몇 편의 작품 연출을 했지만 전체적으로 보았을 때 극연에서 4년여, 동양극장에서 5년여 등 10년 정도 연출 작업을 했다. 그러나 그는 한국 연극사상 최초의 전문 연출가로서 순수연극과 대중연극의 연출 기법의 틀을 만들어놓은 공로가 있다. 특히 근대 연출의 바탕을 만든 스타니슬랍스키의 연출 연기론을 이 땅에 처음으로 소개하고 또 연극 현장에서 그 기법을 구체화한 선구자임은 아무도 부인 못 할 것이다. 그러나 그것이 전부였다.

동랑 유치진의 방대한 업적

반면에 주지하다시피 동랑은 연극운동가로 시작하여 연극의 주요 장르에 걸쳐서 누구도 따를 수 없을 만큼 호한(浩瀚) 방대한 업적을 남겼다는 점에서 앞의 인물들과는 비교가 되지 않는다. 가령 희곡사적으로 보더라도 서구 근대 연극과 궤를 같이할 수 있는 작품을 최초로 썼으며 사실주의에 머물지 않고 상징주의극, 역사극,

음악극, 생태주의극 등으로 확대시켜서 우리 연극이 다양성을 띠도록 토대를 만들었다.

특히 그는 〈처용의 노래〉로부터 시작하여 시나리오 〈개화전야〉에 이르는 40여 편의 작품으로 한국 역사를 재구(在構)하려는 야심을 갖고 상당 부분을 극화해내기도 했다. 연출만 하더라도 비록 홍해성에게서 기초를 배웠지만 스타니슬랍스키와 메이예르홀트를 융합시켜서 그 나름의 연출관을 확립했다. 그리고 선견지명의 연극론으로 대중 계몽과 한국 연극의 방향을 제시했고, 인재 육성은 너무나 잘 알려져서 부연(敷衍)이 필요치 않을 정도이다. 한편 그가 해방 직후의 혼란 와중에서도 일제강점기에 제정된 공연 악법 및 미군정이 만든 세법 등 시대착오적 문화 장애법 정비에 앞장섰던 것도 범용한 연극인의 행동반경을 넘어서는 것이다.

그리고 드라마센터의 건립은 단번에 한국 연극을 근대에서 현대로 뛰어오르도록 극장 무대를 쇄신한 것이다. 게다가 전통극의 발굴과 법고창신(法古創新)의 방법 제시는 공연예술의 범주를 넘어 한국 현대문화 전체에 정체성을 세워놓은 것이었다. 특히 우리가 간과해서는 안 될 점은 그가 나라 발전을 염두에 두고 민족문화의 전반적 창달에 대한 방향을 제시한 지도자였다는 점이었다. 예를 들어 연극을 통한 인성 교육과 화술 교육을 위해서 초중등학교에서 연극 관련 교과목을 설치해야 한다는 주장은 요즘에 와서야 조금씩 실현되고 있으며 수많은 연극학과 출신들의 활동 공간을 확충하는 단초도 제시한 것이다.

이상에서 대강 살펴본 바와 같이 동랑은 연극 더 나아가 한국 문화 전반에 대하여 장기적인 안목으로 항상 미래를 염두에 두고 변화에 적극적으로 대처하고 비전을 제시한 지도자였다. 그러니까 그는 문화예술인들 누구도 생각 못 했거나 했어도 실천 못 한 비전을 제시하고 또 구체적으로 실천에 옮기기도 했다. 근자에 미국 스탠퍼드대 경영대학원 윌리엄 바넷 교수는 루이스 캐럴이 쓴 『거울 나라의 앨리스』라는 동화에서 힌트를 얻어 쓴 논문 「붉은 여왕 : 경쟁력은 어떻게 진화하는가」라는 글에서 진정한 지도자는 비전 제시에 그치지 않고 "다음이 무엇일지 발견하는 시스템을 만드는 사람"이라고 했다. 동랑은 어떤가? 극단을 조직하고 연구소를 설치했으며 공연법 정비에 힘썼고 현대적 극장 무대를 세웠으며 학과, 학교까지 세우지 않았는가. 그 점에서 그가 '연극의 아버지'를 넘어 한국 근대문화의 아버지라고 해도 지나친 말이 아니다.

　사족으로 동랑의 일제강점기 말엽의 흠결을 트집 잡은 이가 있었는데, 그렇다면 교황을 추대하는 것도 아닌 이상 한국 공연예술사에 큰 업적을 남김과 함께 도덕적으로도 무류(無謬)의 연극인은 찾아낼 수 없을 것이 아닌가.

동랑 유치진의 환생
■ 40주기 추모문집에 대하여

인류 역사상 가장 위대한 연극인 한 사람을 뽑으라면 아마도 대부분 영국의 극작가 윌리엄 셰익스피어를 지적할 것이다. 물론 취향에 따라 다른 연극인을 지적하는 이도 없지는 않을 것이다. 그러나 좀 과장된 느낌도 없지는 않지만 전 세계 셰익스피어 연구자가 폴란드의 수도 바르샤바(인구 170만) 전화번호부에 올라 있는 사람만큼 많다고 한 어느 학자의 말을 들으면, 역시 셰익스피어가 최고의 인물이라는 것을 부인키 어려울 것 같다. 오죽했으면 대영제국이 그 방대하고 인구가 수억이나 되는 식민지 인도와도 셰익스피어를 바꾸지 않겠다고 했겠는가.

그렇다면 한국 연극사상 가장 뛰어난 인물은 과연 누구일까? 많은 사람들이 망설이다가도 당연히 큰 연극인 동랑 유치진이라고 할 것 같다. 우리나라 공연예술사상 아직까지 동랑 유치진만큼 방대한 업적을 남긴 인물은 없다고 볼 것이기 때문이다.

셰익스피어는 잠시의 배우 활동과 희곡 창작, 그리고 소네트 몇 편을 남겼을 뿐이지만, 동랑은 단역배우로부터 시작하여 극단 운동, 희곡과 시나리오 창작, 연극비평 작업, 연출 작업, 예술 교육 및 인재 양성, 전통 연극의 부활과 그 현대적 재창조 작업, 한국 연극의 해외 소개, 그리고 드라마센터극장 건립 등에 이르기까지 그 업적의 범위가 타인의 추종을 불허한다.

한국 근대 연극사와 함께한 동랑 유치진

1905년 통영에서 태어난 그는 당초 평범한 문학청년에 불과했다. 그런 그가 도요야마(豊山)중학 시절인 1924년에 관동대진재를 만나면서 우리 동포들이 일본인들에 의하여 무참하게 죽임을 당하는 것을 목격하고 충격을 받은 끝에 민족을 위해서 뭔가를 해야겠다는 결심을 하게 된다. 당시 인문학도였던 그가 할 수 있는 일로는 계몽운동이 가장 적합했음은 두말할 나위 없는 것이었다. 당시 우리나라 인구의 80%가 문맹이어서 그런 문맹자들을 일깨울 수 있는 수단으로서는 강연 활동 외에는 공연 활동이 최적의 방편이었다. 그런 때에 마침 일본에 번역 소개되어 많이 읽히던 책이 로맹 롤랑의 『민중예술론』이었고, 그는 그 책에서 힌트를 얻어 연극을 통한 민족운동에 나서기로 결심한다.

따라서 1931년 릿쿄(立敎)대학 영문과를 졸업하자마자 귀국하여 서항석, 이헌구 등 소위 해외문학파 동지들과 신극단체 극예술연구회를 조직하여 신파극만 유행하던 시절에 서구의 본격 근대극의 한국 이식 운동을 전개한다. 이때가 바로 그로서는 제1기 민족계몽운동의 한 방편으로서 신극 활동을 한 시기였다.

마땅한 배우가 절대 부족했던 시절 그는 단역배우로 무대에 서기도 했지만 그가 연극계에 두각을 나타낸 것은 당연히 〈토막〉〈소〉 등 본격적인 리얼리즘 창작극을 발표하여 이 땅에 새로운 근대 희곡사의 이정표를 세운 때부터였다. 그는 극작가로 명성을 얻자마자 곧이어 최초의 전문 연출가라 할 홍해성의 바톤을 이어받아 근대 연출의 새 장을 펼쳐갔으며 연극비평가로서도 일가를 이루게 된다.

그런 그에게도 일제강점기 말엽의 엄혹한 시대 상황은 비켜갈 수 없는 절벽이었고, 결국 군국주의자들의 강압에 의하여 해방 전까지 4년여에 걸쳐서 국책극 활동을 해야 하는 수모를 겪기도 했다. 그러다가 그는 1945년에 민족해방을 맞아 또다시 이데올로기 분열의 와중에 끌려들어야 했고, 대한민국 정부 수립을 앞두고 제2기의 계몽운동이라 할 민주주의 캠페인을 벌이기도 했다. 예술의 이데올로기화에 부정적 신념을 가졌던 그도 시대 상황만은 피할 수 없었던 것 같다.

따라서 그는 현대사의 격랑 속에서 이데올로기 투쟁에 앞장섬으로써 해방의 혼란과 좌우익 대립 과정에서 민족 노선을 지키는 선봉장 역할도 한 것이다. 즉 그는 1948년 초 한국무대예술원을 조직하여 혼란스러웠던 연극계를 정돈하는가 하면 1950년 4월에 아시아에서는 최초인 국립극장 개관에 앞장서기도 했다. 곧바로 초대 극장장에 취임한 그는 극단 신협을 전속 단체로 두고 일제강점기에 제대로 펼칠 수 없었던 민족극 운동을 본격적으로 전개하기 시작한다. 그러나 6·25전쟁으로 그의 꿈은 단 3개월로 끝났고, 이후 극작가와 연출가, 그리고 연극교육가로서 제2기의 꿈을 펼쳐간다.

물론 그는 연극운동가로서 주요 고비마다 선봉에 섰지만 작가로서의 본분을 저버리지 않았다. 그가 어려운 역사의 격랑 속에서도 많은 수작을 쓸 수 있었던 것도 바로 그러한 작가정신에 따른 것이었다. 초기에는 리얼리즘극과 역사극에 경도되어 있었지만 해방 이후에는 자신이 추구해온 건조한 사실주의극에다가 음악과 무용 등을 삽입하여 총체극(總體劇)을 실험하기도 했다. 이는 연극은 무엇보다도 재미가 우선이라는 연극관에 입각한 것이다.

이러한 그의 연극관은 1956년 구미 연극 기행을 하면서 자신이 막연하게 구상해왔던 두 가지, 즉 동서 연극의 융합과 뮤지컬의 실험으로까지 진전되었다. 거기에 전제되는 것이 다름 아닌 전통극의 복원과 인재 양성이었다. 왜냐하면 서양 근대극과 동양 특히 우리의 고유의 연극을 접목시키려면 먼저 일실되어가던 전통극을 원형대로 복원하는 것이 급선무이며 뮤지컬을 하더라도 인적자원이 전제되어야 했기 때문이다. 따라서 그는 이 두 가지를 동시에 해결해보려고 오래전부터 구상해온 전통극 복원 운동을 벌여나가는 동시에 드라마센터 짓는 일에 전력을 쏟게 된다.

동랑 유치진을 추모하며

1962년에 그의 오랜 최대 숙원 사업이었던 드라마센터가 완공되면서 범국민 연극운동 차원에서 연중무휴 공연을 통해 침체 국면을 타개하려는 승부수를 띄웠지만 겨우 10개월로 남가일몽(南柯一夢)

이 되고 만다. 그러니까 전후의 어려운 경제사정과 인재 부족, 그리고 관객 부족 등이 실패의 가장 큰 원인이었다. 여기서 그가 가장 절실하게 깨달은 점은 결국 연극에 대한 국민의 인식 미흡과 인재 부족이 공연예술계의 만병의 근원이라는 것이었다.

따라서 그는 드라마센터에 연극아카데미를 시작으로 하여 서울 연극학교, 그리고 오늘날 한국 최고의 연예인 산실이라 할 서울예술대학까지 만들게 된다. 이처럼 누구도 따를 수 없을 만큼 방대한 업적을 남긴 그가 세상을 떠난 해가 1974년이므로 금년(2014년)이 40주기를 맞는 것이다. 이러한 그를 추모하는 문집인『한국공연예술의 표상 : 동랑 유치진』이 출간되었다.

이 추모문집은 역사를 모르는 후세인들에게 유치진이라는 한 인물이 이끌어온 형극의 우리 근대 공연예술사를 되돌아보게 함과 동시에 한 인물의 꿈과 열정이 역사에 얼마나 큰 공헌을 남길 수 있는가를 느끼게 한다는 점에서 의미가 있다. 더욱이 이번 문집의 가치는 유치진의 공적(公的) 업적뿐만 아니라 그의 생생한 삶이 드러나 있다는 점에 있다. 대체로 역사적 인물의 평가는 공적 업적에만 초점이 맞추어져 있어서 그의 진정한 인간적 모습은 감춰지게 마련이다. 그래서 이번 문집에는 동랑과 함께 연극 활동을 해왔던 후배 제자들이 생전의 그의 인간적 모습을 숨김없이 묘사해놓은 것이 특징이다. 그렇기 때문에 독자들은 한국 공연예술계의 거인인 동랑 유치진의 삶과 예술을 입체적으로 알 수 있으리라 본다.

실험극의 선도자, 동랑 유치진

■ 〈한강은 흐른다〉에 대하여

부자가 망해도 3대는 간다는 말이 있다. 그러나 그것도 옛말이 되었다. 왜냐하면 재벌이라 해도 요즘에는 단 1대도 못 넘기는 경우가 허다하기 때문이다. 한때 전자제품으로 전 세계를 주름 잡았던 핀란드의 노키아라든가 일본의 소니는 오늘날 어떻게 되었나. 여기서 알 수 있는 것은 기업이 변화하는 시대에 재빨리 대처하고 못하고 자기 혁신에 등한하면 몰락한다는 사실이다.

이는 기업에만 해당하는 것이 아니고 예술가의 경우도 비슷하다. 예를 들어 근대극의 비조(鼻祖)라 할 헨리크 입센은 무르익은 낭만주의극으로 창작을 시작하여 곧바로 사실주의 희곡의 토대를 마련했으며, 천재 화가 피카소는 구상으로 시작하여 추상으로 다시 큐비즘으로까지 끊임없이 자기 변신을 꾀함으로써 현대미술을 한 단계 끌어올린 매우 독특한 작가였다. 여기서 범용한 예술가와 비범한 예술가를 결정하는 것은 결국 그가 평생 한 방식만을 고수했느냐 아니면 끊임없이 자기 변신을 꾀했느냐 하는 점임을 확인할 수 있다.

동랑 유치진의 끊임없는 변신

한국 연극의 대부라 할 동랑도 끊임없이 자기 변신을 꾀하는 창작의 길을 걸어온 극작가였다. 대체로 사람들은 동랑에 대하여 사실주의 창시자로만 알고, 그 이상에 대하여는 별로 알려고도 하지 않는다. 그러나 동랑은 이 땅에 사실주의극을 정착시키면서도 거기에 머물러 있지 않았다. 즉 그는 사실주의로 출발하여 상징주의, 더 나아가 동서극을 혼합한 총체극(〈처용의 노래〉), 그리고 더 나아가 뮤지컬까지 시도한 매우 유니크한 극작가였다.

특수한 시대 상황에 따라 현실을 있는 그대로 묘사하는 사실주의를 선호하여 〈토막〉 등 일련의 현실 고발극으로 명성을 얻었지만 그런 방식이 자칫 연극의 이념 수단화를 초래할 수 있는 위험성을 깨닫고 곧바로 상징주의, 또는 역사극으로 방향을 틀었다. 그가 그때 깨달은 것은 어두운 현실을 있는 그대로 묘사한 자신의 작품이 정치체제나 사회를 변화시키는 힘을 가진 것도 아니고 그렇다고 민중의 위안물이 되는 것도 아니라는 사실이었다. 그는 예술이 어떤 이념의 수단으로만 머무르는 건 별 의미가 없다는 것을 절감했다. 가령 그가 일찍이 헤이워드 부처 작 〈포기와 베스〉에 감명받고 그 희곡을 연출했던 것도 흑인 사회의 어두운 현실을 매우 흥겹게 묘사하면서도 할 말은 한 작품이었기 때문이다. 이때 그는 처음으로 연극에 아름다운 음악과 춤을 삽입하여 즐거운 무대를 창출했다. 이때부터 그는 젊은 시절 자신에게 절대적인 영향을 미쳤던 숀 오케이시를 조금씩 벗어나기 시작한다.

그렇다고 해서 그가 사실주의를 완전히 저버린 것은 아니었다. 즉 그는 일단 사실주의를 바탕으로 하되 그 시대 상황과 소재에 따라 연극사조에 얽매이지 않고 자유자재로 극술의 폭을 무한히 확대했다. 해방 이후에 쓴 그의 희곡들이 사실주의극에서부터 상징극, 역사극, 총체극(〈처용의 노래〉), 그리고 음악극(〈가야금의 유래〉)에 이르기까지 천변만화를 일으키는 것도 바로 이러한 보편적인 연극관에 입각한 때문이다.

그가 만년에 쓴 몇 편의 매우 이색적인 희곡들, 이를테면 생태주의적 유토피아 갈망과 인간 실존 탐구 및 구원 의식을 추구하는 작품이야말로 바로 그러한 그의 원숙한 연극관을 극명하게 보여주는 것이라고 할 수가 있다. 그런 표본 중의 하나가 바로 〈한강은 흐른다〉이다.

이 작품은 그가 스스로 밝힌 바 있듯, 세계일주 연극 기행을 하고 새로운 극술을 보여주는 것으로서 사실주의에 기반을 두면서도 표현주의라든가 상징주의 등 여러 가지 표현 방식을 구사하면서 철학사조로서는 알베르 카뮈류의 무신론적 실존주의가 아닌 가르시아 마르케스류의 유신론적 실존주의 방식으로 절망적 현실을 묘파한 것이다. 동족전쟁이 한창이었던 1951년을 시대적 배경으로 하여 이데올로기라든가 전쟁이 얼마나 인성을 파괴하는가를 다양한 인물들의 존재 방식을 통해 리얼하게 설명했다. 특히 전쟁이 여성의 인권을 얼마나 철저하게 파괴하는가를 이야기하면서 동시에 천주교 성경 노인을 등장시켜 구원을 암시함으로써 그의 만년의 정신적인 한 단면을 보여준다는 점에서 주목할 만하다.

동랑 유치진을 둘러싼 오해와 진실

■ 유치진의 친일 문제와 관련하여

셰익스피어와 유치진

셰익스피어는 비교적 길지 않은 생애 동안 37편의 희곡과 154곡을 담은 소네트집을 남겼다. 그 37편의 희곡 속에 인류의 각양각색 모든 면모를 보여주는 캐릭터들, 이를테면 생과 사를 축으로 선악, 애증, 시기와 질투, 우둔함과 모략, 교만과 분노, 정의와 사술, 권력욕과 폭력성 등등 오욕칠정(五慾七情)의 인간 성격을 예술적으로 승화시켜서 생생하게 살아 움직이게 하였기에 모든 사람이 그의 천재성에 경탄한다.

그렇다면 우리 역사상 그에 버금갈 만한 연극인은 없는 것일까? 과연 누가 수천 년 한국 연극사상 최고의 인물일까? 필자는 극작가 동랑 유치진이 그에 해당한다고 생각한다. 물론 그를 셰익스피어와 동렬에 놓고 비교하는 것은 적절치 않다. 왜냐하면 셰익스피어는 동랑보다 400여 년이나 앞서 태어나 활동했고, 또 영국 역사상 가장 찬란했던 엘리자베스 시대에 우주와 인생을 명상하면서 여유롭게 창작 활동을 한 고전적인 작가였던 데 반해서 동랑은 전통사회로부터 근대사회로의 이행 과정에서 일본 제국주의의 강점으로 말미암아 핍박과 수탈, 그리고 이데올로기 갈등과 분단, 동족상잔의 전쟁, 혁명 등으로 점철된 격동의 역사 속에서 창작 활동을 했던 점에서 셰익스피어와는 근본적인 차이가 날 수밖에 없기 때문이다.

이 말은 곧 동랑은 태어날 때부터 우주니 인생이니 하는 보다 본질적인 사유 속에서 예술 작업을 한 것이 아니라 척박한 상황 속에서 생존을 위해 버거운 시대와 역사와 대결해야 하는 전사(戰士)와 같은 처지에서 연극운동을 해온 인물이었다는 이야기다. 가령 그가 당초 연극운동에 나서게 되는 배경만 보더라도 국권을 잃은 조국과 민족을 위한 계몽적 차원에서였다는 사실이 그 점을 잘 보여준다. 그가 평생의 화두로 삼았던 '나라가 있고 예술도 있는 것'이라는, 어쩌면 작가로서는 매우 특이한 신념도 바로 그러한 시대 상황에 기인했다고 할 수 있다.

따라서 그는 근대문화의 기반 자체가 취약한 이 땅에 선진국에 버금가는 역동적인 공연문화의 착근(着根)을 위하여 광범위한 창조 활동을 벌일 수밖에 없었다. 그는 우리 문화의 후진성을 단기간에 탈피하기 위해 어느 한 분야에 집중하기보다는 공연문화 전반을 진흥시키는 데 모든 것을 걸었다. 솔직히 예술가가 평생 어느 한 분야에서도 만족할 만한 성취를 이루어내기가 어려운데, 그는 연극 계몽운동가로 시작하여 극작, 연출, 연극이론, 연극 교육, 극장 건축,

전통극의 부활 재생, 연극의 국제화, 그리고 예술대학 설립에 이르기까지 아무도 따를 수 없는 다빈치(da Vinci)적 공적을 남긴 인물이었다.

가령 그가 주안점을 두었던 희곡 창작만 하더라도 불후의 명작을 남기지는 못했어도 1931년 〈토막〉(2막)을 처녀작으로 하여 마지막 작품 〈청개구리는 왜 날이 궂으면 우는가〉(1964년)에 이르기까지 평생에 걸쳐서 희곡, 시나리오, 방송극본 등 공연되고 영화화된 작품이 40편이다. 그런데 작품 편수가 중요한 것이 아니라 그의 작품의 궤적이 변화무쌍하고 다양한 것에 주목할 필요가 있다. 그는 이 땅에서 처음으로 리얼리즘극을 개척한 후 거기에 머물지 않고 시적(詩的) 리얼리즘과 상징주의극으로 스펙트럼을 넓혀갔으며 팍팍한 희곡에 음악과 무용, 그리고 화려한 무대미술까지 가미함으로써 정지되어 있던 우리 무대를 아름답고 재미 넘치는 공연장으로 만들기도 했다.

이러한 그의 연극 형식 변화는 어디까지나 '연극은 행동의 모방'이라는 아리스토텔레스의 연극 원론에 입각한 것으로서 궁극적으로는 동서 연극의 만남까지를 모색하고자 했다. 후반에 들어서면서 음악과 무용을 자주 활용했던 것도 그런 그의 연극관과 무관치 않다. 동랑의 연극 형식은 계속해서 환상극으로 확대되고, 6·25전쟁 직후에 쓴 〈까치의 죽음〉에서 알 수 있듯이 소위 생태주의적인 세계관을 드러냈으며, 급기야는 뮤지컬로까지 진화되어갔다. 오늘날 우리 연극계의 주류로 확고히 자리 잡은 뮤지컬도 실은 그러한 그의 끊임없는 진화론적인 실험정신으로부터 비롯된 것이었다.

그런데 그의 연극 형태상의 변화에 못잖게 주제의 변화 역시 다채롭기는 마찬가지였다. 전술한 바 있듯이 그가 당초 연극운동에 나선 동기는 예술을 위한 예술을 한다기보다는 민족계몽을 통해 조국에 이바지해보겠다는 것이었다. 따라서 그는 자연스럽게 사악한 시대와 대결하는 차원에서 고발적인 리얼리즘극을 쓰게 된다. 가령 그가 초기에 일제의 수탈에 의한 농민의 몰락상을 사실적으로 묘사했던 것도 바로 '작가는 현실과의 싸움에서 이겨야 한다'는 연극관에 입각한 것이었다. 그러나 사악한 일제 군국주의의 벽에 부닥치자 그는 역사라는 우회로를 찾을 수밖에 없었다.

그가 삼국시대의 흥망성쇠와 그에 따른 영욕을 통해서 현실을 에둘러 증언하려 한 것이야말로 바로 그런 시대 상황에 따른 것이었으며, 동시에 우리 민족의 역사 교육도 긴요하다는 생각에서였다. 그의 역사 끌어오기는 해방 직후의 혼란기에 더욱 진가를 발휘한다. 그런데 그 역사적 제재 활용에서 해방 전과 후가 달랐던 것은 시대의 변화에 따라 우회적인 풍자 방식에 더해 '민족의 얼' 찾기와 자주자강(自主自疆)도 강조하게 되었기 때문이었다.

이것은 다시 민족의 정체성 세우기로 진화되어간다. 처용(處容)이라든가 우륵(于勒), 그리고 원술(元述) 등의 인물들을 강조, 묘사했던 것이야말로 바로 그러한 민족의 정체성 찾기와 직결되는 것이다. 6·25전쟁 이후에는 개화기까지 내려와서 민족 해방의 근원을 김옥균(金玉均)의 개화당에서 찾는가 하면 1948년 대한민국 건국의 연원을 3·1운동에서 찾기도 함으로써 현대사의 정통성을 강조했다.

이렇게 우리 희곡사에서 역사극의 지평을 넓혀온 그가 정통성의 재발견과 그 현대적인 재창조에로 방향을 튼 것 역시 어차피 우리도 서구 근대극과 보조를 맞춰 가더라도 동도서기(東道西技)의 입장에서 법고창신을 토대로 해야 함을 명시한 것이었다. 그러면서도 그는 리얼리즘 방식을 저버리지 않았다. 특히 그는 6·25전쟁의 혼란 속에서 사학자들이 미처 기록 못 한 현실을 희곡으로 담으려 했다. 해방 직후의 혼란스러운 상황으로부터 시작하여 전쟁 중 서민들의 처절한 생존 양상, 거제도포로수용소의 참상 그리고 동족상잔의 비극을 휴머니즘의 입장에서 하나의 팩션(fact+fiction) 형태로 기록해놓은 것이었다.

그렇다고 해서 그가 평생 불운한 시대와의 쟁투만을 벌인 것은 아니다. 그가 진정으로 쓰고자 했던 것은 인간 존재의 심원한 성찰에 대한 것이었다. 과연 인간 영혼은 구원받을 수 있는가에 대한 고뇌였다. 비록 미완이긴 하지만 그는 만년에 〈별승무〉라는 단막극을 썼으며 가톨릭에 귀의하기도 했다.

연극 계몽운동가로서의 업적

그러나 우리 공연문화가 기술과 자원 수준 등의 면에서 너무 뒤져 있었기 때문에 그는 작가로만 머물 수는 없었다. 우리 연극사에서 최초의 전문 연출가였던 홍해성이 상업극단으로 옮겨가면서 동랑은 마지못해 연출가로도 나서야 했다. 그것도 첫 희곡을 발표했던 1932년부터 마지막 연출을 한 1972년까지 무려 40년에 걸쳐서 그는 수십 편의 작품을 연출했다. 비록 일본 근대극의 요람이라 할 쓰키지 소극장에서 스타니슬랍스키의 사실주의 연출을 주로 배웠지만, 곧바로 메이예르홀트의 상징주의에 기울어지면서 자기만의 연출 세계를 구축하여 이해랑, 임영웅 등으로 이어지는 주류 연극 연출의 계보를 만들어놓기도 했다.

그러나 그의 빛나는 공로는 또 다른 데에 있다. 그 하나가 계몽운동가로서의 혁혁한 업적이라 하겠다. 그의 연극 계몽운동은 실제적 행동과 이론으로 전개되어간 것이 특징이다. 그가 대학을 마치자마자 귀국하여 해외문학파 동지들과 만든 것이 본격 신극단체 극예술연구회였다. 이 단체에서 그는 일제에 의해 강제 해산당할 때까지 8년 동안 단역배우로부터 극작, 연출, 제작 등에 앞장섰으며 연극 계몽 이론도 활발하게 펼쳤다.

예를 들어 그는 이미 1930년대 초에 러시아식의 연극 브나로드 운동 전개를 촉구하는 한편 일본 연극을 비롯하여 미국 연극 등의 동향을 소개함으로써 우리의 신극운동의 나아갈 방도를 제시하기도 했다. 특히 한국 연극의 미래를 짊어진 신인들은 학교극 활동에서 양성되어야 한다면서 각급 전문학교 연극반원들을 지원하는 한편 도쿄 학생예술좌 조직에도 깊이 관여했다.

유치진을 둘러싼 친일 논란

그런 그도 역시 역사의 슬픈 격랑을 피할 수는 없었다. 악랄한 일본 군국주의가 대동아전쟁을 일으키면서 소위 '전시총동원령'을 내리고 우리 국민을 강제징용과 성노예로 끌어가는 것도 모자라 지식인들과 예술인들의 '영혼 빼앗기'까지 했던 것은 잘 알려진 일이다.

그에 따라 동랑 역시 반강제로 극단 현대극장을 조직, 목적극 두 편을 쓰고 연극 몇 편을 연출하여 무대에 올렸으며 저들의 정책을 홍보하는 글도 쓰지 않을 수 없었다. 이 시기에는 거의 모든 연극인들이 창작으로나 연기, 연출, 혹은 무대미술 등 어떤 형태로든 일제에 협력하지 않을 수 없었다. 그것은 월북하여 북한 연극의 기초를 닦고 정관계에서 크게 활약한 송영이라든가 박영호, 황철 등도 예외는 아니었다.

오죽했으면 유신 시대 이후 대표적인 민주투사였던 송건호(전 동아일보 편집국장, 한겨레신문사 사장)마저 그 시절 문예인들의 행로와 관련하여 '감옥에 가거나 협력하거나 붓을 꺾고 숨어 살거나' 한 가지 길밖에 없었다고 썼겠는가.* 그런 속에서도 동랑은 창씨개명을 끝까지 거부한 몇 안 되는 연극인이었다. 그렇다고 해서 그의 과오가 덮어진다는 이야기는 아니다. 이러한 행적은 분명히 그의 빛나는 연극 인생에서 '옥의 티'임에는 틀림이 없다. 그런데 티가 박혔다고 해서 옥이 아닌 것은 아니다. 다만 그 엄혹한 시대를 살아보지도 않은 '후세의 오만'이 편향된 잣대로 선조들의 모든 업적을 폄훼, 매도하기보다는 연민의 눈으로 바라볼 때도 되지 않았나 생각한다. 필자는 일제강점기 말에 강제로 친일을 한 문화인들에 대하여 네 가지 잣대를 놓고 평가해야 한다고 생각한다. 그 첫째가 자발적이었나 하는 것, 둘째는 적극적이었나 하는 것, 셋째 친일을 해

---

* 송건호, 『한국현대사론』, 한국신학연구소 출판부, 1979, 302쪽 참조.

서 무슨 이득을 보았느냐 하는 것, 그리고 끝으로 당사자가 해방 이후에 참회했느냐 하는 것이다. 이 기준으로 보면 동랑이 피치 못해 일제에 협력한 것은 사실이지만 친일파라는 주홍글씨를 사후에까지 이마에 붙이고 있어서는 안 된다고 본다.

그는 실제로 그런 피치 못할 과오로 인하여 해방 직후에는 스스로 차가운 돌베개를 베고 한동안 은둔 생활을 했다. 그러던 중 그는 좌우 연극인들의 대립 갈등이라는 혼란 속에서 중진 소설가 월탄 박종화의 부름을 받고 그와 함께 민족예술 지킴이의 중심에 서게 된다. 특히 그는 국제공산주의에 기반을 둔 좌익 연극인들의 프로연극동맹을 중심으로 한 이데올로기 정치운동에 반기를 들고 자유민주주의를 위한 두 번째의 연극 브나로드 운동을 전개하여 대한민국 정부 수립에 기여했으며 한국무대예술원을 조직하여 혼란에 빠진 연극계를 안정시키기도 했다.

한국 연극의 발전을 위한 분투와 노력

그는 정부 수립과 함께 큰 희망을 갖고 문화부와 국립예술원 설립을 요구했으나 뜻을 이루지는 못했다.** 대신 그는 이 시기에 각종 법령 정비, 즉 무대예술을 고사시킬 수도 있는 미 군정의 극장입장세율 인상과 식민지 잔재로 할 공연악법 철폐 운동을 벌여나갔다. 그의 여러 가지 요구 사항 중 일부는 이루어졌지만, 모든 것이

** 문화부는 그 후 40년 뒤인 노태우 정부 때에 와서야 설립되었다.

다 성취된 것은 아니었다.

이 시기에 특기할 만한 사항 중 또 한 가지는 선구적 계몽주의자답게 여러 대학에 출강하여 연극론을 강의하면서 희곡과 연극의 기초이론을 서책으로 개진한 점이다. 그는 예술 지망생들이 희곡을 쓰더라도 기본은 알아야 하고, 연극을 하더라도 본질을 제대로 알아야 한다는 노파심에 따라 아리스토텔레스부터 구스타프 프라이타크, 고든 크레이그, 그리고 조지 베이커 등의 희곡론과 연극론을 우리 현실에 맞춰 소개했다.

그리고 그가 연극 활동을 해오면서 가장 절감했던 문제 중 하나가 극장 부족이었다. 수십 년간 각 극단들은 일본인들이 착취 수단으로 전국에 세운 극장(영화관)들을 임대해서 공연해야 했고, 6대 4 비율로 임대료를 지불하면 공연을 해봐야 남는 것이 없었다. 따라서 해방 직후부터 문화인들은 일인들이 세운 극장들을 연극인이 활용할 수 있도록 범문화계 차원에서 분투했으나 모두 허사가 되었다. 그리하여 문화인들이 생각해낸 것이 바로 국립극장의 시급한 설치였다. 다행히 1950년 초에 아시아 최초로 국립극장이 설치되면서 동랑이 초대 극장장으로 취임했다. 그리하여 연극을 비롯하여 무용, 오페라, 국악 등 문화예술 전반의 진흥을 시도하던 중 두 달여 만에 6·25전쟁이 발발하여 민족예술은 겨우 기지개를 켜다 말고 또다시 기나긴 시련기에 접어들게 된 것이다.

전쟁이 끝난 뒤에 동랑은 곧바로 몽땅 붕괴된 공연예술 기반 구축에 나선다. 우선 파괴된 극장들을 개축하되 획일적인 구조가 아닌 연극, 음악, 무용 등 각각의 장르를 공연하는 데 적합하도록 특성화하자고 권장했으며, 정부가 국산영화 진흥을 꾀하는 것에는 찬성하지만 연극의 위축을 초래해서는 안 된다는 주장도 폈다. 그리고 실제로 그는 영화이론가가 없던 시절 영화 발전에 관한 선진 이론도 소개하는 한편 시나리오도 여러 편 써서 영화화되기도 했다. 사실 그는 일찍부터 영화에도 깊은 관심을 갖고 일제강점기에 이미 미국 영화계 동향을 심층적으로 소개한 바도 있었다.

즉, 그는 일찍이 우리의 정책 당국과 영화인들에게 타산지석으로 삼으라는 의미로 미국이 국가 기간산업으로 삼는 영화 정책에 대해 소개하면서 한국 영화시장도 세계로 눈을 돌려야 한다고 했다. 그런 때에 그는 마침 구미 연극 여행 기회를 얻어 동경해 마지 않던 신극의 본향을 돌아볼 기회를 갖게 되었다. 그런데 그는 서책 등을 통하여 이미 구미 연극에 대한 상당한 예비 지식을 갖고 있었기 때문에 공연을 관람하기보다는 그들의 연극 정책과 교육 시스템 등을 심층적으로 관찰했으며, 한국 연극도 국제적 수준과 보조를 맞춰야 한다는 생각으로 국제연극기구(International Theatre Institute：ITI)에 개인 자격으로 가입하고 귀국하자마자 1958년에 ITI 한국본부를 설립하기도 했다. 연극의 국제 교류의 중요성과 함께 특히 국악 진흥을 제창한 그는 한국이 ITI에 가입하자마자자 이듬해에 당당히 부위원장으로 당선됨으로써 그의 능력을 국제적으로 인정받았다.

한국 연극의 미래를 위하여

그러나 그가 인생 후반기에 가장 역점을 두었던 사업은 인재 육성과 극장 설립, 두 가지였다. 결국 예술작품도 사람이 만드는 것인 만큼 전문가 없이는 아무것도 이룰 수 없다는 신념에 따라 인재 발굴과 육성에 그의 전 인생을 걸기로 한 것이다. 그는 1940년대 초 극단 현대극장을 조직할 때도 부설 인재양성기구 설치를 조건으로 내걸었고, 해방 직후 국립서울대학교에 연극과 설치를 요구한 바 있으며, 중등학교에 인성과 화술 교육을 위해서도 연극을 교과 커리큘럼으로 넣어야 한다는 주장도 했다.

이러한 노력의 첫 결실로 1960년에 국내 최초로 동국대학교에 연극학과가 설치되었고, 그는 스스로 앞장서서 대학에서의 연극 교육 기초를 다져놓았다. 그러나 한 대학의 연극학과로서는 그의 원대한 꿈을 이룰 수 없었다. '하늘은 스스로 돕는 자를 돕는다'는 말에 따라 그는 인생 최대의 역사(力事)에 나서게 된다. 록펠러재단에 요청하여 얼마 안 되는 종잣돈을 원조받고 자신의 전 재산을 투입하여 드라마센터를 세운 것이다.

드라마센터는 한국의 극장사적으로 볼 때 대단히 중요한 의미를 지닌다. 첫째, 극장 구조를 초현대식으로 만들어 프로시니엄 아치식의 구태를 혁파함으로써 한국 연극이 단번에 고루한 근대극을 탈피하고 현대극으로 나아갈 수 있도록 했고, 두 번째로는 연중무휴 공연과 레퍼토리 시스템의 단초를 열었으며, 세 번째로는 공연예술 전 분야 인재를 광범위하게 양성할 수 있다는 거점이 되었다.

사실 드라마센터는 그의 평생의 꿈이 농축된 것이어서 개관과 동시에 범국민운동 차원에서 한국 공연예술 발전의 거대 청사진을 제시했지만 낙후된 우리 시대가 그것을 뒷받침해주지 못했다. 따라서 그는 곧바로 인재 양성 쪽으로 방향을 전환한다. 즉, 연극아카데미를 시작으로 하여 연극학교, 그리고 오늘의 서울예술대학교로 발전하는 탄탄한 토대를 마련해갔다. 여기서 주목해야 할 점은 그의 인재 육성 프로그램의 장대함이라 하겠다. 그 점은 학과의 성격과 교육 방식에서도 확인할 수 있다.

그는 어린이들의 인성과 화술을 위한 조기 예술 교육을 권장하고, 청소년 연극 경연대회를 통하여 인재의 조기 발견도 꾀했다. 아예 드라마센터에 어린이극회까지 설치할 정도로 아동과 청소년들의 연극 교육에 많은 신경을 썼다. 그다음으로 그가 진력한 것은 '극작가 캐내기' 운동이었다.

그런데 더욱 주목을 끄는 대목은 그가 연극아카데미, 서울연극학교, 서울예술대학교로 발전시키는 과정에서 연극 분야뿐만 아니라 TV, 라디오, 영화 분야의 인재까지 폭넓게 키우기에 다걸기한 사실이다. 그는 20세기 후반에 이르면 미디어가 크게 진전될 것을 미리 내다보고 기술 등 여러 방면의 인재가 필요하다는 것을 예측했기 때문에 하루 빨리 그 분야 인재를 서울예대를 통해 키워내야겠다고 결심하고 학과 개설과 실기 위주 교육도 가장 먼저 시행했다. 오늘날 우리나라 공연문화계에서 중추 역할을 하고 있는 수많은 인재들이 곳곳에서 활약하고 있는 것도 바로 수십 년 앞을 예견하고 준비했던 동랑의 꿈의 결실이라고 보아야 한다.

외국에서 한국을 말할 때, 대체로 세 가지를 부러워하는 것으로 전해진다. 삼성과 현대, 그리고 한류(韓流)다. 두 가지는 기업이지만 하나는 문화예술이다. 그 한류에 곧 드라마, 영화, 가무 그리고 국악 등이 포함된다고 볼 때, 그 원류를 찾아 올라가면 드라마센터와 그곳에서 일찍부터 인재를 키워낸 동랑 유치진에 가 닿는다. 대하(大河)도 거슬러 올라가면 작은 옹달샘부터 시작되는 것처럼 문화도 마찬가지다. 오늘날의 문화 융성도 결국 일찍부터 광범위하게 문화예술 기반을 닦아놓은 동랑 유치진 같은 선각자가 있었기 때문에 가능한 것이다.

이처럼 선각적인 동랑이었지만 한평생 관직의 유혹을 뿌리치고 오로지 문화예술 운동에만 다걸기했다. 부산 피난 중에 KBS 국장(지금의 사장 격)직 제의를 받았지만 사양한 바 있으며, 그 후에도 제1공화국의 경무대 문화비서관, 공보처 차장, 그리고 집권당의 국회의원 역시 모두 고사했던 일화는 유명하다. 그는 한평생 문화계 지도자로서 그 흔한 스캔들 한 번 일으킨 적이 없을 정도로 도덕적인 삶을 살았다. 그런 그가 결국 1974년 새해에 연극 진흥을 논하는 와중에 쓰러졌고, 9일 동안 죽음과 사투를 벌이면서도 의식이 어렴풋이 돌아올 때마다 한국 연극의 미래를 걱정하는 몇 마디를 유언으로 남기고 자신이 살고 있던 드라마센터 뒤 어둑한 누옥(陋屋)에서 향년 69세로 파란만장한 생을 마감한 것이다.

같으면서 달랐던 두 작가의 인생과 연극 행로

■ 유치진과 함세덕

지난 시대, 즉 20세기의 우리 역사는 개화의 요동, 외세 지배, 분단, 동족상잔의 전쟁, 혁명 등으로 점철된, 세계사에서도 유례를 찾아보기 힘든 매우 특수한 역사였다. 따라서 시대 구분을 할 때도 자연스럽게 1945년 8월 민족해방을 분기점으로 삼아 전후로 양분한다. 그런데 흥미로운 점은 역사뿐만 아니라 인간사(人間史)도 거기를 기점으로 하여 크게 바뀌었다는 사실이다. 이는 연극문화 그리고 연극인 개개인들에게도 똑같이 적용된다. 그 좋은 본보기가 바로 유치진과 함세덕(咸世德, 1915~1950)의 경우가 아닐까 싶다. 왜냐하면 두 사람은 자타가 공인하는 전 시대의 대표적인 극작가이며 동시에 사제지간(창작상)으로서 매우 비슷한 사유 체계를 지니고, 또 거의 같은 제재와 형식의 희곡을 쓰고 함께 연극 활동도 했지만 막상 민족해방을 맞아서는 창작 활동과 인생에서 너무나 상반된 길을 걸었기 때문이다.

유치진과 함세덕의 만남

1905년 경남 통영에서 한의사의 장남으로 태어난 유치진은 오광대탈춤을 보고 자라면서 나이 스무 살에 일본 유학길에 올라 도요야마(豊山)중학교를 졸업할 무렵 민족계몽의 수단으로서의 연극을 공부하기 위하여 릿쿄대에서 영미문학을 전공한다. 반면에 함세덕은 일본어학교를 졸업하고 외국어학교 부교관을 거쳐 전남 나주군청 주사까지 지낸 하급관리의 아들로 유치진보다 10년 뒤인 1915년에 인천에서 태어나 부친을 따라 목포에서 유년 시절을 보내고 다시 인천으로 돌아와 인천상업학교를 졸업했다. 은행에 들어갈 수도 있었으나 문예, 특히 희곡을 좋아해서 책을 충분히 읽으려고 일한서점에 점원으로 취직한다. 두 사람 모두 어려운 시대에 태어났지만 중산층 가정에서 성장했기 때문에 서민들처럼 고생은 별로 않고 성장한 편이었다.

유치진은 대학을 졸업하자마자 귀국하여 유학 중 사귄 소위 해외문학파 동지들과 함께 1931년부터 극예술연구회를 조직하여 연극활동을 시작했고, 1932년에 처녀희곡 〈토막〉을 발표하면서 서구근대 희곡에 근접한 사실주의극을 처음 시작한 신예 극작가로 각광을 받게 된다. 이어서 그는 〈빈민가〉라든가 〈소〉 등을 연달아 발표하면서 신파극이 주류를 이루던 이 땅에 근대극의 새 길을 놓는다.

그런데 그는 거기에 그치지 않고 연출 전문 홍해성이 생활을 위해서 1935년 동양극장으로 옮겨 앉자 만부득이 극예술연구회의 연출까지 전담함으로써 연극운동가로서의 스펙트럼을 넓혀갔으며 연극이론가로서도 여러 지면에 글을 쓴다. 나이 겨우 30대 초반에 연극계의 젊은 리더로 부상했던 것도 바로 그러한 정통적이면서도 정열적 활동을 편 데 따른 것이었다. 이러한 그가 일본 경찰의 감시 대상이 되기도 했지만 그동안 자신이 써온 일련의 처절한 현실 고발의 사실주의 연극이 사람들에게 예술적으로 무슨 의미를 던지는가에 대해서 회의를 느끼기 시작했고, 표현의 자유가 차단되어 있는 처지에서 역사극과 상징극으로 변화해갈 무렵에 함세덕을 만나게 된다.

함세덕은 일찍부터 문재(文材)에 뛰어난 청년으로서 서점에서 남독(濫讀)의 시간을 보내는 한편 집 근처의 애관(愛館)극장을 드나들며 연극 영화를 관극했고 홀로 희곡 습작을 하고 있었는데, 그의 재능을 알아차린 수필가 김소운(金素雲)이 유치진을 소개해줌으로써 두 사람은 사제지간이 되었다. 유치진의 가르침을 받은 그는 1939년에 단막극 〈동승〉(일명, 〈도념〉)을 발표하여 가능성 있는 작가로 인정받았으며 이듬해 조선일보 신춘문예에 「해연」이 당선됨으로써 유치진을 계승할 만한 차세대 극작가로 화려하게 등장한다.

유치진이 특히 함세덕을 좋아한 것은 그가 자신이 추구하고자 했던 상징적이면서도 서정적인 희곡을 썼기 때문이었다. 그리하여 유치진은 1941년 극단 현대극장을 출범시키면서 함세덕을 전속 작가처럼 대우하며 해방이 될 때까지 연극 활동을 함께한다. 창작, 모작, 번안 등에서 뛰어난 재능을 보인 그는 4년여 동안 유치진과 운명을 같이할 정도로 소위 국민연극 운동에 열정을 쏟았다.

물론 함세덕이 현대극장에서만 있었던 것은 아니다. 유학 경험이 없었던 그는 1942년부터 2년여 동안 일본을 드나들면서 일본인 극단 젠신자(前進座)에 입단하여 연출부에서 일했으며 쓰키지 소극장에서는 일본인 작품 〈구우(舊友)〉를 연출하기도 했다. 그만큼 그는 일본에 푹 빠져 있었다.

함세덕의 친일과 월북

따라서 그는 유치진과 함께 극단 현대극장을 이끌면서 초기의 서정적인 희곡과는 달리 친일 국책극을 쓰게 된다. 유치진이 소위 분촌(分村) 운동을 미화하면서도 소극적인 〈흑룡강〉〈북진대〉 등을 썼다면 함세덕은 더욱 노골적인 친일 어용극을 쓰는데, 예컨대 〈에밀레종〉 같은 희곡은 한국과 일본이 한 뿌리라는 내선일체(內鮮一體)를 강조하는 내용이다.

그러다가 『뜻으로 본 한국 역사』를 통해 1945년 8월에 민족해방이 도둑처럼 찾아왔었다고 설파한 종교지도자 함석헌(咸錫憲) 옹의 말대로 갑자기 새 세상이 전개되면서 두 사람의 연극 인생 행로도 상반된 방향으로 서서히 갈리게 된다. 주지하다시피 해방 직후 수개월 동안 적어도 연극계에서는 이념적인 분화나 대립 같은 것은 없었다. 그래서 일제강점기 때처럼 모두가 함께 어울려 연극을 했었다. 예를 들어서 나중에 월북한 함세덕, 황철 등이 이해랑과 1년 반 동안 낙랑극회라는 극단을 함께했던 것이다.

그러다가 분단정치가 예술을 지배 통제하기 시작하면서 그것은 곧바로 연극계로 전이되어 이념 분화와 극렬한 갈등으로까지 치달아간다. 어제의 동지가 오늘의 적이 되어 공적인 자리뿐만 아니라 사석에서까지 패싸움 판을 벌이는 것이 예사였다. 1946년부터 연극계가 좌우로 양분되었는데 좌익 연극이 절대 우세를 차지했다. 그럴 수밖에 없었던 것이 당시 국민의 이념 성향을 보면 우리나라가 사회주의로 가야 한다는 의견과 자유민주주의로 가야 한다는 의견의 비율이 75% 대 25%였다. 인텔리들 중 민주주의에 대한 확고한 신념이 서 있지 않은 이들은 너도나도 사회주의로 쏠리는 현상이 나타난 것이다. 일찍이 연출가 박진(朴珍)이 그의 책 『세세연년』에서 지적한 바 있듯, '공산주의연하는' 것이 당시 시대 분위기였다.

따라서 일제강점기에 프롤레타리아극에 전혀 관심을 두지 않았던 함세덕도 해방 직후에는 여타 극작가들처럼 일제강점기에 마음대로 쓰지 못했던 독립투쟁을 주된 테마로 삼다가, 차츰 좌익 성향으로 기울어갔다. 이는 그의 스승 유치진과는 상반된 방향으로 서서히 이별해가게 되는 모멘텀이었다. 왜냐하면 우익 민족극의 리더로 등장한 유치진이 좌익 연극과는 대척점에 섰기 때문이다.

해방 직후 장막 희곡 〈기미년 3월 1일〉을 발표한 함세덕이 이듬해(1946년) 하반기에 들어서는 극좌적인 〈태백산맥〉을 발표함으로써 많은 연극인들을 당혹시켰다. 그렇다고 해서 그가 갑자기 사회주의자가 된 것은 아니었다. 필자가 그렇게 보는 것은 그가 1947년 여름에 월북을 결심하고 평양으로 떠나기 전날 밤 특별히 친했던 연극 동지 이해랑의 집을 찾아와서 함께 술을 마신 후 눈물을 흘리면서 작별했기 때문이다(이해랑, 『또 하나의 커튼 뒤의 인생』, 148쪽).

월북 후 그는 평양에서 극작 활동을 했지만 함께 월북한 박영호

(朴英鎬)나 송영(宋影) 등과는 달리 특별대우를 받지는 못했다. 그가 서울에서 활동할 때 해방 전까지는 프롤레타리아극과 전혀 관계가 없었고, 또 부친이 관리 노릇을 한 신분상 하자 때문에 당국으로부터 백안시되었던 것이 아닌가 싶다. 사실 그는 다분히 낭만적인 성격으로나 가족사로 볼 때 공산주의자가 될 수가 없었으며 서울에 남았던 그의 계씨(함성덕)의 증언에 따르면 월북을 후회했었다고 한다. 그러나 그는 가족까지 이끌고 월북했기 때문에 속마음은 어떻든 생존을 위해서도 창작 활동은 해야 했다. 평양에 가서 그가 쓴 희곡은 몇 편 되지 않는데, 그 대표작이 다름 아닌 〈대통령〉과 〈산사람들〉이다.

이 중에서 월북 후 그의 대표작이라 할 〈대통령〉은 남한이 미국에 예속된 괴뢰정부라는 전제하에 이승만, 프란체스카, 조병옥, 로버츠 미국 군사고문, 김성수, 장택상 등등 실존인물들을 등장시켜 공산 빨치산들이 남한을 집요하게 공격한다는 선전 목적극이다. 이승만 대통령이 북침을 준비하기 위하여 부산에서 열차로 무기를 운반해오다가 빨치산의 공격으로 좌절되었다는 소식을 접하고 졸도하는 것으로 끝을 맺는다. 함세덕은 6·25전쟁 때 남진하는 인민군을 따라 내려오다가 수색 근처에 도착하여 군용 트럭 위에서 자신이 던진 수류탄 파편에 맞아 비극적으로 생을 마친 것으로 전해진다.

유치진의 작품세계의 변화

반면에 그의 스승 유치진은 우익 민족연극의 확고한 지도자로서 1947년 신협의 전신인 극협(劇協)을 조직하는 한편 반공의 입장에서 분단 문제와 외세 개입을 에둘러 비판하는 역사극 〈자명고〉를 위시하여 〈원술랑〉 등을 발표했다. 이념 갈등으로 혼란스런 연극계를 추스르는 한국무대예술원을 창립하여 대한민국 정부 수립을 앞두고 민주주의와 선거를 홍보하는 대대적인 계몽운동을 펼쳤으며, 정부 수립 직후에는 국립극장 설립을 주도하여 초대 극장장으로서 민족극의 토대를 다져나가다가 전쟁을 만나 그 자리를 떠난다.

이후 창작에 몰두하여 전쟁 중에도 피난지를 옮겨 다니며 쉬지 않고 많은 희곡을 썼는데, 과거의 작품들과 다른 방향으로 흐른다. 가령 〈처용의 노래〉나 〈가야금의 유래〉 등에서 확인할 수 있듯이 역사극을 쓰더라도 일제강점기와 해방 직후처럼 현실을 우회적으로 비판하는 것이 아니라 민족의 정체성 찾기에 더 치중했다. 또한 가무를 삽입한 음악무용극을 시도했는데, 이는 '연극은 일단 재미가 있어야 한다'는 연극관의 변화에 따른 것이었다. 그리하여 마침내는 브로드웨이풍 뮤지컬을 시도하는 데까지 진전되는 것이다.

그렇다고 해서 그가 평생의 화두로 삼았던 사실주의를 폐기한 것은 아니었다. 그는 전후에도 분단 및 동족상잔 전쟁의 무모함과 폐해를 반공의 입장에서 리얼하게 묘사한 희곡들을 여러 편 썼다. 〈청춘은 조국과 더불어〉라든가 〈나도 인간이 되련다〉 그리고 〈한강은 흐른다〉 등이 그런 유형의 대표작들이다.

흥미로운 점은 이 시기에 시나리오 형식으로도 역사와 현실을 풍자하는 작품을 여러 편 발표한 사실이라 하겠다. 즉 거제도포로수용소의 혼란을 직설적으로 묘사한 〈철조망〉을 비롯하여 이승만 대통령이 중심이 된 1948년 대한민국 건국의 정통성을 김옥균의 개화운동과 연결시킨 〈개화전야〉, 그리고 유관순 열사의 처절한 항일 독립투쟁을 리얼하게 묘사한 〈유관순〉 등이 바로 그런 계열의 작품들이다. 이처럼 그는 희곡과 시나리오로 한국 역사 전체를 재현해 보려는 시도를 했었다.

그러나 더욱 주목되는 점은 그가 희곡 〈까치의 죽음〉과 〈청개구리는 왜 날이 궂으면 우는가〉 등에서 볼 수 있는 것처럼 요즘 일부에서 유행하는 생태주의 작품을 처음으로 시도했으며, 궁극적으로 쓰고 싶어 했던 인간의 구원 문제를 추구한 무언극 〈별승무(別僧舞)〉도 한 편 남겼다는 사실이다.

한편 그는 서구 추수적인 구태를 털어내고 정체성 있는 '우리 극'을 창조하기 위하여 전통예술의 재인식과 법고창신의 길을 제시함으로써 오늘날 문화계 전체가 그러한 방향으로 흐르도록 만들기도 했다. 이처럼 그는 아무도 생각 못 했던, 또 설사 생각했더라도 실천 못 했던 것을 실현해낸 한국 현대문화의 그랜드 디자이너였던 것이다. 그 외에도 그는 첨단 무대 구조의 드라마센터를 세워서 프로시니엄 스타일의 구태 극장을 일거에 극복함으로써 한국 근대극이 현대극으로 업그레이드되도록 하는 모멘텀을 마련했으며 수많은 공연예술계 인재를 육성하여 오늘날 한류(韓流)의 기초를 닦은 르네상스적인 인물이라고 할 수 있다.

법고창신의 선도적 극작가

■ 극작가 오영진론

우리 근대 연극사상 개성이 강하고 머리 좋기로 이름난 우천(又川) 오영진(吳泳鎭, 1916~1974)은 여러 가지 면에서 여타 극작가들과 구별된다. 첫째 명문가 출신으로서 고생을 모르고 자란 점, 둘째 최고의 대학에서 자기가 하고 싶었던 공부를 마음껏 할 수 있었다는 점, 셋째 극작가였음에도 극단에 전혀 간여하지 않았다는 점, 넷째 자존심이 누구보다도 강해서 어떤 경우에도 절대 타협한 일이 없다는 점, 다섯째 적성에 맞지도 않는 정치이념에 말려들어 평생 고통받고 작가로서의 생명도 단축했다는 점, 그리고 한국 희곡사상 대표적인 고전(古典)으로 꼽히는 〈맹진사댁 경사〉를 남겼다는 점 등에서 그는 특별한 작가였다.

우선 그의 성장과 수업 과정을 짚어보자. 그는 1916년 12월에 평양에서 민족기업을 운영하고 있던 오윤선(吳胤善) 장로의 3남매 중

막내로 태어났다. 오윤선은 독실한 기독교인으로서 평양 유수한 교회의 장로였을 뿐만 아니라 항일독립운동가들을 경제적으로 뒷받침해주던 민족지도자의 한 사람이었다. 따라서 그의 집 사랑채는 조만식(曺晩植) 같은 민족지도자들이 찾아들어 조국의 장래에 대한 담론을 펼치는 아지트였다. 그런 분위기에서 성장한 오영진의 영혼이 어땠는가는 짐작이 가고도 남는다. 일찍부터 수재로 불릴 정도로 두뇌가 명석했던 그는 태정고보에 다니던 중 1929년 광주학생 항일운동 당시 시위를 벌이다가 퇴학당하고 평양고보에 편입하여 1933년 졸업했다. 그해에 그는 경성제국대학에 수석합격을 한다. 예과를 거친 그가 택한 학과는 주변의 예상과는 달리 별로 인기가 없었던 조선어문학과였다.

그가 조선어문학과를 택한 데는 두 가지 이유가 있었다. 우선 집안의 영향으로 그의 마음은 일찍부터 민족운동에 대한 생각으로 가득 차 있었고, 그러려면 민족혼이 깃들어 있는 우리의 어문학을 공부해야 한다고 생각한 것이었다. 그렇다면 그는 우리 어문학을 공부해서 무엇을 하려던 것인가. 여기서 그가 구상한 것은 민족계몽운동이었고, 그 수단으로서 글을 읽을 줄 모르는 민중에 쉽게 다가갈 수 있는 공연예술, 그중에서도 영화를 생각하게 되었다. 당시 우리 민중은 80%가 문맹이었기 때문에 글을 써서는 효과를 극대화할 수가 없다고 믿은 것이다. 글도 못 읽는 무지한 백성이 나라를 어떻게 찾을 수 있겠는가, 그러니 계몽운동이 절실하다고 생각한 것이다. 따라서 그는 대학 시절 문학 중에서도 시나리오가 적합하다고 보고 영화동호회까지 만들고 외국 영화(특히 프랑스 영화)를 부지

런히 보러 다니면서 영화에 대한 지식을 쌓았다.

시나리오도 문학의 한 장르라는 점을 인식하고 광범위한 독서 편력을 하게 되는데, 특히 그가 좋아한 작가는 도스토옙스키로서 그의 전집을 완전 독파하는가 하면 프랑스 혁명사에 심취하기도 했다. 대학 예과 시절 그는 이미 학내 동인지(『淸像』, 『創作』)에 단편소설 「할멈」 「R의 이야기」 등을 발표했으며 본과에 진학해서도 스스로 동인지 『성대문학』을 만들어 역시 단편소설 「진상」 「거울」 「친구의 사후」 「언덕 위의 생활자」 등 4편을 발표한 바도 있다. 이는 그가 소설가로서도 충분히 대성할 수 있는 자질의 소유자임을 보여주는 예이다. 그러나 그는 소설을 계속해서 쓰지 않았다. 왜 그랬을까? 거기에도 두 가지 배경이 있다. 자신은 영화를 할 것이니 시나리오를 쓰겠다는 생각이 그 하나이고, 또 한 가지는 친구로서 경쟁자 관계였던 아쿠타가와(介川)문학상 수상자 김사량(金史良, 도쿄제국대학)이라는 탁월한 작가가 있었기 때문에 소설은 그에게 맡기겠다는 계산이었다.

학자로서, 평론가로서 그리고 시나리오 작가로서

그리고 그는 평론가나 학자로서의 자질도 보여주었는데, 다름 아닌 학창 시절에 발표한 글을 통해서이다. 대학 본과 3학년 때 『조선일보』에 발표한 「영화예술론」은 그때까지 발표된 어떤 글보다 뛰어난 영화이론에 관한 글이었다. 또한 그에게 절대적인 영향을 끼친 『조선 무속의 연구』의 저자 아키바 다카시(秋葉隆) 교수의 지도로 학사논문 「영남 여성의 내방가사(內房歌詞)」를 제출했는데, 이것은 오늘날의 박사학위 논문보다도 나은 개척적인 저술이었다. 그는 대학 시절 하필 외국인 학자로부터 우리 민속의 가치를 깨닫게 된 것에 대하여 자괴감을 느끼곤 했었다.

이처럼 학자로서 또는 평론가로서 타의 추종을 불허할 만한 자질의 소유자였던 그였지만 민족계몽 운동을 위한 영화 수업을 하고자 졸업과 동시에 일본 도쿄의 한 영화사에 촉탁으로 입사하여 2년여 동안 영화 제작 실무를 익힌다. 1940년 가을에 귀국한 뒤 역시 명문가 출신의 신여성 김주경(金周敬)과 결혼하고, 조선영화사에 또다시 촉탁으로 입사하여 실무를 배우게 된다. 그러나 그는 이미 세계 영화이론에 일가견을 갖고 「조선 영화의 제 문제」 등과 같은 선도적인 평론을 쓸 만큼 당대 최고의 영화 전문가가 되어 있었다.

그런 그가 창작에 나선 것은 1942년으로, 평안도 지방의 서사민요라 할 〈배뱅이굿〉을 현대 시나리오로 재창조한 〈배뱅이굿〉(월간 『국민문학』)을 처녀작으로 내놓는다. 사실 이 시나리오는 배뱅이 이야기 그대로지만 당시 한국인들의 절망과 허무를 묘사한 것이었다. 그런데 여기서 왜 하필 배뱅이 이야기냐고 의문을 제기할 사람이 있을지 모른다. 여기에는 두 가지 배경이 깔려 있었다. 그 한 가지가 특수한 시대 배경이었다고 한다면, 다른 한 가지는 그의 창작관에 따른 것이었다.

알다시피 1940년대는 우리 현대사의 암흑기였다. 1939년 일본 군국주의자들은 대동아전쟁을 일으키면서 소위 '국민총동원령'이라는 것을 발표하여 한국인들을 극도로 탄압했다. 가령 그들이 당시 내세웠던 '국민예술'이라는 것도 바로 그러한 군국주의 선전예술이었다. 따라서 우리 작가들은 어용 작품 아니면 시대를 초월한 제재의 작품을 쓰는 것밖에 다른 길이 없었다. 당시 문학계에서 유행한 사소설(私小說)과 로컬리즘(土俗) 소설들이 그러한 상황을 극명하게 보여준다. 후자의 대표적인 예들이 바로 황순원의 단편「독 짓는 늙은이」라든가 김동리의「역마」등과 같은 소설이다.

오영진도 바로 그 시기에 창작 생활을 시작하면서 대학 시절의 아키바 교수를 떠올렸고, 자연스럽게 민속 세계로 눈을 돌리게 된다. 더욱이 그는 이미 대학 시절에 비록 일본인이었지만 아키바 교수로부터 많은 지식을 얻었고, 졸업논문을 쓰느라고 영남 지방에서 수개월 동안 민속 조사를 해보았기 때문에 우리의 전통문화에 대해 자신감을 갖고 있었다. 첫 작품을 〈배뱅이굿〉으로 삼은 것은 그 자신 유년 시절부터 고향에서 많이 들어 익숙한 제재였기 때문이기도 했다.

처녀작이 호평을 받자 곧바로 두 번째 작품으로서 역시 시나리오 〈맹진사댁 경사〉를 내놓는다. 여기서 짚어보아야 할 것은 그가 설화를 바탕으로 한 작품을 두 편 쓴 것은 결국 만년에 쓰게 되는 〈한네의 승천〉으로 이어지는 3부작 중의 두 편을 20대에 쓴 것이 된다는 사실이다. 후술하겠거니와 이는 곧 한국인의 통과의례라 할 관혼상제(冠婚喪祭) 중 관례를 제외한 혼례(〈맹진사댁 경사〉), 상례(〈배뱅이굿〉), 그리고 제례(〈한네의 승천〉)를 작품화한 것이라는 점에서 인류학적으로 보아서도 탁월성을 지니는 것이다. 이처럼 옛것을 가지고 참신한 현대 작품을 만들어내기 때문에 그를 가리켜 법고창신(法古創新)의 선편(先鞭)을 제한 작가라고 부르는 것이다.

그런 그가 이후 해방 때까지 작품을 쓰지 않았다. 여기에는 당연히 두 가지 문제가 등장한다. 그 한 가지가 어용극 문제라고 한다면 두 번째 문제는 그의 작품들이 영화화되지 않은 데 따른 것이었다. 그러니까 혹독한 시절에 일제의 강요로 어용 작품을 안 쓸 수가 없었고, 시나리오를 써보았자 영화화도 되지 않았기 때문이라는 이야기다(우천의 절친 방용구(龐溶九) 이화여대 교수는 생전에 필자에게 오영진이 강요에 못 이겨 해군 지원병 이야기를 한 편 썼다고 증언한 바 있다. 그러나 기록으로 남아 있지 않아 확인키 어렵다).

해방 후의 정치적 격랑

이렇게 식민지 말엽을 어렵게 보낸 그에게 민족해방을 맞아서는 뜻밖의 정치적 소용돌이에 휘말리게 되는 긴 운명적 고통이 기다리고 있었다. 즉 뜻밖에 해방 직후의 정치 이데올로기 소용돌이 속에서 희생자가 되었다는 이야기다. 왜냐하면 그가 당시 북한 평양에서 최고 민족지도자로서 건국 운동을 벌이고 있던 조선민주당 조만식(曺晩植) 당수의 비서로 발탁되어 김일성 일파와 겨루면서 평양예술문화협회를 조직하여 자유주의 문화운동을 벌였고, 결국 조만식이 투옥되면서 그 역시 필사적으로 북한을 탈출하여 1947년 11월 월남했기 때문이다.

철저한 민족주의자에 반공주의자로 우뚝 선 그는 서울에 터를 잡고 문학과 영화 등에 관한 글을 간간이 쓰고 있던 차, 1949년 초 북한에서 보낸 것으로 보이는 자객으로부터 세 발의 총탄 세례를 받고 사경을 헤매는 지경에 이르기도 한다. 구사일생으로 목숨을 건지긴 했지만 그는 평생 씻을 수 없는 마음의 상처를 입는다. 본격 정치인도 아닌 극작가가 이념적 반대 세력으로부터 저격을 당한 경우는 아마도 세계 연극사상 찾아보기 어려울 것이다. 그만큼 그가 험난한 삶을 살았다는 이야기가 되는데, 이러한 그의 고난은 뒷날에까지 이어진다.

누구보다도 용감하고 의지가 강했던 그는 건강을 회복하자마자 시나리오에서 희곡으로 방향을 틀어 두 편의 희곡을 발표한다. 그런데 원대한 뜻을 품고 시나리오를 택했던 그가 왜 갑자기 희곡으로 방향을 틀었는지가 의문이다. 여기에는 두 가지 이유가 있었다. 첫 번째로 그의 포부와는 달리 현실의 영화계가 너무나 열악해서 아무리 좋은 시나리오를 내놓아도 영화화되지 못하기에 민중계몽운동이 불가능하다는 것을 깨달은 데다 해방도 되었으니 굳이 시나리오만 고집할 필요가 없어졌다는 것이었고, 두 번째로는 그의 시나리오 〈맹진사댁 경사〉가 극협에 의해서 〈도라지 공주〉라는 연극으로 무대에 올려졌을 때의 열광적인 관객 반응이 뇌리에서 지워지지 않은 데 따른 것이었다. 그가 새삼스럽게 배우 예술의 힘을 깨달은 것이었다고 말할 수도 있다. 그리고 희곡과는 달리 시나리오는 읽히지를 않아서 영화화되지 못하면 사장될 수도 있다는 것도 알게 되었다. 그 외에도 우리나라에서는 시나리오 작가를 영화대본 쓰는 사람 정도로 인식하여 작가 취급도 해주지 않았음을 뼈저리게 느낀 바도 없지 않았다. 그렇다고 해서 시나리오를 절필한 것은 아니고 희곡과 병행하기로 한 것이다.

이러한 처지에서 그는 단막극 〈정직한 사기한〉과 3막극 〈살아 있는 이중생 각하〉를 내놓았다. 이 두 작품에는 그의 이념과 단호한 풍자 정신이 배경으로 깔려 있어 주목할 만하다. 즉 이 작품들에 항일 민족주의자이자 철저한 반공주의자로서의 면모가 너무나 잘 드러나 있어 흥미롭다는 이야기다. 가령 해방 직후 문화계의 최대 화두는 일제 잔재 청산이었고, 동시에 우익 쪽에서는 반공주의가 큰 과제였음은 다 아는 사실이다. 그렇게 볼 때 〈살아 있는 이중생 각하〉가 해방 후에도 여전히 참회하지 않고 행세하는 위선적인 친일파 잔재에 대한 혹독한 비판이었다면, 〈정직한 사기한〉은 공산당원들이 당비 조달과 남한의 경제 혼란을 야기시키려고 의도적으로 위폐를 찍어 냈던 소위 '정판사 위폐 사건'(1946년 5월)을 에둘러 고발하고 비판한 작품이라는 점에서 그의 철저한 반공정신을 짐작케 한다.

〈살아 있는 이중생 각하〉의 경우 영남 지방에 널리 퍼져 있는 방학중의 가사(假死) 설화에서 모티브를 빌려온 것으로 보이는데, 앞서도 말한 것처럼 반성 않는 친일파에 대한 매도를 전통적인 풍자와 해학 정신으로 풀어갔다는 점에서는 〈맹진사댁 경사〉와도 맥이 닿는다.

그러나 〈정직한 사기한〉만은 그가 그동안 지켜온 법고창신의 방법을 벗어난 최초의 희곡이라는 점에서도 의미가 있으며 리얼한 작품으로 창작 영역을 넓히고 있다는 데 주목할 필요가 있다.

이와 같이 서울에 와서 구사일생으로 목숨을 건지고 작품 생활에 안정을 찾아가려는 순간 6·25전쟁이 발발하여 그는 또다시 극한 상황에 몰리게 된다. 공산주의자들과 싸우다가 월남한 그였기에 잡히면 그대로 총살감이었기 때문이다. 제때에 피난 못 간 그는 잡히면 자결하려고 독약을 몸에 지니고 절친 방용구의 집에 숨어든다. 그것으로 안심이 안 되었던 듯 그는 방용구에게 치사량의 청산가리를 내놓으라고 다그쳤다고 한다.

여기서 방용구의 회고 일부를 소개하면 "자신도 여차하면 죽으려고 대학 화학 실험실에서 가져다 지니고 있던 청산가리를 내놓으라니 어쩌겠는가. 그러나 난들 이것을 주면 치사량이 넘는 것인 줄 아는 터에 어떻게 줄 수가 있겠는가. 한참 망설이다가 간직해두었던 그 물건을 꺼내보니 약은 다 날아가고 솜만 남아 있었다. 그제서야, 나는 최후의 경우가 아니면 절대로 이걸 사용하지 말라는 당부를 하면서 건네주니, 그가 받아들고 '고맙다' 하면서 지향 없는 길을 떠나가던 뒷모습이 지금도 눈에 선하다."(『인간 오영진』, 1976) 여기에 방용구 선생의 회고록을 조금 소개한 것은 오영진의 인간 편모를 조금 짐작케 하려는 뜻에서이다.

국제적 문화 활동의 전개

다행히 그는 부산으로 피난할 수가 있었고, 그곳에서 국방부 정훈국의 촉탁으로 반공 선전의 일을 하다가 국군의 평양 탈환 시에는 가장 먼저 고향으로 가서 평양문화단체총연합회를 조직하기도 했다. 그러나 그것도 중공군의 참전으로 무산되었으며 다시 부산으로 되돌와서 시나리오 〈사나이의 길〉과 뮤지컬 드라마 〈오곡타령〉 등을 쓰면서 다양한 문화 활동을 벌인다. 그리고 이 시기에 처음으로 외국 나들이를 하게 된다. 베네치아에서 열린 세계예술회의(1952년)와 미 국무성의 지도자 강습(1953년)에 초청되어 서구 체험을 한 것이다. 이 두 번의 구미 여행은 그의 견문을 넓혀주고 동시에 세계 인식을 새롭게도 해주었다.

이때부터 그는 PEN클럽이라든가 ITI 등에 가입하여 중요한 역할을 하면서 반공영화 〈주검의 상자〉(미 공보원 후원)와 〈미국의 통일을 위하여〉 등의 제작에 참여하기도 했다. 이 시기에 그는 창작보다는 영화, 더 나아가서는 문화 전반에 대한 비평적인 글을 많이 썼고, 예술 운동에 앞장서기도 했다. 이를테면 한국영화문화협회 상임이사(1956년)를 비롯하여 국방부 정훈국 자문위원(1958년), 문교부 저작권심의위원(1960년), 아시아영화제 심사위원(1961년) 등 등 문화예술계 일선에서 중요한 역할을 한 것이다.

그렇다고 해서 그가 창작을 소홀히 한 것도 아니었다. 1957년도만 해도 시나리오 〈춘향전〉을 비롯하여 〈아리랑〉 〈여성전선〉 등을 썼고, 그 다음 해에는 희곡 〈살아 있는 이중생 각하〉를 시나리오화한 〈인생차압〉을 썼으며 1959년도에도 시나리오 〈하늘은 나의 지붕〉을 발표했다. 여기서 한 가지 짚고 넘어가야 할 것은 그가 내놓는 작품에 상이 쏟아졌다는 사실이다. 즉 〈시집가는 날〉은 아시아영화제의 희극 부문 상을 받았고, 〈인생차압〉과 〈하늘은 나의 지붕〉 두 작품은 부일(釜日)영화상을 받았으며 〈10대의 반항〉은 샌프란시스코영화제의 특별상을 받음으로써 그는 자타가 인정하는 영화계의 독보적인 작가로 군림케 된 것이다.

그런 그가 5·16 군사쿠데타 이후에는 또다시 정치와 관련된 일을 하기 시작한다. 즉 1960년 민주당 정권 때는 국무총리 문화담당 특별고문으로 위촉받았고, 5·16군사쿠데타 직후에는 국가재건최고회의 기획위원회 자문위원으로 임명되었지만 1년도 채우지 않고 곧바로 사퇴한다. 아무래도 그가 그동안 견지해온 민족민주주의 이념과 맞지 않는다고 생각해서인 듯싶다. 그 점은 해방 직후 북쪽에서 조만식이 주도해 창당했던 조선민주당을 그가 1962년 6월에 다시 복원(?)하여 준비위원장을 맡은 사실에서도 어느 정도 드러난다고 말할 수가 있다.

그렇다고 해서 그가 본격적으로 정치 활동을 한 것은 아니었다. 다만 그가 존경해 마지않던 조만식의 민족민주주의 정신을 계승하고 싶어서였을 뿐이다. 1963년 군사정부가 한일회담을 할 때 그가 누구보다도 앞장서서 적극적으로 반대했던 일화는 유명하다.

그는 이처럼 영화계를 중심으로 한 문화 활동에 전력을 쏟고 있었지만 과작(寡作)인 그의 생활은 궁핍을 면치 못했었다. 따라서 평생의 절친 방용구 국제대학장이 그의 생활을 도와주려고 국문학과 교수로 임명했으나 단 1년 만에 사직하고 만다.

여기서도 그의 독특한 점이 나타나는데, 방 학장의 회고를 들어보자. 방 학장은 『인간 오영진』에서 "그가 출강하지 않겠다고 해서 이유를 물으니 '1차 강의한 과목을 재차 학생들에게 강의할 수 없다. 양심이 허락하지 않는다'는 것이었다. …(중략)… 이것은 어디까지나 안일하게 대학에서 강의나 해가면서 세월을 보낼 게 아니라 큰 작품, 걸작, 노벨상에 해당하는 필생의 작품을 써야겠다는 것이 실제로는 그의 진의였다"고 회상한 바 있다. 이러한 그의 투철한 작가정신은 후배들에게 하나의 교훈이 될 만하다.

그로부터 그는 창작에 많은 시간을 할애하기 시작했다. 즉 그는 생활을 위해서 처음으로 라디오 드라마 〈비바리 서울에 오다〉(후에 희곡 〈해녀 뭍에 오르다〉로 개작되어 자유극장에서 공연)를 20회에 걸쳐서 썼고, 조만식이라든가 나운규 등의 인물론도 월간지에 발표했다. 그가 처음이면서 마지막으로 쓴 이 라디오 드라마는 천민자본주의의 맹목적 욕망과 물질문명이 어떻게 인간의 순수성을 파괴하는가를 리얼하게 묘사함으로써 청취자들로부터 큰 반향을 불러일으켰다.

이 시기에 그는 매우 중요한 체험을 하게 되는데, 다름 아닌 선배인 동랑 유치진이 전개했던 전통극 복원 운동에의 참여였다. 사실 그는 조선 어문학을 전공했기 때문에 고전에 대하여는 훤히 꿰뚫고 있었다. 그렇지만 그것은 어디까지나 설화와 고전문학에 국한된 것이었다. 그러다가 유치진이 탈춤이라든가 판소리, 그리고 남사당패 등을 발굴 육성하는 작업에 나서면서 오영진의 참여를 요청했고, 그가 거기서 새삼스럽게 전통극을 재발견하게 된 것이다. 이러한 전통극 재발견은 후일 〈모자이크 게임〉이라든가 〈한네의 승천〉 등의 걸작을 쓰는 과정에서 유용하게 활용하기도 했다.

개성 강한 작품세계

1960년대 후반부터 그는 본격적으로 창작에 전념하게 되는데, 이 시기에는 그의 민족주의적인 성향이 강하게 나타난다. 이것은 한일회담 타결 직후 일본인들이 다수 한국에 몰려들자 일제강점기를 떠올리면서 고통의 나날을 보내게 되는 것과 맞물린다.

이 지점에서 필자가 직접 겪었던 일화 한 토막을 소개해야 할 것 같다. 그 시절 필자는 그에 관한 글을 쓰려고 한강변 아파트도 방문하고, 명동의 다방에서도 만나곤 했었다. 어느 날, 명동다방에서 커피를 마실 때였다. 그가 커피를 마시다 말고 갑자기 '왜놈들이 쳐들어온다'고 외치면서 밖으로 뛰쳐나가는 것이 아닌가. 이 시기가 그가 불행하게도 정신질환을 조금씩 앓기 시작한 때여서 필자는 여러 가지 불길한 생각을 떠올렸다.

그 시절에 그는 항일민족주의적인 〈아빠빠를 입었어요〉를 시작으로 〈모자이크 게임〉 〈동천홍〉 등을 연달아 발표했다. 〈아빠빠…〉는 재일동포의 문제점을 통해서 일본을 증오한 작품이지만 나머지 두 작품은 개화기를 배경으로 일본의 침략 술책을 정면으로 고발하고 매도한 것이다. 그렇기 때문에 예술성에서는 조금 떨어지는 것도 사실이다.

그렇지만 그가 그런 정치색 짙은 희곡만 쓴 것은 아니다. 그는 〈허생전〉을 비롯하여 〈나의 당신〉, 그리고 〈한네의 승천〉 등과 같은 걸작을 이 시기에 내놓기도 했다. 연암 박지원의 풍자소설 「허생전」을 법고창신의 자세로 극화한 〈허생전〉은 천민자본주의 사회의 병폐를 묘사한 것이다. 이 작품은 풍자와 해학이라는 그의 개성이 잘 표현된 것으로서 전통을 어떻게 현대적으로 재창조할 것인가를 하나의 예범(例範)으로 보여주었다는 점에서 주목할 필요가 있다. 그러나 그보다도 한층 수준 높은 법고창신의 작품은 당연히 단막극 〈나의 당신〉이라 하겠다.

이 희곡은 아파트에 살면서 학원에 다니는 아내와 회사에 다니는 남편과의 내면 갈등을 남편의 분신을 등장시켜 묘사한 부부 사랑 이야기다. 이 간단한 단막극이 왜 수작(秀作)이라고 평가되는가. 그 이유는 두 가지로 해석할 수가 있다. 알다시피 한국 문예사에서 1970년대는 '전통의 현대적 재창조'를 추구하던 매우 중요한 시기였다. 따라서 작가들은 너도나도 전통예술을 현대화한답시고 생경한 소재주의적인 작품을 많이 생산하고 있었다. 그런 때에 오영진이 하나의 예범으로서 이 단막극을 내놓은 것이다. 작품을 읽어보면 누구나 즉각 확인할 수 있듯이 이 작품에는 전통예술의 냄새가 어느 구석에도 없다. 그러나 세밀하게 들여다보면 이 희곡이 판소리 대본「옹고집전(雍固執傳)」과 어떤 공통점을 지니고 있음을 느낄수 있다. 그렇다. 이 희곡은「옹고집전」의 바탕이 되는 '진가쟁주설화(眞假爭主說話)'에서 모티브를 가져온 것이다. 그러니까 그가 전통에서 제재를 가져오되 완전히 한 꺼풀 벗겨내어 현대극을 만들어냈다는 이야기가 되는 것이다.

그리고 그는 이 시기에 시나리오 〈한네의 승천〉(1971년)을 발표함으로써 〈배뱅이굿〉 〈맹진사댁 경사〉와 함께 3부작을 완성함으로써 젊은 시절부터 꿈꾸고 구상했던 한국인의 일생, 즉 통과의례의 작품화를 끝맺었다.

이 탁월한 작가가 1970년대 들어 정신질환이 심해지면서 병원을 자주 드나들게 된다. 병원에 입원해서도 그의 창작열은 식지 않았다. 따라서 그는 입원 중이었음에도 불구하고 희곡사상 최초의 사이코드라마 4부작, 즉 〈며느리〉 〈부부〉 〈누나〉 〈섹스〉를 완성했다.

필자가 오스트리아 빈대학에서 연구하고 귀국한 1974년 8월 그는 뜻밖에 동대문 옆 이화여대부속병원에 입원해 있었다. 곧바로 병실로 찾아가니 그는 방에 없었다. 간호사도 놀라면서 행방을 모르지만 곧 돌아올 것이라 했다. 몇 시간 기다리고 있으니까 오후 7시쯤 그가 창백한 얼굴로 돌아왔다. 오랜만의 해후여서 무척 반가 웠지만 그가 너무 초췌해 있어서 마음이 아팠다. 필자가 경위부터 물은즉 놀랍게도 그는 명동 국립극장에서 김소희(金素姬) 명창이 부르는 판소리 〈심청가〉를 듣고 오는 길이라 했다.

자기는 여태까지 판소리 〈심청가〉 같은 작품을 못 썼다면서 앞으로 그런 작품을 꼭 쓰겠다고 다짐하는 것이었다. 필자는 우선 병부터 치료해야 하지 않겠느냐고, 다시 찾아뵙겠다는 말을 남기고 병실을 나왔다. 그것이 그와의 마지막일 줄은 상상도 못 했다. 그는 바로 두 달 뒤인 1974년 10월에 소천(召天)한 것이다.

탁월한 안목과 빼어난 극작술로 한국인의 삶을 극화했던 오영진, 그는 불행한 시대와 싸우다가 생명을 소진하고 말았다.

여성국극의 슬픈 전설, 임춘앵

세계 예술사를 돌아다보면, 어느 시대 어느 곳에서도 시대감각에 뒤진 예술양식은 대부분 도태되었음을 확인할 수 있다. 그만큼 예술양식은 시대의 산물이고, 끊임없이 변해가는 시대감각을 따르지 못하면 살아남기가 어렵다. 우리의 대표적 전통예술이라 할 판소리만 보더라도 연희자들이 개화기의 새로운 시대감각에 발맞추기 위해 창극이라는 새로운 장르를 만들어냈고, 6·25전쟁을 전후해서는 여성국극이라는 매우 독특한 음악극 양식이 등장하여 전란에 시달리던 대중들의 불안한 마음을 어루만져주기도 했다. 그 중심에 임춘앵이라는 매우 독특한 인물이 자리 잡고 있었음을 장년 세대들은 잘 알고 있다.

1924년, 서편제로 유명한 전남 함평의 예인 집안에서 5남매의 막내로 태어난 그녀가 어린 나이에 권번에 들어가서 배운 것은 당연히 소리와 무용 등 전통예술이었다. 그런데 그녀는 예능에만 소질이 있었던 것이 아니라 매사에 적극적이어서 일찍부터 사람들을 끌어모으는 힘이 있었다. 자존심이 누구보다도 강했던 그녀가 그 어려웠던 시절에 비록 굶어 죽을지언정 절대로 기생은 되지 않겠다는 결심을 끝까지 지켜낸 것도 주목되는 대목이다. 10대에 정식으로 국악인의 명단에 이름을 올린 뒤 20대 초반의 처녀로서 가족을 먹여살리기 위해 요정이나 창경원 등 사람들이 모이는 곳을 찾아다니며 그녀의 장기(長技)라 할 춤과 삼고무를 열심히 보여준 것은 흥미롭다.

여성국극이 나아갈 길을 깨달은 혜안

그러한 그녀에게 국악 인생의 전기를 마련해준 것은 대선배들이었다. 다름 아닌, 1948년 당대 명창 박록주가 주도한 여성국악동호회가 출범한 것이다. 즉 그동안 남성 명창들에게 시달려온 여성 명창들이 남자 곁을 떠나 자기들만의 단체를 조직한 것인데, 창립 공연작인 〈옥중화〉에 그녀는 춘향 역의 김소희의 상대역인 이도령으로 강제로 무대에 서게 되었다. 다들 하기 싫어했던 남자 역을 그녀 역시 마뜩잖아했지만 막내로서 어쩔 수 없이 나서게 된 것이다. 그나마 경력이나 실력 면에서 뒤졌던 그녀는 생애 첫 무대에서 보기 좋게 실패했다.

이듬해 두 번째 공연작인 〈해님 달님〉에서는 그 남자 역마저 박귀희에게 빼앗기고 무대에는 서보지도 못했다. 다행히 지방 순회공연에서는 다시 남자 역으로 무대에 설 수 있어서 체면은 세웠지만,

소리 실력이 떨어졌기 때문에 각광은 받지 못했다. 그런 상황 속에서도 총명한 그녀는 관객의 반응을 유심히 살폈고, 객석의 분위기가 소리보다는 춤과 연기에 더 호의적임을 알아차릴 수 있었다. 여기서 그녀는 앞으로 여성국극이 풀어가야 할 과제가 소리 위주에서 벗어나 춤과 연기, 무대미술, 의상, 분장 등에 주안점을 두어야 하는 것임을 누구보다도 일찍 깨달은 것이다.

때마침 여성국극동지회가 소리로 일가를 이룬 명창들의 국극동지회, 소리에서는 밀려도 춤이라든가 잡기에 능한 소장파들의 국극동지사로 양분되면서 그녀는 자연스럽게 언니(임유앵)를 따라 국극동지사에 가담하게 되었다. 나이는 어렸지만 주관이 뚜렷하고 일단 옳다고 믿으면 강하게 밀어붙이는 성격이어서 국극동지사의 방향을 현란하면서도 스펙터클한 쪽으로 밀고 감으로써 라이벌인 국극동지회의 인기를 단번에 앞지를 수가 있었다. 그러니까 그녀는 여성국극이 관객에게 볼거리를 제공하려면 소리만 가지고서는 안 되고 춤과 연기, 화려한 무대장치와 의상, 조명, 분장 등이 조화를 이루어야 한다고 보았고 그러한 그녀의 국극관을 〈황금돼지〉 공연 등을 통해 증명함으로써 국극동지사가 인기몰이를 해가기 시작한 것이다.

1950년, 그녀는 스물여섯 살의 젊은 나이에 단체의 리더가 되었다. 그러나 불행하게도 6·25전쟁이 발발하여 단체를 이끌고 고향 광주로 피난을 가야 했다. 다행히 그곳에는 예향답게 소리꾼들이 즐비했기 때문에 그녀는 신진을 모아 혹독한 훈련을 시켜 국극동지사를 최고의 여성국극단으로 끌어올릴 수 있었다. 그녀는 여성국극을 판소리의 확장이 아닌 무대극으로 파악하여 유능한 작가와 연출가를 끌어들여서 자신이 맡은 남주인공을 극대화시킨 작품 〈공주궁의 비밀〉을 웅장, 현란한 음악무용극으로 만들어 관중을 사로잡았다. 이 작품의 인기는 대단해서 광주 전남 일대는 말할 것도 없고 부산 등지에까지 광범위하게 퍼져나가 임춘앵은 단번에 여성국극의 아이콘으로 자리잡을 수 있었다.

절정에서 몰락까지

그녀는 천부적 재능과 함께 아무도 범접할 수 없는 리더십, 그리고 대중심리를 꿰뚫어보는 눈과 경영 능력까지 갖추고 있었기 때문에 전쟁 중에도 큰돈을 버는 단체의 리더로서 군림했다. 나이 서른도 되지 않은 그녀는 명성과 자금을 한꺼번에 거머쥐고 1953년 종전과 함께 상경하여 인기를 전국으로 확대시켰다. 단체 이름도 자신의 이름을 붙여서 '임춘앵과 그 일행'으로 고치고, 악보는 읽을 줄 몰랐지만 대중의 취향에 맞춰서 작품의 음악, 춤, 연기 등에 자신의 입김을 불어넣어 크게 성공시키곤 했다. 그녀의 대성공으로 여성국극이 인기를 끌자 여기저기서 국극단들이 십수 개나 우후죽순처럼 생겨나서 '임춘앵과 그 일행'을 위협하기도 했다. 그럼에도 불구하고 승승장구 독주했기 때문에 그녀는 차츰 기고만장해졌고, 이는 스스로를 통제하기 어려운 성격으로 만들어가는 부정적 요인이 되었다.

하늘을 찌를 듯하던 인기가 기울어가는데도 그녀만은 과거의 영광에 도취한 나머지 그것을 눈치채지 못했다. 영화의 발달과 텔레

비전의 등장이 진부한 여성국극을 변두리로 밀어내기 시작했지만, 대중심리를 잘 알던 그녀도 시대감각에 맞춘 국극을 혁신하기에는 역부족이었다. 게다가 '불행은 한꺼번에 닥쳐온다'는 옛말 그대로, 두 번의 결혼 실패와 후계자인 질녀(김진진, 김경수)의 이탈 등이 그녀를 단번에 나락으로 떨어뜨렸다. 단 몇 년 만에 인기 정상에 올랐듯이 몰락 또한 금방이었다. 그녀는 명성과 재산을 모두 잃고 신경안정제와 술로 좌절과 고독을 달래다가 연탄불도 피우지 못하는 삼천 냉골에서 51세의 나이로 세상을 떠났다. 영화(榮華)와 명성이라는 것이 얼마나 덧없는 것인지를 그녀는 눈감는 순간 깨달았을까?

극단 신협의 종언

■ 원로 여배우 백성희 타계

우리나라 신극사상 가장 역사가 긴 극단은 단연 신협(新協)이다. 현재 극단으로서의 활동은 정지된 상태지만 공식적으로 해단 선언을 하지 않았으므로 1950년 4월로부터 계산하면 장장 67년이라는 최장의 역사를 갖고 있기 때문이다. 신협이 국립극장 전속 단체로 출범할 당시 창립 단원 열두 명은 대부분 타계했지만 백성희(白星姬, 본명 이어순. 1925~2016)만은 최근까지 굳건하게 무대를 지켰던 유일한 인물이었다. 그 한 가지만 가지고도 백성희는 우리 신극사의 소중한 자산이라고 부를 수 있다.

신협의 창립 단원이긴 했어도 그녀의 첫 무대는 국립극장이 아니었다. 그러니까 그녀는 신협 단원이 되기 10여 년 전부터 배우 활동을 하고 있었다. 문학과 무용을 좋아했던 열일곱 살의 풋풋한 여학생이었던 그녀는 가출하다시피 집을 나와, 대사 없이 춤만 추는 단역으로 빅터악극단 무대에 선 뒤 세기를 넘어 70년 이상을 한결같이 현역으로 우리 앞에 우뚝 섰던 여배우였다.

굴곡 많았던 우리의 현대 연극판에서 그녀는 어떻게 그처럼 오랫동안 찬란한 빛을 말하는 여배우로서 군림할 수 있었을까. 여기에는 극예술에 대한 그녀만의 종교적 소명의식 같은 신념이 작용하고 있었던 듯싶다. 그 점은 그녀가 지난날 한 기자와 인터뷰한 "항상 완벽하게 하려고 노력했고 한걸음 저쪽에 나가면 또 한걸음 저쪽에 가고 싶은 곳이 보이니까 늘 만족할 수 없는, 그래서 애쓰면서 많은 세월을 지루하지 않게 살아왔나 봐요. 또 그래서 평생 해도 싫증이 나지 않는 거겠죠"*라는 말 속에 함축되어 있다.

이러한 말은 마치 신의 소명을 받고 평생을 행복한 마음으로 헌신하는 성직자나 수도자의 자세와 너무나 닮아 있어, 연극은 적어도 그녀에게 있어서 운명의 여신이었다는 생각이 든다. 그런데 그녀는 연극을 대하는 자세만 그런 것이 아니라 한 여배우로서의 삶의 자태 역시 수도자와 닮은 점이 많았다. 가령 열아홉에 결혼하여 나이 겨우 마흔에 사별하고 난 후 항상 주변으로부터 호기심의 대상이 되고 박수갈채를 받는 예술가의 환경 속에서도 단 한 번의 스캔들을 일으키지 않은 것 역시 수도자와 닮은 데가 있다는 이야기다. 솔직히 남다른 자기 절제와 금욕적 마음가짐이 없으면 그렇게 살기가 불가능하다.

---

* 구히서, 『무대 위의 얼굴』, 시민, 1990, 65쪽.

그러나 무엇보다도 그녀의 비범함은 그런 삶의 자세보다는 배우로서의 탁월성에서 찾을 수가 있다. 사실 아무리 연극을 사랑하고 소명감을 갖고 있다고 하더라도 건강을 잃으면 70년 이상 한결같이 무대에 설 수 없다. 바로 이 점에서 그녀는 건강과 예술적 재능을 함께 타고난 행운의 여배우라고도 말할 수 있다. 물론 그런 천부적 신체 조건이나 재능도 끊임없는 자기 탁마가 없으면 아무런 소용이 없다. 그만큼 그녀는 남달리 절제하고, 훈련하고, 노력하는 배우였다.

명인의 경지에 이른 배우 백성희

그리고 그녀는 문학적 감수성과 함께 작품 분석력이 뛰어났다. 대체로 배우는 자신의 취향에 따라 어떤 계열의 작품들을 선호하여 배역을 맡는 경향이 있다. 고전극 전문 배우니 현대극 전문 배우니 희극배우니 비극배우니 하는 것도 바로 그래서 나온 말이다. 그러나 그녀는 창작과 번역, 고전과 현대, 희비극 등 가리지 않고 자신에게 주어지는 모든 작품을 받아들여, 레퍼토리가 누구도 따를 수 없을 정도로 폭넓고 다양했다. 이를테면 창작극의 촌부(村婦) 역할에서부터 서양의 인텔리 할머니 역할까지 거의 완벽하게 소화하여 형상화해낼 수 있는 능력을 지녔다는 이야기다. 이처럼 그는 70여 년 동안 국립극장 무대 위에서 살아온 다양한 인물형을 통하여 수많은 관객들에게 슬픔과 기쁨을 안겨주고 때로는 꿈꾸게도 했으며 또 추억도 만들어줌으로써 만인의 사랑을 받았다. 또한 배우로서 그녀가 무엇보다도 탁월한 것은 자기 역에만 한정하지 않고 무대 전체를 볼 줄 알며 관객의 심리를 읽어내는 통찰력과 순발력을 지녔다는 점이다. 이러한 장점들이 합쳐져서 그를 명인(名人)의 경지까지 끌어올린 것이다.

그리고 여기서 간과해서는 안 될 세 가지 중요한 요소가 있다. 첫째, 그녀는 극단 신협의 부침(浮沈)과 운명을 같이하지는 않았어도 그 본거지라 할 국립극장 무대만은 한 번도 떠나지 않았다. 주지하다시피 우리 현대사의 소용돌이 속에서 신협 역시 심한 부침을 겪었다. 국립극장의 전속 단체로 출발하여 6·25전쟁을 만나 부산에서 사설극단으로 변신했고, 종전 후 국립극단으로 흡수되었다가 다시 이탈하는가 하면, 1964년 재건되었다가 한두 해 활동하는 것으로 명맥을 잇기도 했었다. 그 와중에서 그녀는 흔들림 없이 국립극장 무대를 단 한 번도 벗어나지 않음으로써 신협 측으로부터는 오해를 받았던 것도 사실이었다. 그러나 분명한 것은 그녀가 끝내 신협정신만은 저버리지 않았다는 점이다. 신협정신이란 곧 리얼리즘 정신이며 실제로 신협의 두 기둥이었던 이해랑과 김동원도 그 단체가 제 역할을 하지 못하자 그녀와 함께 국립극장에서 활동하지 않았던가.

두 번째, 그녀는 남자배우 장민호와 국립극단의 양대 축으로서 주류연극의 지킴이였고 동시에 신협의 정신적 계승자 역할도 했다.

세 번째, 그녀는 신협에서 중요시한 배우의 윤리성을 중요한 덕목으로 삼아 평생을 정결하게 삶으로서 여배우의 전범이 되었다.

그리하여 그녀가 타계함으로써 전통 있는 극단 신협은 실질적으로 마침표를 찍은 셈이 되었다.

지적 영역 넓었던 문예운동가

■ 작가 김경옥에 대한 단상

일제 침략, 민족해방, 분단, 동족상잔, 그리고 혁명으로 점철된 현대사 속에서 문화입국(文化立國)이라는 큰 꿈을 실현해보겠다고 나섰던 혈기 방장한 청년들 중에 김경옥이라는 매우 특이한 인물이 있다. 그를 특이한 인물이라고 지칭한 것은 그가 지적 호기심이 강하면서도 영역이 넓은 데다가 행동반경 또한 넓었기 때문이다.

대체로 보통 사람들은 평생 한 분야에서 소기의 성취를 이루는 것으로 만족하기 마련인데 그는 그렇지 않았다. 대학 시절 연극연출가로 출발해서 극작가, 비평가 등으로 활동했고, 공연예술 장르에서도 연극을 넘어서 무용으로까지 지평을 넓혔으며, 시집까지 냄으로써 문학으로 장르를 확대한 것이다.

그런데 그는 예술 분야에서만 장르를 넘나든 것이 아니고 직업에서도 그 폭이 넓었다. 학문을 하는가 싶더니 정당인으로 변신하고, 다시 관료로서 정부의 고위직을 수행하기도 했다. 그러나 그의 장기는 정치나 관료 분야에서보다는 예술 창조 작업에서 나타났다. 즉, 희곡 창작으로부터 시작해서 공연예술의 이론적 바탕이 되는 비평에서도 일가를 이루었고, 무용 평론에까지 확대하여 돋보이는 글을 적잖게 남겼다.

이처럼 쓰는 일에 능했던 그가 독보적인 면모를 보여준 것은 실록극(實錄劇)과 실록소설(實錄小說) 분야였다. 그가 30대 후반의 젊은 나이에 집필하여 동아방송 청취자들을 사로잡았던 〈여명 80년〉이라는 실록드라마는 우리나라 방송의 다큐멘터리 프로그램의 단초로서, 방송을 고급화하고 풍성하게 만들었다.

그의 그러한 식지 않는 열정은 미국 이민 이후에도 그대로 지속되어, 그의 만년을 화려하게 장식한 역작 『지조를 지킨 지도자들』 시리즈를 펴내기에 이르렀다. 즉, 그는 일제 침략과 식민 통치를 끝까지 거부하고 저항했던 민족의 영원한 지도자 다섯 분에 대한 책을 실명소설 형식을 빌려 상재한 것이다. 그가 남강 이승훈을 필두로 하여 백범 김구, 고당 조만식, 월남 이상재, 도산 안창호 선생 등 하자가 전혀 없는 인물들만 골라서 생동감 넘치게 입체화한 것은 그의 민족애를 극적으로 나타내주는 것이기도 하다.

그의 실록소설이 더욱 주목되는 것은 평안도에서 태어나 월남하여 평생 권력에 빌붙지 않고 올곧게 살아온 민족주의자로서의 면모를 우회적으로 보여주고 있기 때문이다.

이처럼 그가 해방 이후 문예운동가들 중에서 유니크한 것은 행동
반경이 넓은 삶과 함께 끝까지 민족주의자로서의 외로운 여정에서
삶을 마감한 데 따른 것이라 하겠다.

제2부

무대에서
더욱 아름다운 사람들

임영웅 연출 60년의 연극사적 의미

19세기 후반 근대극이 시작되기 전까지만 해도 연출이라는 영역은 특별히 대우받지 못했다. 그러다가 소위 근대극이 새로운 사조로 자리를 잡으면서 연출의 중요성이 부각되었으며 동시에 연출가역시 배우 못잖은 존재가 되었다.

한국 연극사에 빛나는 4인의 연출가

우리나라에서는 그 뒤 반세기를 지나서야 겨우 연출이 하나의 독립된 장르로 굳어지기 시작했는데, 그 단초를 연 이가 바로 홍해성(洪海星)이었다. 주지하다시피 그는 1924년부터 만 6년간 일본 근대극운동의 요람이라 할 쓰키지(築地) 소극장에서 유일한 한국 출신 배우로서 서구 근대극의 세례를 받았다. 1929년 쓰키지 소극장이 일단 문을 닫으면서 귀국한 그가 1931년 극예술연구회 창립 동인으로 연출을 맡으면서부터, 이 땅에서도 연출이 하나의 독립된 장르로 자리를 잡은 것이다.

그로부터 80여 년 동안 수많은 극단과 여러 형태의 작품들이 한국 근대 연극사를 수놓는 과정에서 연출가들의 부침, 명멸 역시 현란했다. 변화하는 시절 따라 대중이 좋아했던 연극 형태 역시 무상했지만 그런 속에서도 이 땅의 건강한 정극을 지켜온 동량(棟樑)은 1930년대의 홍해성, 1940~50년대의 유치진, 1960~70년대의 이해랑, 그리고 1980년대 이후의 임영웅(林英雄)이 아닐까 싶다.

이 네 연출가들의 성장, 교육 배경이 각각 달랐던 것처럼 작품에 임하는 자세 역시 차이가 있었는데, 이들 중 홍해성과 이해랑이 비슷하고 유치진과 임영웅이 닮았다는 점에서 흥미롭다. 그 이유는 두 가지다. 첫째로 작품 해석의 태도에서 찾을 수 있는데, 전자가 희곡을 마음에 들도록 손질해서 형상화하는 편이라고 한다면 후자는 원본에 충실했다. 가령 임영웅의 경우 그가 가장 좋아한다는 〈고도를 기다리며〉만 보더라도 그 난삽하고 장황한 대사를 한 마디도 쳐내지 않고 그대로 형상화함으로써 세 시간 가까이 관객을 담금질한다. 아마도 웬만큼 연극을 좋아하지 않는 관객이라면 지레질려서 퇴장할 것 같기도 하다(그러나 단 한 사람도 공연 중 퇴장하는 것을 보지 못했다). 대극작가로서 연출의 개척자이기도 했던 유치진은 자신이 길러낸 작가가 쓴 극본의 대사 한 마디라도 고치려면 반드시 당사자의 허락을 받았다. 그만큼 임영웅과 유치진은 작가의 뜻을 절대적으로 존중하여 희곡 원본을 충실하게 무대에 형상화하는 정통적 연출가다.

두 번째로 연극관의 유연성에서 두 부류의 차이점이 드러난다. 가령 홍해성과 이해랑이 고지식할 정도로 소위 리얼리즘에 충실했다면. 유치진과 임영웅은 리얼리즘을 기본으로 하면서도 실험정신이 강했으며 레퍼토리의 선택 폭도 대단히 넓었다. 유치진은 음악이나 무용을 자주 활용했으며 뮤지컬만 하더라도 1962년에 그가 〈포기와 베스〉를 처음 드라마센터 무대에 올림으로써 고고성을 올리게 된 것이며, 임영웅 역시 드물기는 하지만 작품에 음악을 적절히 활용하고 있고 1969년에 〈살짜기 옵서예〉라는 창작 뮤지컬을 처음으로 무대에 올린 연출가이다. 필자가 임영웅을 '보수 속 진보정신의 연출가'라고 지칭하는 이유도 바로 그런 데 있다.

그런데 이상 네 명 중에서 임영웅이 가장 긴 시간 동안 연출가로서 활동한 인물이라는 점에서 다른 분들보다 업적이 크다고 생각한다. 홍해성은 연출가로서 10여 년밖에 활동하지 못했는데, 그 이유는 질병 때문이었다. 그리고 장수하지 못했던 유치진과 이해랑도 40여 년 정도 활동했지만, 임영웅만은 올해(2015년) 연출 활동 60주년을 맞은 것이다. 여태까지 수십 명의 연출가들이 부침했지만 60년간 지속적으로 작품 활동을 한 경우는 임영웅 외에 단 한 사람도 없었다.

장인정신과 신념의 연출가, 임영웅

그러나 뭐니 뭐니 해도 그의 장점은 끈기와 사회성, 그리고 절제미 등에서 찾아야 할 것 같다. 아마도 전 세계 연출가들 중에서 하나의 희곡 작품을 40여 년 동안이나 붙들고 수십 번 되풀이 작업하는 연출가는 임영웅 한 사람밖에 없을 것이다. 바로 그 점에서 그는 고려, 조선 시대에 청자 백자를 구워냈던 도공의 장인정신을 현대에 계승한 유일무이한 연출가라고 해도 과언이 아니다. 그가 창조해내는 작품들마다 명품인 것도 바로 그러한 장인정신에서 비롯되는 것이 아닌가 싶다. 그는 항상 작품을 큰 눈으로 보면서도 디테일에 능해서, 마치 색색의 굵고 가는 실을 풀어내어 씨줄과 날줄로 촘촘히 직조하듯 페르시아 융단 같은 명품을 만들어내곤 한다.

그리고 그의 또 하나 특징이라고 한다면 한국 현대 연극사라는 큰 맥락에서 레퍼토리를 취택하고 해석한다는 점이다. 창작극과 번역극을 균형 맞춰 선택한다는 점에서는 전배들과 공통되지만, 그때그때 사회 변화에 적극 대응해서 작품을 취택하고 해석한 것에서는 전배 연출가들과 어느 정도 차이가 난다. 예를 들어서 그가 정치적으로 엄혹했던 1970년대에 선보였던 이오네스코 작 〈코뿔소〉라든가 최인호나 조해일의 창작극을 무대에 올린 것은 시대 상황에 대한 나름대로의 우회적 발언이었으며, 한편 1980년대에는 〈위기의 여자〉라든가 〈엄마는 오십에 바다를 발견했다〉 등을 통하여 소위 페미니즘 붐을 일으키기도 했다.

또 하나 그의 고집스런 장점 중의 하나는 역사가 바뀌고 대중의 감각이 변해도 절대로 자신의 연극관을 굽히지 않는다는 점이다. 좀더 쉬운 말로 표현하면 결코 유행을 따르지 않았다는 점이다. 실험이다 뭐다 해서 연출가들이 요란을 떨어도 꿈쩍도 하지 않았다. 오로지 근현대극의 주류라 할 정극의 틀을 한 번도 깨지 않았다. 그렇다고 해서 그의 작품이 진부한 것도 아니다. 아무리 시대가 변화해도 인간의 본질은 변하지 않는다는 신념으로 작품을 분석해 들어가기 때문에 언제나 그의 작품은 신선하고 생동감이 넘친다.

그렇기 때문에 그의 60년 연출사는 그 자체가 그대로 한국 현대 연극사의 본류인 동시에 정극의 산맥도 된다. 문제는 그런 그의 연극정신을 계승할 만한 뚜렷한 후계자가 잘 보이지 않는다는 점이다. 물론 재능 있는 4, 50대의 연출가들이 몇 명 눈에 띄지만 임영웅과 같은 끈기와 고집을 지닌 연출가는 찾아보기 어렵다. 따라서 그의 연출 60주년을 진심으로 축하하면서 동시에 다음 70주년 기념 공연도 가졌으면 하는 바람이다.

무대미술을 독창적 예술로 끌어올린 명장

■ 이병복 구술채록 『우리가 이래서 사는가 보다』 발간에 부쳐

이병복(李秉福) 여사의 거칠고 투박한 손과 화장기 없는 푸석한 얼굴을 보면 그가 유복한 명문가의 귀한 딸이나 저명 화가의 반려였다기보다는 햇볕이 내리쪼이는 논두렁 밭두렁에서 평생 궂은일만 하다가 늙어버린 가난한 촌부 같다는 생각이 든다. 그의 모습은 왜 그럴까? 이는 아마도 그가 고단한 격동의 현대사 속에서 청춘을 잃어버리고 구순에 이르기까지 하루도 쉬지 않고 조명 없는 막(幕) 뒤에 숨어서 빛 안 나는 장치, 의상, 대소도구만 다듬고 있었기 때문일 것이다.

이러한 그의 외곬의 삶이 한국 공연예술사에 엄청난 변화와 진전을 이룩해냈음을 아는 이는 드물다. 그의 독창적 예술작업이 이 땅에서는 배우나 연출가 등과 같이 화려한 조명을 받는 분야도 아닐뿐더러, 자기를 드러내기 극도로 꺼리는 겸양과 은둔적 품성도 한

가지 이유가 될 듯싶다.

세계 어느 연극 서적을 보아도 무대미술을 작품의 보조수단으로서만 다루었을 뿐 독창적 장르로 규정한 경우는 없다. 다만 20세기에 들어와서 고든 크레이그가 무대미술의 중요성을 강조한 정도였다. 바로 이 지점에서 공연예술을 확대경을 통해서 바라보는 이병복의 탁월한 안목과 강한 개성이 드러나는데, 그것이 다름 아닌 무대미술을 독립적 예술장르로 자리매김한 것이라 하겠다. 그런 바탕위에서 그는 무대장치에 한하지 않고 의상, 대소도구까지 하나의 연결고리로 입체화하여 누구도 흉내낼 수 없는 독창적 자기 세계를 구축해왔다.

전율을 불러일으키는 독특한 무대미술

더욱 놀라운 점은 그가 사물에는 아니마가 깃들어 있다는 인식하에 무대미술에 생명을 불어넣음으로써 장치에서부터 의상, 대소도구 등이 무대 위에서 살아 꿈틀거리는 것 같고, 혼령이 어른거림으로써 작품 전체에 귀기(鬼氣)마저 서린다는 사실이다. 따라서 그가 창조해놓은 무대에는 배우가 등장하지 않아도 많은 서사를 담고 있기 때문에 하나의 완성된 작품이 된다. 혹자는 이러한 그의 무대미술이 배우들의 동선을 거추장스럽게 한다거나 작품의 완성도를 방해한다고 비판하는데, 이는 이병복의 진가(眞價)를 모르는 데다가 구태의연한 연극관에서 비롯된 것이다.

그의 독특한 무대미술은 세계 어느 극장에서도 찾아보기 어려울 뿐만 아니라 누구도 흉내내기 힘들 것이다. 솔직히 필자가 무엇보다도 주목하는 것은 그가 서양의 무대미술을 일방적으로 모방해온 전배들의 진부한 사실주의 무대미술을 일거에 무너뜨리고 상징과 추상의 세계로까지 나아갔다는 것 이상으로 민족주의의 바탕에서 독창적 무대미술을 정립했다는 점이다. 가령 그가 사용하는 재료만 보더라도 우리 조상들이 수천 년 애용해왔던 베라든가 광목, 또는 한지 등이다.

이러한 옛것을 단순히 호사 취미로 가져다가 쓰고 버리는 것이 아니라 보다 근원적으로는 한국인의 삶과 죽음, 그리고 떠도는 영혼들에 대한 해원(解冤)과 위무(慰撫)를 무대를 통하여 시도해보려는 데 궁극적 목표가 있는 것 같다. 그의 무대를 깊이 들여다보고 있으면 마치 묵언(黙言)의 씻김굿인 듯 전율이 밀려드는 것도 바로 그러한 배경 때문이 아닌가 싶다. 이러한 무대미술을 아무도 흉내 내지 못하는 것은 이병복처럼 무의식의 심연에서 혼령을 끌어내는 농축된 열정과 에너지가 없기 때문이다. 그는 단순한 무대미술가가 아니다. 그는 무대미술을 통하여 인간의 구원을 찾아가는 방랑자이고 동시에 독창적 한국미(韓國美)의 전도사인 것이다.

한 디아스포라의 꿈

■ 윤대성극문학관 개관에 대한 단상

일류 국가란 그 어떤 것보다도 문화가 융성한 나라를 지칭한다. 그렇기 때문에 수십 년 동안의 풍상을 겪고 민족해방을 맞아 귀국한 독립항쟁의 상징 백범 김구 선생도 자신이 구상하는 위대한 나라의 비전으로 '문화입국(文化立國)'을 내세우지 않았던가? 그러나 세상은 백범의 구상대로 굴러가지 않았고 이념 갈등과 분단, 전쟁, 궁핍, 그리고 독재정치 등으로 사회가 요동치면서 시민들에게는 생존이 가장 시급한 문제가 되었다.

이러한 상황에서 유소년 시절을 온통 혼란스런 역사의 물결 속에 떠밀려 내려오다시피 한 탈향(脫鄕)의 청년 윤대성(尹大星)은 자연스럽게 안전한 은행원의 길을 걷게 된다. 그러나 타고난 감성과 순탄치 못한 추억을 지니고 있던 그는 누구보다도 사회의식이 강했다. 따라서 그는 역사의 격랑 속에 범용한 은행가로 인생을 허비할 수는 없다고 생각한 듯싶다. 그가 고생길을 마다 않고 극작가로 전업한 것도 바로 그러한 사명감에 따른 것으로 볼 수 있다.

천부적 재능을 지닌 그는 단번에 신예 극작가로 화려하게 각광을 받으며 등장했지만 생활은 만만치 않았다. 그가 젊은 시절 방송작가로까지 스펙트럼을 넓혔던 것도 바로 그러한 현실 때문이었다. 다행히 대학에 몸담으면서 그는 안정된 환경에서 마음껏 작품을 쓸 수 있게 되었다. 초창기에는 주로 군부독재 시대의 정치사회 문제를 집요하게 파고들어 〈신화 1900〉이라는 당대의 수작을 내기도 했지만 민주화 이후에는 사회의 최소 단위라 할 가정 문제로 눈을 돌림으로써 아파트 시대의 부부 또는 이성 문제를 다루었고, 노년기에 접어들면서 황혼기 인생의 덧없음과 죽음에 대한 명상을 하기 시작한다. 그러니까 예술의 궁극적인 테마라 할 죽음과 구원 문제에 다가가고 있다고 말할 수 있겠다. 그런 그가 졸지에 가장 사랑하던 유일한 혈육이면서 동시에 촉망받던 신진 작가이기도 했던 외동아들을 잃음으로써 한동안 깊은 상심에 빠지기도 했다. 그러나 강인한 그는 슬픔과 고통을 극복하고 아들의 추억까지 담아 자신의 기념관 설립으로 승화시킴으로써 주변 사람들을 감동케 하고 있다.

한국 최초의 공연예술 기념관

윤대성극문학관은 단순히 한 개인의 기념관에 그치지 않고 한국 공연문화에 상당한 의미를 던지고 있다. 한국 공연예술계의 첫 번째 단독 기념관이기 때문이다. 물론 목포에 김우진과 차범석을 기리는 기념관이 있기는 하지만 그것은 단독이 아니고 소설가 박화성까지 합친 종합문학관이라는 점에서 윤대성극문학관과는 차이가 난다.

왜 우리나라에서는 문인(시인, 소설가)이나 화가의 기념관은 도처에 세우면서 가장 영향력이 큰 공연예술가들, 이를테면 극작가, 연출가, 배우, 영화감독, 음악가 등 대중적인 인물들을 기릴 줄 모르는지 알다가도 모를 일이다. 아직도 우리는 시대 변화도 모른 채 공연예술을 딴따라라고 치지도외하고 있는 것이 아닌가?

필자가 유럽을 여러 번 돌아다니면서 가장 부러워했던 것이 위대한 공연예술가들의 멋진 기념관들이었다. 그중에서도 가장 인상 깊게 본 것은 모스크바의 스타니슬랍스키 기념관을 비롯하여 스톡홀름의 스트린드베리 기념관, 그리고 노르웨이의 항구도시 베르겐의 그리크 기념관 등이었다. 바다를 유난히 좋아했던 음악가 그리크의 생전 소원대로 대서양이 바라보이는 언덕에 아담하게 기념관이 세워져 있는데, 그 안에서 은은히 들려오는 〈페르귄트〉의 슬프고 아름다운 아리아 〈솔베이지 송〉은 여독으로 지친 나그네의 가슴을 따사롭게 위무해주고 있었다.

이제 우리에게도 그러한 조짐이 조금씩이나마 나타나고 있는데, 윤대성극문학관이야말로 그 단초가 될 것이다. 밀양에 가면 우리도 윤대성의 수작들을 동영상으로 다시 보면서 껄끄러웠던 지난날의 역사와 고단했지만 추억이 깃든 삶을 반추할 수 있을 것 같다. 도산! 정말 축하하네.

노년기의 인생 성찰

■ 윤대성의 후반기 희곡들을 일별하며

인문적 취향의 사회과학도(법학 전공) 윤대성이 탄탄대로의 금융직을 헌신짝처럼 내던지고 전망이 불투명한 연극계에 발을 들여놓았을 때 주변 사람들은 그를 기리켜 용감하고 도전적이라고 말한 바 있지만, 이는 어디까지나 예술에 대한 운명적 견인이었다고 보는 것이 온당할 것 같다. 가령 그가 젊은 날의 정신적 방황과 사랑의 좌절을 데뷔작(〈출발〉)으로 하여 곧바로 시대의 아픔(〈미친 동물의 역사〉 〈망나니〉) 표출로 옮겨간 것은 불의를 못 참는 불같은 성격의 사회과학도다운 자세였다. 또한 그가 정통 극작가 동랑 유치진에게서 희곡을 배웠음에도 불구하고 그의 노선을 따르지 않고 리빙시어터 방식이나 전통의 재창조라는 극술을 들고 나온 것은 개성 강한 그의 예리한 사회분석력과 열려 있는 감성에 따른 것이었다.

생래적으로 고루한 것을 거부하는 그가 1970년대의 거대한 정치 사회 변동기에는 마당극에 주목하면서도 이념 지향적인 정치극과는 일정 거리를 두고 독자적으로 전통 수용의 열린 극술을 실험한다. 그것이 바로 〈노비문서〉로 시작하여 〈너도 먹고 물러나라〉 〈출세기〉로 이어지는 역사 사회 풍자극들인 것이다. 시대에 대한 고통과 분노는 1980년대 군부독재의 인권 탄압을 고발하는 것으로써 표출된다. 〈신화 1900〉이 바로 그런 대표적 작품이다.

시대와의 불화를 연극에 담다

답답했던 젊은 날의 자기 고백을 가지고 작가의 길로 들어선 그가 20여 년에 걸쳐서 치열하게 시대와 불화한 것은 그만큼 1970, 80년대가 정치사회적 암흑기였기 때문이었다. 그런 그가 조금씩 변하기 시작한 것은 그의 장년기인 1990년대 중반기였던 것 같다. 민주화가 이루어진 이때부터 그는 이념적으로 정치를 응시하기보다는 감성적으로 사회를 통찰하기 시작한다. 즉 그의 테마가 시대와의 불화에서 '사회와 인생'으로 옮겨갔다고 말할 수 있는데, 그런 대표적 작품이 다름 아닌 〈남사당의 하늘〉로서 떠돌이 광대들의 애환을 통해서 인생이란 무엇인가 하는 근원적 질문을 던지기에 이른다.

이 시기에는 또한 우리 사회가 서구화의 물결 속에 결혼과 이혼의 패러다임이 크게 바뀌는 때였던 만큼 그가 그러한 현상을 외면할 리 만무했다. 그런 속에서 나온 작품이 바로 〈이혼의 조건〉과 〈당신 안녕〉 같은 작품이다. 〈남사당의 하늘〉에서 타인의 인생을 응시한 그가 부부의 이혼 문제를 다루면서부터는 작품에 조금씩이나마 자신을 투영하기 시작한다. 자신의 이야기로 출발한 그가 20년 동안 시대와의 불화를 묘사하다가 장년기에 들어서서는 타인의 삶에 주목했고, 60대 중반, 즉 노년기에 접어들어서는 자신의 내면 성찰에 포커스를 맞추게 되는 것이다.

작가 생활 40여 년 만에 그는 오디세우스처럼 출발점으로의 귀환을 시작한 것이다. 그 귀환의 첫발이 〈꿈꿔서 미안해〉였는데, 이는 사실 그의 가족에게는 충격을 던졌을 것 같다. 왜냐하면 연극한답시고 사랑하는 가족을 등한히 한 데 대한, 작가이기 이전에 가장으로서의 미안함과 회한을 진솔하게 고백한 것이기 때문이다.

그로부터 그는 자신을 포함한 이 시대의 거친 물결에 외롭게 떠내려가는 실버 세대의 황혼 인생에 연민의 정을 쏟기 시작한다. 연전에 쓴 〈한 번만 더 사랑할 수 있다면〉이 남자 노인들의 시들어가는 인생을 묘사한 것이라면 〈아름다운 꿈 깨어나서〉는 노파들의 쓸쓸한 황혼 인생을 묘사한 것이다. 인간뿐만 아니라 이 세상의 모든 생명체는 필연적으로 탄생, 성장, 소멸의 과정을 밟는다. 그럼에도 불구하고 인간은 최후까지 삶에 미련을 갖는다. 죽음에 대한 공포와 아름다운 삶에의 미련 때문이다. 따라서 작가가 끝까지 붙들고 늘어져야 할 것도 바로 그런 테마가 아닐까 싶다. 윤대성의 근작이 주목을 받는 이유도 바로 거기에 있다고 본다.

여성국극의 흥망과 함께한 김진진

필자는 1년 동안 월간 『국악누리』(국립국악원 발행)를 통해서 조선 후기부터 1960년대까지 국악의 대중화에 앞장섰던 창악인 여섯 명의 활동 상황을 간략하게 소개한 바 있다. 물론 그 외에도 송만갑이라든가 김연수 명창 등 국악 대중화에 솔선했던 인물들은 더 있었고, 창악인 외에도 다양한 인물들이 국악 대중화에 앞장섰었다. 그러나 지면 관계상 창악인 여섯 명만 소개한 것이 아쉽다.

그런데 국악 대중화에 앞장섰던 분들의 활약은 의미가 크지만 그들이 반드시 국악 발전에 기여했다고는 보지 않는다. 왜냐하면 그들 중에는 우리의 최고 문화유산이라 할 판소리를 상업성을 내세워 훼손한 경우도 없지 않기 때문이다. 그렇지만 변화무쌍했던 신문화 시대, 고루하게만 느껴졌던 전통예술을 어떻게 하면 대중에게 다가가게 할 수 있을까 고민하면서 고군분투했던 이들의 공로만은 부인

하기 어려울 것 같다.

그런 세대의 마지막 한 인물이 바로 여성국극인 김진진(본명 김인수)이 아니었을까. 사실 김진진의 가정 배경은 국악과 거리가 멀었다. 대대로 내려온 서울 선비 집안의 장녀였던 데다가 일본 작가 기쿠치간(菊池寬)의 소설을 좋아하는 문학소녀로서 춤추고 노래하며 연기하는 여성국극의 주역이 된다는 것은 상상조차 할 수 없었다. 다만 체신 공무원이었던 부친과 달리 모친 가계가 호남의 예인 집안이어서 그녀에게도 은연중 예인의 피는 흐르고 있었던 것 같다. 5남매의 맏이로서 영등포고녀까지 다니던 그녀에게 시련이 닥친 것은 열두 살 때 부친의 갑작스런 죽음이었다.

모친의 삯바느질로는 생계가 어려워서 학업을 중단하고 방황하던 그녀를 마침 여성국극으로 이름을 날리기 시작한 이모 임춘앵이 반강제로 데려간 것이다. 그런데 판소리 근처에도 가본 적 없는 그녀에게도 장점은 있었다. 소녀 시절부터 말을 잘하고 배짱이 있었으며 능수능란한 성격에다가 문학으로 다져진 감수성만은 남에게 뒤지지 않았던 것이다. 따라서 임춘앵의 담금질은 그녀를 일취월장 순발력 있는 연기파 국악인으로 성장시켰다.

여성국극 최고의 스타였던 김진진

전쟁과 함께 광주로 피난 가서 임춘앵이 이끌던 여성국악동지사의 단역으로 출발한 그녀가 부각되기 시작한 작품은 이 단체의 출세작인 〈공주궁의 비밀〉(조건 작)에서의 진진옹주라는 조역이었다. 40대의 명창 박초월이 맡았던 버들아기 공주 역에 비해서 왕의 여

동생 진진옹주는 보잘것없는 역이었던 데다가 그녀의 창 실력도 신통치 않았지만 청순발랄하고 맛깔스런 대사 처리, 그리고 역동적인 춤 동작 등이 관중을 사로잡은 것이다. 이는 곧 여성국극이 소리보다는 다분히 총체연극으로 대중의 주목을 받게 되었음을 보여주는 것인 동시에 그런 작품에는 김진진 같은 젊은 여성이 적임이었음을 나타내주는 것이기도 했다.

그녀가 인기를 끌면서 극작가 조건(趙健)은 예명으로 그녀가 맡았던 진진옹주의 이름을 그대로 쓰도록 하여 본명 김인수 대신 예명 김진진이 굳어지게 되었다. 그녀의 인기는 날이 갈수록 충천해가면서 임춘앵여성국극단의 대표작이라 할 〈청실홍실〉 〈대춘향전〉 〈무영탑〉 등의 주역은 모두 그녀의 것이었고, 따라서 그녀를 보기 위해서 극장을 찾는 관객들도 적지 않았다.

그런데 그녀는 인기 절정기에서 이모인 임춘앵과 금전 관계로 결별하여 1957년에 독립했고, 자신과 동생인 김경수의 이름 첫글자를 따서 '진경'이라는 새 단체를 조직하고 나름대로의 여성국극을 개척하기 시작했다. 두 여동생과 김옥봉, 문미나, 백설화, 김혜경, 김순희, 김명자 등 40여 명의 용모가 뛰어난 신인들을 모았는데, 이는 여성국극 관객들이 소리보다는 외모와 재치 있는 말솜씨를 더 좋아했기 때문이었다. 그 당시 여성국극은 대체로 4막으로 구성되어 있었고, 막을 바꾸는 시간이 10여 분 걸리기 때문에 그 지루한 시간을 메우는 데에는 멋진 주인공의 능청스런 재담이 제격이었다. 여성국극이 소리보다 외모와 연기력을 더 중시한 것이 그 때문이었다.

여성국극단 진경은 1957년 11월 국도극장에서의 〈사랑탑〉(조건 작)을 시작으로 하여 〈꽃이 지기 전에〉(차범석 작, 이진순 연출), 〈초야에 잃은 님〉 등으로 국극계의 주역으로 떠올랐고, 김진진 자매의 인기는 『연합신문』 연재소설인 「무지개」의 사진 삽화로까지 들어갈 정도로 하늘을 찔렀다. 사실 이들 자매의 소리 실력은 보잘것없었다. 그럼에도 불구하고 당대 여성국극의 최고 스타로서 군림할 수 있었던 것은 매력적인 외모와 관중을 휘어잡는 말솜씨와 연기력, 그리고 깨끗한 사생활 등이 뒷받침되었기 때문이었다.

사양길에 접어든 여성국극

그러니 여성국극은 판소리를 확충한 창극이라기보다는 소리를 곁들인 음악무용극이었다고 보는 것이 좋을 것이다. 애연하면서도 경쾌한 총체음악극이 전쟁에 시달리고 있던 대중의 마음을 달래준 것이다. 그러나 그처럼 인기 있던 여성국극도 1950년대 말엽부터 급격히 사양길에 접어들었다. 그 이유는 무엇보다도 여성국극인들 자신에게 있었다. 그러니까 그들이 자만에 빠져 있는 사이에 세상은 종전(終戰)과 더불어 급격히 변해갔고, 그러한 대중의 변해가는 시대 감각을 전혀 따라가지 못한 여성국극이 외면받은 것은 극히 당연한 것이었다. 즉 영화가 크게 발전했고 TV와 라디오 드라마가 인기를 모았으며 정극도 안정을 찾는 등 외부적 환경이 변화하며 여성국극은 하루아침에 퇴물이 된 것이다. 이러한 변화에 적응 못한 스타 김진진은 결혼과 함께 가정 지킴이로 끝나고 말았다.

장중한 첼로와 섬세한 바이올린의 동행

■ 박정자와 손숙의 배우 예술에 대해

연극은 배우의 예술

극작가가 쓴 희곡이 없어도, 연출가의 지휘가 없어도, 그리고 극장이 없어도 연극이 가능한 것은 배우라는 거대한 존재가 있기 때문이다. 그래서 연극사조가 아무리 바뀌어도 연극은 영원히 배우의 예술인 것이다. 그리고 연극은 사람 사는 세상의 이야기여서 남녀노소가 무대에 등장하는 것은 극히 자연스런 모습이다. 물론 남자만 등장하는 작품도 있고 여배우만 등장하는 작품도 없지 않지만 대부분의 연극에서 남녀 배우가 조화를 이루어 세상살이 이야기를 해줄 때 관객은 감동을 받으면서 자기 삶을 돌아보고 새로운 용기도 갖게 되는 것이다.

지난 시대 우리 신극이 빈약했던 가장 큰 원인 중 한 가지는 극장 무대에서 그런 조화가 제대로 이루어지지 않았던 것이었다. 필자는 연전에 『한국 인물연극사』 두 권을 상재한 바 있는데(1935년 이전 출생한 인물), 한국 연극사 수천 년을 장식한 대표적 인물 61명 중 여배우는 1920년대 토월회 무대에서 활동했던 이월화를 비롯하여 복혜숙, 석금성 등과 1930년대의 한은진, 전옥 그리고 1940년대 이후의 황정순, 백성희 등 겨우 일곱 명을 포함시키는 데 그쳤다. 물론 요절(妖折)이나 자료 부족 등의 이유로 동양극장 시대의 차홍녀(車紅女)라든가 극협의 김선영 등 몇 명은 제외시켰지만 실제로 좋은 여배우가 절대 부족이었던 것이 사실이었다. 그런 시대에 역사에 남는 명작이 드물었던 것은 극히 자연스런 것이다.

아무리 좋은 희곡이 생산되어도, 또 아무리 좋은 연출가가 있어도 그것을 무대 위에 형상화해낼 수 있는 명배우가 없으면 소기의 성과를 낼 수가 없다. 특히 좋은 여배우가 없으면 거의 불가능하다고도 말할 수 있다. 그렇다면 전 시대에 왜 명여배우가 희소했을까. 그 이유는 전적으로 우리 사회의 전근대적 윤리 의식 탓이었다. 즉 '여배우=기생'이라는 사회 통념하에서 잘생기고 유능하며 괜찮은 집안 출신 여성들이 궁핍한 연극계에 뛰어들었겠는가. 고등교육도 받고 모든 것을 다 갖춘 여성들이 연극무대에 서기 시작한 것은 전쟁이 끝나고 사회 윤리가 조금씩 성숙해가던 1960년대 이후였다.

바로 그런 때에 좋은 재목들이 등장하기 시작하여 나옥주(羅玉珠) 등 한두 명은 곧바로 퇴장했지만 가장 출중한 대스타 박정자(朴正子)와 손숙(孫淑)만은 쉼 없이 50여 년 동안 우리 연극무대의 지킴이로서 세계 연극과 어깨를 겨루고 나란히 할 수 있는 수작을 쏟아내고 있다. 이 두 스타는 성장 배경에서부터 외모, 성격 면에서 비슷하면서 또 다른 점도 적잖기 때문에 충돌(?)할 필요도, 경쟁할 필요도 없이 연극무대의 든든한 버팀목이 되어 우리 연극 팬들을 행복하게 해주고 있다.

연극의 세례를 받고 성장한 박정자

1942년 초봄 인천에서 태어난 박정자는 예사롭지 않은 지역과 형제 사이에서 아주 순탄하게 성장한다. 그의 출생지가 예사롭지 않은 지역이라고 말한 것은, 우리나라 어느 지역에서보다도 가장 일찍 지어진 극장인 애관(愛館)이 버티고 있었기 때문에 진우촌(秦雨村)과 함세덕(咸世德) 같은 극작가들이 배출되고, 그 외에도 특수한 연극인 몇 명이 나온 곳이라는 의미다.

그런데 그 극장은 솔직히 그녀가 공연예술가로 나아가게 되는 데 절대적인 영향을 미치는 오라버니 박상호(朴商昊) 영화감독에게도 예술적 요람이 되었을 개연성이 없지 않다. 그녀는 대여섯 살 전후의 유년 시절부터 박 감독의 손에 이끌려 애관극장을 드나들면서 연극과 영화를 자주 접했으니, 이미 운명의 여신이 모르는 사이에 그녀를 끌어안고 있었으리라는 유추가 가능하다. 거기에 그치지 않고 서울에까지 와서 오라버니의 손을 잡고 국립극장 개관 공연작인 〈원술랑〉(유치진 작) 공연까지 구경하는 영광마저 누린 것은 그녀로서는 더없는 행운이었음에 틀림없다. 당시 연극 애호가나 볼 수 있는 극단 신협의 공연을 나이 겨우 일곱 살에 접했다는 것은 그녀에게는 특별한 혜택이기도 했다. 그 척박한 시절에 당대 최고이며 동시에 유일무이한 정극단의 공연을 어린 나이에 접한다는 것은 진정으로 선택받은 일이었기 때문이다(솔직히 필자만 하더라도 청소년 시절까지 유랑 서커스 정도밖에 관람하지 못했다). 그런 주변 환경으로 인하여 그녀에게는 무의식 상태에서 어렴풋이나마 공연예술에 대한 개안(開眼)이 이루어졌으니, 이는 운명의 여신이 그녀를 예술의 길로 조금씩 끌어당기고 있었던 것이리라.

잘생긴 용모와 명석한 두뇌까지 갖춘 그녀는 사학명문 진명고녀를 거쳐 언론인이 되려고 이화여대 신문방송학과에 진학한다. 그러나 그녀의 본능은 자연스럽게 대학 아마추어 연극단체로 발을 옮기게 만들었는데, 이는 소녀 시절의 무대 체험이 아니었다면 가능하지 않았을 것이다. 사실 그때까지만 해도 사회 통념상 배우는 택할 만한 직업이 못 되었다. 일찍이 부조리극 작가 이오네스코는, 예술가에게는 유년 시절의 체험과 공포 그리고 경탄스러움이 그의 예술 세계의 바탕이 된다고 말한 바 있다. 그녀야말로 그 전형적 본보기가 될 만하다.

그녀는 이화여대 극회 무대에 서자마자 자신이 갈 길이 무엇인지 금방 깨닫고 서슴없이 동아방송국 성우로 입문했다. 당시 그녀는 어렵게 들어간 명문대학 초년생, 직업인으로 나서기에는 조금 이른 겨우 스물한 살의 앳된 여대생이었다. 성우는 당시 매우 바쁜 직업이어서 학업과 병행하기는 벅찼기 때문에 그녀는 가족의 반대를 무릅쓰고 대학을 중퇴했다. 그만큼 연극의 매력에 빠져 있었던 것이다. 그 시기 그녀는 그 방송국 PD였던 정통파 연출가 임영웅을 처음 만나 화술 연기 지도를 받게 된다.

인문학적 배경에서 교육받은 손숙

반면에 손숙은 1944년 경남 밀양에서 태어나 그곳에서 보통의 시골 아이들처럼 평범하게 유년 시절을 보내고, 모친과 상경하여 풍문여고를 우등으로 졸업하고 명문 고려대학 사학과에 진학한다. 아마도 사학자가 되려고 그랬는지는 알 수 없으나 인문학의 바탕이 되는 역사학을 전공으로 택한 것은 예사롭지 않게 보인다.

손숙이 박정자의 유년 시절과는 여러모로 다른 것이 허술한 영화관 하나 없는 경상도 시골에서, 그것도 신협 공연은커녕 유랑극단 하나 다녀가지 않은 촌에서 성장했다는 사실이다. 게다가 경상도의 보수적인 가정에서 주변에 연극은커녕 예술을 아는 친인척 하나 없이 자란 그녀가 평소에 전혀 생각지도 않았던 연극과 인연을 맺은 것도 참으로 기이하고 어쩌면 운명적인 것이 아니었나 싶다.

물론 그녀가 소녀 시절은 투박한 시골에서 보냈지만 서울에서 중등학교를 다녔기 때문에 촌티를 금방 벗고 무대예술이란 것이 재미있겠다는 생각을 조금은 했었을 수는 있었다. 왜냐하면 고등학생 시절에 우연히 연극반에 들어가 생전 처음 국립극단이 공연하는 〈대수양〉(김동인 원작, 박진 연출)의 큰 무대를 접해보는 기회를 가졌고, 드라마센터의 대표작인 유진 오닐의 〈밤으로의 긴 여로〉(이해랑 연출)라는 명품 공연을 본 것이 그녀의 장래희망과는 별 상관이 없었더라도 은연중에 그녀 내면 깊숙이에 어떤 잔영을 남겼을 수도 있었기 때문이다.

박정자가 스스로 대학 극회에 찾아간 것과는 달리 손숙은 대학 진학 후에 연극에 대해서는 별로 생각지도 않고 관심도 없었지만,

여고 시절 연극반에 조금 간여한 것을 알고 있던 학과 선배이자 기성 배우였던 김성옥(金聖玉)의 권유로 고려대 극회에 자연스럽게 끌려 들어간다. 당시 역사학과에는 여학생도 적었을 뿐만 아니라 상큼하면서도 지적인 외모로 군계일학이었던 손숙을 풍문여고 때부터 눈여겨보던 김성옥이 고려대 극회 정기공연 〈삼각모자〉에 강제(?)로 출연시켰던 것이 아닌가 싶다.

그 후로도 그녀는 고려대 극회가 공연한 〈바비도〉(김성한 원작)라든가 〈리처드 3세〉 등에서 주역으로 활동했지만 그때까지만 해도 배우를 평생의 직업으로 삼겠다는 생각은 별로 하지 않았던 것 같다. 그녀는 대학도 마치기 전에 김성옥과 결혼하여 아이를 낳고 평범한 가정주부로 상당 기간 안주하는 듯이 보였기 때문이다.

다른 듯 닮아가는 두 배우

반면 박정자는 동아방송국의 성우로 나서면서 차분하면서도 변화무쌍한 목소리로 단번에 큰 역을 맡을 수 있었고, 너무 일이 많아서 학업을 중단할 정도였으며, 당초 꿈꿨던 저널리스트는 잊어버리고 서서히 연극에 다가가기 시작했다. 그녀가 라디오 마이크 앞을 벗어나 기성 극단의 무대에 처음 선 것은 1960년대 처음 동인제 극단의 선두주자였던 실험극장 제18회 공연에 초청받은 대학 동문의 데뷔 희곡 〈팔려간 골동품〉(하경자 작)이라는 작품이었다. 성우 데뷔 2년 만인 1965년에 처음 무대에 섰지만 신인답지 않은 당당함과 가능성을 보여줌으로써 프랑스에서 교육받은 안목 높은 디자이너 이병복과 영화 전공의 김정옥(金正鈺)의 눈에 들어 1966년 극단 자유극장의 창단 멤버로 발탁되었다. 이렇게 박정자가 장차 연극의 바다에서 대형 배우로 예약될 무렵에도 손숙은 여전히 가정에서 아이들을 키우고 있었다.

두 사람의 나이 차이는 겨우 두 살이지만 연극 경력은 조금 더 차이가 난다. 박정자가 1963년에 성우로 입문하고 그 3년 뒤인 1966년에 자유극장의 창단 멤버로서 〈따라지의 향연〉과 〈한꺼번에 두 주인을〉 등에서 이름을 날린 반면, 손숙은 1968년에야 겨우 국립극장 무대에서 동인극장이 야심차게 올린 유진 오닐의 〈상복이 어울리는 엘렉트라〉로 첫선을 보였기 때문이다.

그런데 그 첫 기성 무대에서 주목할 만한 사실은 손숙이 맡은 역도 개성 강한 것이었지만 스스로가 놀랄 만큼 그 작품에서 그동안 잠재되어 있던 소위 기(氣)가 폭발한 점이었다. 이는 아마도 그녀가 연극을 직업으로 갖겠다는 생각을 하지는 않았어도 처녀 시절의 아마추어 무대 경험과 열성적인 연극배우 김성옥의 뒷바라지를 하면서 자연스럽게 무대예술에 관심이 쏠려간 동시에 평소 꾸준한 문학서적 섭렵으로 자신도 모르는 사이에 내면 깊숙이에서 연극의 씨가 자라고 있었던 것이 아닌가 싶다.

대학 초년생 시절에 얼떨결에 아마추어 작품에 출연해본 지 6년여 만에 손숙은 기성 극단의 대작 〈상복이 어울리는 엘렉트라〉에서 당당히 타이틀롤인 엘렉트라 역을 맡아 무난하게 형상화냄으로써 주위를 놀라게 했다. 연극인들이 놀랐던 것은 그녀가 그동안 특별히 누구에게 연기 수업을 받은 바 없이 기성 무대에서 실력을 발휘했기 때문이었다. 그러니까 전술한 대로 문학소녀였던 그녀가 평소 부군 따라 극장에 다니면서 어깨너머로 연기에 눈이 떴고 다양한 인문학 수련에다가 사랑과 결혼, 출산 등의 생생한 인생 체험이 그녀의 잠재력에 스파크를 가한 데 따른 것으로 유추된다.

특히 그녀가 대배우로 성장할 수 있었던 요인 중에는 좋은 스승을 만났던 것도 있지 않나 싶다. 1970년 극단 산울림 창립에 참여함으로써 정통파 연출가 임영웅을 만난 것이 첫 번째 행운이었다면 더 큰 행운은 그해에 국립극단 객원 단원으로서 대연출가 이해랑의 애제자가 된 것이었다. 모두 알다시피 이해랑은 홍해성과 유치진으로 이어져온 소위 스타니슬랍스키 연기술을 신조로 삼아온 정통파 연출가였고 임영웅 역시 그들에게서 수업받은 신예였기 때문에 그녀는 출발부터 연기의 정석을 몸에 익힐 수 있었다. 연기의 정석이란 내면적인 감정과 진실을 자연스럽게 표현해내야 한다는 스타니슬랍스키의 연기론을 의미한다. 이러한 스타니슬랍스키 연기술은 그녀의 서구적인 외양이라든가 정서, 그리고 인문학적 소양 등과도 서로 연결되는 것이기도 했다.

반면에 박정자는 손숙과는 다른 연기의 길을 걸었다. 성우 시절에는 임영웅의 화술 지도를 받았지만 무대에서만은 스타니슬랍스키의 연기와 다른 취향을 가진 김정옥의 연출에 전적으로 의존하면서 성장해간 것이다. 이는 그녀에게 아이러니일 수도 있었다. 그녀는 작품에 쉽게 빠져드는 성격이라 솔직히 스타니슬랍스키의 연기술에 맞음에도 불구하고 스타니슬랍스키 연기술과 상반되면서 움직임을 중시하는 비사실적(非事實的) 연기론을 중시하는 김정옥의 지도를 받았기 때문이다.

반면 순발력이 뛰어난 그녀가 연기의 이화(異化) 즉 지나치게 빠져드는 것을 경계한 김정옥을 만나면서 정서의 균형을 찾는 한편 그녀의 활달하면서도 자유분방한 성격, 외양 등이 김정옥의 연극 성향과 맞아떨어지기도 했다. 자유극장이 초기에 자주 무대에 올렸던 프랑스풍의 희극 작품들에 그녀가 주역을 맡았던 것은 잘 알려져 있다. 이들 작품은 자유분방하면서도 동적인 이탈리아의 코메디아 데르아르테풍의 연기 요소가 배어 있어서 자연스럽게 무대를 꽉 채우는 그녀의 연기가 빛을 발할 수가 있었다. 좀 더 구체적으로 말하면 그러한 연기풍이 흥미롭게도 그녀의 억제하기 어려운 열정을 채워주는 방편도 되어주었다는 이야기다.

가령 그녀가 김정옥의 새로운 시도, 즉 프랑스 희비극을 거쳐 제3세계가 추구하는 민족주의적인 정신을 토속적인 작품들에서 찾을 때, 그녀가 최고의 장기를 발휘할 수 있던 것도 바로 그러한 훈련에서 비롯된 것이라고 할 수 있다. 그런 첫 작품이 다름 아닌 〈무엇이 될고 하니〉(박성재 작)였다. 그러니까 코메디아 데르아르테가 현대적으로 변용된 프랑스 희비극에서 닦인 그녀의 연기가 가장 한국적인 탈춤이라든가 무속, 판소리 등의 자유분방한 연기 스타일과 혼효(混淆)되어 동서양을 잇는 박정자풍의 독특한 연기술로 승화되어 조금씩 나타나기 시작되었다는 이야기다. 그런 그를 더욱 빛나게 만든 것은 이병복이라는 걸출한 무대 디자이너였다.

주지하다시피 이병복은 누구도 따를 수 없는 독창적인 무대미술가로서 가장 토속적인 무대장치와 의상, 대소도구에 이르기까지 배우가 무대에 없어도 한 편의 빼어난 무대미학을 만들어내는 장인이다. 김정옥과 이병복이 창출한 무대를 가득 채울 수 있는 배우는 단연 박정자였다. 그 무대에는 언제나 귀기가 서렸으며 한국인의 삶과 죽음의 그림자가 드리워지곤 한다. 춤추고 노래하고 주문을 읊조리는 음산한 무녀(巫女)를 거의 완벽하게 형상화해낼 수 있는 여배우로는 그녀가 단연 으뜸이었다.

그렇다면 손숙은 오로지 스타니슬랍스키의 연기술 안에서만 서성이고 있었다는 말인가. 그렇지 않다. 박정자가 한창 동서를 결합한 독특한 연기술로 전성기를 누리기 시작할 무렵 손숙에게도 연기의 폭을 넓힐 수 있는 기회가 닥쳐왔다. 민속 연희에 열정을 쏟고 있던 연출가 허규(許圭)가 국립극장장을 맡으면서 무세중(巫世衆)이라든가 오태석(吳泰錫) 등이 국립극단에 참여하여 배우들에게 탈춤 등 전통 민속 예능을 훈련시켰던 시절이 있었다. 이때 정적인 내면 연기만을 금과옥조로 삼고 있던 손숙도 처음으로 낯설기는 했지만 우리 민속 전통의 춤사위라든가 새로운 연기 형태를 몸에 익히는 계기를 만날 수 있었다. 어떻게 보면 지나치리만치 정적인 연기에 매몰되어 있던 그녀가 몸 전체를 많이 쓰는 연기를 해봄으로써 연기의 폭을 넓힐 수 있었던 것이다.

그렇다고 해서 그녀가 박정자와 같이 되어갔다는 이야기는 결코 아니다. 손숙이 비록 민속 예능을 전수받았다고 하더라도 체질상으로나 취향상 등 여러 면에서 그녀는 여전히 스타니슬랍스키 연기술이 적성에 맞았다. 더욱이 그녀의 영원한 스승 이해랑이 만년에 연출한 〈파우스트〉와 같은 대작이나 〈뇌우〉 〈들오리〉 등 원숙한 작품에서 그녀가 타이틀롤을 맡으면서 잠시 느슨하게 풀어졌던 연기술을 다시 바짝 조이고 심화시킨다. 물론 그녀가 토속적인 창작극에 적응을 못 했다는 이야기는 아니다. 그녀가 유진 오닐이나 셰익스피어 등 서양 고전과 근현대극에 잘 맞긴 했어도 토속적인 창작 희곡에서도 단연 돋보이는 연기를 보여준 바 있었다. 예를 들어 〈만선〉(천승세 작)에서의 찌든 어부의 아내 역이라든가 토속적인 연기자로도 단연 진가를 보여준 〈옛날옛적에 훠어이 훠이〉(최인훈 작)에서 음산하면서도 죽음의 그림자가 드리워지는 문둥어멈, 그리고 최근의 〈어머니〉(이윤택 작) 등에서 그녀는 그녀만이 창조해낼 수 있었던 천의무봉(天衣無縫)의 연기를 보여주었다. 비슷한 시기에 출연했던 〈어머니〉와 〈가을 소나타〉는 너무나 상반된 역이지만 그것을 완벽하게 형상화낸 배우가 바로 손숙이었다. 이는 그녀의 연기폭과 심도를 극적으로 보여준 케이스였다.

이처럼 연극관이 달랐던 김정옥의 수제자 박정자와 이해랑의 수제자 손숙, 두 스타는 연극 행로에서 서로가 서로를 선망하고 외경(畏敬)하는 관계였다. 특히 흥미로운 사실은 두 스타가 각자의 길에서 명성을 날리고 있었음에도 불구하고 한 무대에서 연기 대결(?)을 벌일 수 있는 기회가 별로 없었다는 점이다. 그렇게 된 것은 우연일 수도 있지만 아마도 각 극단들에서 정상의 두 스타 중 누구를 주연으로 하고 누구를 조연으로 삼을 것인가를 고민했던 것이 아닌가 싶다. 이는 곧 저울에 달아도 평형의 무게를 유지하는 두 스타에 대한 은연중의 배려였을 수도 있는 것이다.

중후한 첼로처럼, 화려한 바이올린처럼

그러던 중 세월이 흐르고 또 연극 판도의 변화에 따라 이들에게 동행의 기회가 찾아온 것은 그녀들에게도 행운이었지만 한국 연극계를 위해서도 행운이었다. 극단 자유의 활동이 뜸해지고 원로 연출가 이해랑이 작고하는 기간을 전후해 극단 산울림이 연극계를 주도하면서, 두 스타는 초년병 시절에 각각 인연이 있었던 임영웅의 문하에 들어와서 〈위기의 여자〉라든가 〈엄마는 오십에 바다를 발견했다〉 등 주로 페미니즘 계열의 작품들의 주역을 교차해 도맡으며 연기술 역시 다르면서 비슷해지는 듯한 모양새를 보여주기 시작했다. 그러니까 박정자는 풀어짐에서 조여짐으로 균형을 잡았고, 손숙은 조여짐에서 잠시 풀어졌다가 다시 조이는 심화 과정으로 완벽하게 균형을 잡는 변증법적인 그들만의 연기술을 완성했다는 이야기다.

좀 더 구체적으로 말하면 이 두 대스타는 스타니슬랍스키 연기술도, 그렇다고 해서 반사실주의 연기술도 아닌 두 가지를 변증법적으로 승화시켜서 각각 독창적인 박정자 연기술과 손숙 연기술을 완성했다. 이들은 온몸으로 연기하며 경계를 넘어선 절정의 예술가에 도달해 있다. 안톤 체호프의 인척이기도 한 현대 러시아 연출가 미하일 체호프는 이상적 배우술과 관련하여 "연기자가 무의식과 영혼의 세계에 파고들어 영감과 직관의 연기를 할 수 있어야 한다"고 했다. 우리의 두 스타 박정자와 손숙이 바로 그러한 경지에 도달해 있는 것이다. 그렇기 때문에 이들이 빚어내는 어떤 연극도 모두가 천의무봉의 명품이 되는 것이다. 이 지점에서 두 스타가 동등하지만 체질과 정서 등 몇 가지 점에서는 여전히 같은 점 못잖게 다른 점을 태생적인 개성으로 지니고 있다고 필자는 생각한다.

이들의 출생과 성장 과정의 차이점은 전술한 바 있지만 두 사람을 총체적으로 악기에 비유한다면 박정자는 첼로에 가깝고, 손숙은 바이올린에 가깝다. 첼로가 박정자처럼 듬직하고 장중하면서도 깊은 소리를 내는 것이 특징이라면 바이올린은 손숙처럼 지적이고 아담하며 섬세하면서도 아름다운 음색을 갖고 있다. 그러니까 첼로가 음폭(音幅)이 넓고 중후하면서도 깊은 소리를 낼 수 있다면 바이올린은 높낮이가 오색찬란하면서도 변화무쌍한 소리를 낼 수 있는 장점을 지닌다. 첼로는 바흐 음악에 맞고 바이올린은 차이코프스키나 모차르트에 걸맞다고나 할까.

첼로와 바이올린은 모든 음악에 없어서는 안 될 핵심적 현악기이기도 하다. 이 두 대스타는 두 악기의 음색과 음역(音域)처럼 연기폭이 넓고 깊으며 현란하다. 그들은 모두 걸출한 연기자로서, 동서양의 어떤 작품이든 소화해내는 데 그치지 않고 자기화(自己化)해낼 수 있는 절정의 경지에 도달해 있다. 따라서 이들에게는 별달리 연출가가 필요 없다. 왜냐하면 이들은 스스로 연극을 만들어가고 있으며 이들 자체가 하나의 작품이기도 하기 때문이다. 어줍잖은 연출가는 오히려 이들의 연기를 망칠 수도 있다. 솔직히 이들은 대사 한마디 없이 무대 위에 우두커니 서 있거나 망연히 앉아만 있어도 작품이 된다. 한국 연극의 수준을 해마다 높여가는 이들이야말로 세계 시장에 내놓아도 손색없는 연기자이다. 따라서 이들에게는 '배우'라는 호칭보다는 '탁월하면서도 아름다운 예술가'라는 호칭이 더 어울린다. 동시대에 살고 있는 관객의 한 사람으로서, 이들이 20년쯤 더 무대에 서 있었으면 행복할 것 같다.

근대 희곡 제4세대의 대표적인 리얼리스트

■ 노경식 희곡집 6, 7에 부쳐

우리 희곡사나 연극사를 되돌아보면 매우 흥미로운 현상이 한 가지 있다. 그것은 곧 10년 주기로 주역들이 바뀌고 따라서 역사도 변해왔다는 점이다. 가령 희곡사의 경우만 보더라도 1930년대의 유치진을 시작으로 하여 1940년대의 함세덕·오영진, 1950년대의 차범석·하유상, 그리고 1960년대의 노경식·윤대성·윤조병·이재현 등으로 이어지는 정통극, 이를테면 리얼리즘 희곡의 맥이 형성되었다. 그렇게 볼 때, 노경식은 제4세대의 적자(嫡子)로서 우뚝 선 중진 작가라고 말할 수 있다.

주지하다시피 노곡(櫓谷) 노경식(盧炅植)은 예향 남원의 넉넉한 가정에서 성장하여 경희대학교에서 경제학을 공부했다. 그런데 전공과는 거리가 멀다고 볼 수 있는 극작가의 길로 접어들어 고향의 정서와 다른 도시의 뿌리 뽑힌 사람들의 이야기(1965년 〈철새〉)를 들고 연극 일선에 나섰다는 점이 주목할 만하다. 그리고 이어서 단막으로 〈월출〉과 〈격랑〉을 발표했는데, 데뷔작과 6·25전쟁을 소재로 한 〈격랑〉에 그의 작품 성향이 어느 정도 나타나 있다. 다름 아니라 역사와 시대 상황으로 인한 인간의 전락과 그들의 감싸안음이며 불행한 역사를 우리 앞에 드러내서 현대인들로 하여금 성찰케 하는 것이다. 거기에 한두 가지 추가되는 것이 곧 향토 사랑이 민족애로 확충된 것과 불교적 인간관이다. 따라서 그의 방대한 양의 작품도 이러한 측면에서 이야기될 수 있지 않을까 싶다.

리얼리즘의 맥을 이은 제4세대 작가

그렇기 때문에 이 작은 지면을 통해 그의 작품 세계를 일목요연하게 설명할 수는 없다고 하더라도 대강만은 살필 수 있는 것이다. 그 첫 번째 주제가 중심에서 밀려나 초라하게 겨우겨우 살아가는 민초들에 대한 연민이다. 데뷔작 〈철새〉로부터 시작된 일련의 작품군(群)이 바로 그런 계열인바, 여기에 그의 따뜻한 인간애가 듬뿍 넘쳐난다. 그가 한국 연극계의 집사로서 상찬과 비난을 함께 받고 있는 것 이면에 그런 배경이 깔려 있는 것이다.

두 번째는 역사에 대한 성찰이라고 할 수 있겠는데, 권력층의 무능과 부패로 인한 민초들의 고초를 묘사한 작품군이다. 그의 작품들 중 대종을 이루고 있는 사극의 시대 배경은 삼국시대부터 고려시대, 조선시대, 그리고 근현대까지 광범위하다. 삼국시대에는 주로 설화를 배경으로 서정적 작품을 썼고, 조선시대부터 정치권력의 무능에 포커스를 맞추더니 근대 이후로는 민초들의 저항을 작품 기

조로 삼기 시작했다. 그런 기조는 현대의 동족상잔 전쟁과 군사독
재 비판으로까지 확대되었다. 이따금 그는 사석에서 자신을 중도좌
파라고 서슴지 않고 말하곤 한다. 게다가 그가 남북 연극 교류까지
추진한 바 있어서 통일지상주의로 비칠 수도 있으나 이는 어디까지
나 한 시대의 작가로서 민족의 화해를 추구해보고 싶은 심정의 발
로라고 보는 것이 옳을 듯싶다.

세 번째로는 고승들의 인생과 심원한 불교의 힘에 따른 국란 극복
의 과정을 리얼하게 묘파한 작품군이다. 여기서는 장년기에 들어선
그의 인생에 대한 관조가 고승들이 던지는 화두에 언뜻언뜻 나타난
다. 그도 조금씩 늙어감을 작품 속에 은연중 비치고 있는 것이다.

네 번째로는 그의 장기라 할 애향심과 토속주의라고 말할 수 있
을 것 같다. 〈정읍사〉로 대표되는 그의 로컬리즘은 짙은 향토애와
함께 남도의 서정이 묻어나는 구수한 방언에서 질펀하게 드러난다.

그러나 무엇보다도 그가 돋보이는 부분은 리얼리즘이라는 일관된
문학사조를 견지하고 있다는 점이라고 할 수 있다. 솔직히 많은 작가
들은 시대가 바뀌고 감각이 변하면 그에 편승해서 작품 기조를 칠면
조처럼 바꾸는 것이 상례다. 그러나 그는 우직할 정도로 자신이 신
봉해온 리얼리즘을 금과옥조처럼 고수하고 있다. 물론 그도 음악극
〈징게 멍게 너른들〉에서 외도한 것처럼 보였지만 그 작품도 자세히
살펴보면 묘사 방식은 지극히 사실적임을 알 수 있다. 그가 우리 희
곡계 제4세대의 대표주자로서 군림하고 있는 이유도 바로 그런 고집
스런 작가정신에 따른 것이라고 말할 수 있다. 노년기에 들어선 그가
앞으로 또 어떤 수작을 내놓아 우리를 놀라게 할지 자못 기다려진다.

기적의 연출가 김삼일

■ 김삼일자유소극장 개관에 부쳐

내가 김삼일(金森一) 연출가를 처음 만난 것은 1983년 부산에서 열린 제1회 전국연극제 때였다. 지금은 어떤 작품이었는지 자세히 생각나지 않지만 경북을 대표한 극단이라면서 매우 진지한 공연으로 단번에 부문(연기)상까지 거머쥐었기 때문에 김삼일 연출을 따로 불러 이런저런 것을 물어본 적이 있었다. 처음 만난 그에게서 놀라웠던 것은 공연예술과는 거리가 매우 멀게 느껴지는 포항에서 연극을 하고 있다는 것과 연극을 독학했다는 점이었다. 솔직히 포항이라고 하면 서울에서 멀리 떨어져 있기도 하지만 강인한 해병대, 세계적인 제철공장, 그리고 바닷바람이 거세게 부는 어항을 떠올리게 되기 때문에 연극과 같은 섬세한 예술과는 거리가 있는 게 아닌가 하는 선입견이 들었던 것이 사실이다. 그런 불모지에서 그는 극단을 조직하고 수년째 연극을 하고 있다면서 고향 포항을 문화도시로 만들고 싶다는 꿈을 내비쳐, 절로 고개가 숙여졌다.

아닌 게 아니라 그는 제6회 전국연극제 때는 연출상을 받았으며 제7회 때는 드디어 대상을 거머쥐는 저력을 발휘했다. 그런데 내가 더욱 놀랐던 것은 그가 연출을 전문으로 하고 있는 것도 아닌 데다가 포경업을 하던 선대의 권유에 의해서 수산전문학교를 나왔고 현재 직업은 KBS 방송기자였다는 사실이었다. 그러니까 연출을 전문으로 하고 있는 전문 연극인도 받기 쉽지 않은 상들을 부업으로 하고 있는 그가 계속해서 독점했다는 이야기가 되는 것이다. 따라서 나는 그가 불모지에서 순수연극을 일군 특이 인물이라는 점에서 주저 없이 '기적의 연출가'(『한국경제신문』)라고 쓴 바 있다. 이러한 그의 실력과 성실성을 눈여겨보고 있던 대경대학교에서는 그가 KBS에서 정년퇴임하자마자 스카우트하여 유능한 교수로서 자기 실력을 마음껏 발휘하도록 뒷받침해주기도 했다. 대경대학교 재직 시절 그는 연극인이면 누구나 선망해 마지않는 한국 최고의 연극상(상금 5천만 원)인 '이해랑연극상'을 당당히 받음으로써 무명의 지방 연극인이 아닌 전국의 뛰어난 연출가로 확고하게 자리 잡기에 이르렀던 것이다. 주지하다시피 그는 연극대학을 나온 것도 아니고 좋은 스승을 만난 적도 없다. 그런 상황에서 오로지 독학으로 그러한 명성을 얻었다는 점에서 연극계의 입지전적 인물이라고 불릴 만하다. 그는 당장 서울에 와서 어떤 연출가와도 당당히 겨룰 실력을 가진 중진 연극인이 된 것이다. 그런 그의 능력과 성실성을 인정한 대경대는 그에게 종신 석좌교수라는 명예를 안겨주기도 했다.

김삼일의 장점을 말하다

내가 지켜본 그의 장기는 대체로 네 가지이다. 첫째는 지독한 학구파라는 점이다. 내가 아는 상당수 연극인들은 스트레스를 술로 푸는 편이지만 김삼일은 술과 담배 같은 기호품은 입에도 대지 않고 오로지 독서로 스트레스를 해소한다. 그가 영남대 국문과와 단국대 예술대학원에서 인문학과 공연예술학을 공부한 것도 방송국과 대경대에 재직할 때였으니 4, 50대에 만학도가 된 것이다. 그런 인물을 가리켜서 입지전적 인물이라고 부른다면 김삼일이야말로 연극계에서 전형적인 입지전적 인물이라고 말할 수가 있다. 그는 끊임없이 공부하고 연구한다. 그 결과 그는 셰익스피어 등 외국 명작들도 독자적으로 해석할 수 있는 능력을 갖췄다. 그가 포항시립극단 상임연출가로 봉사하는 동안 지역의 극단은 정체성을 가져야 한다면서 포항의 역사적인 인물들을 작품화한 것은 대단히 높게 평가해야 할 작업이다. 지방 극단이 서울에서 공연하는 작품들을 리바이벌이나 하고 있다면 아류일 뿐, 무슨 개성이 있겠는가.

두 번째로 그는 천부적 재능을 지녔을 뿐 아니라 대단히 근면한 연극인이다. 사실 예술은 노력만으로 되는 것이 아니다. 일찍이 이해랑은 예술가가 대성하는 데는 90%의 재능을 타고나야 한다고 주장한 바도 있을 정도다. 그러니까 김삼일이 비록 시골에서 어업을 하는 부모에게서 태어났지만 가족의 DNA 속에는 예능성이 숨겨져 있었을 것이다.

세 번째, 역시 그가 의리의 사나이라는 점이다. 그가 1960년대 후반 이해랑 이동극장의 멤버가 되고 싶어 했을 때 이해랑이 지역

연극을 지키라고 권유했는데, 그는 그 약속을 지켰으며 이제는 가재를 털어서까지 포항에 소극장을 열었다. 뿐만 아니라 그는 한번 은혜를 입었다고 생각하면 끝까지 그 의리를 지키는 매우 드문 인물이다.

네 번째, 그는 지독히 고향을 사랑하는 고집쟁이다. 실력으로는 서울이든 다른 어디든 가서 연극 활동을 할 수 있을 텐데도 그는 꿈쩍하지 않는다. 그가 당초 포항을 문화도시로 만드는 데 일조하기 위해서 연극할 마음을 먹은 이상 자기 고향에서 끝장을 보겠다는 각오인 듯하다. 솔직히 지방도시에서 자력으로 소극장을 운영한다는 것은 모험이다. 여태까지 지방 소도시에서 소극장으로 성공한 예는 없다. 제발 그의 마지막 꿈이라 할 김삼일자유소극장이 성공해서 포항이 문화도시로 거듭나는 데 밑거름이 되기를 기원한다.

건실한 가정주부형의 멋진 예술가

■ 윤소정론

미모의 중견 여배우 윤소정(尹小晶, 본명 윤태봉)은 거의 해를 거르지 않고 30년 이상 연극을 해왔고 지금도 하고 있지만 대중에 친근한 편이 못 된다. 그녀가 출연한 작품들 중에는 현대 연극사에 남을 만한 수작이 적지 않고 그녀는 언제나 주연으로서 열연을 했었다. 그런데도 왜 그녀가 동시대의 이름난 동료 배우들에 비해서 어딘가 낯선 것일까. 그 이유는 두 가지 정도로 생각된다. 첫째는 그녀가 연극 외적인 일로서는 일절 매스컴에 나서지 않은 것, 두 번째는 그녀가 평생 남의 구설에 오른 일이 없는 것.

연기는 물론이고 춤과 노래 그림 솜씨까지 빼어난 만능 탤런트지만 대외적으로는 그런 끼가 전혀 나타나지 않고 오히려 가사에 매진하는 견실한 가정주부로 비친다는 점에서 21세기 여성 예술가가 지향해야 할 모델이 될 만하다고 생각한다. 그는 이런저런 일로 신문 지면이나 방송 화면에 얼굴이 비치는 것을 원하는 것 같지도 않고, 그렇다고 해서 비평에 신경 쓰는 것 같지도 않다. 필자만 하더라도 40여 년 동안 평론을 써왔지만 그와 단 한 차례도 차 한 잔조차 마셔본 적이 없다. 그만큼 그녀는 자질구레한 데 신경 쓰지 않고 군더더기 하나 없이 깔끔하며 연극 그 자체와 가정밖에 모르는 배우인 것이다. 특히 예술을 하는 상당수 사람들이 나르시시즘에 빠져서 자만하기 쉬운데 그녀는 정반대이다. 그 점은 그가 처음에 TV 탤런트를 하다가 자신의 모습이 적나라하게 드러나는 것이 싫어서 그만두었다는 사실에서도 잘 나타나고 있다.

일찍이 이해랑 선생은 후배들에게 '연극을 이용해서 무엇을 하려 하지 말라'고 훈계한 적이 있는데, 그녀야말로 그것을 가장 충실히 지켜온 연극인이라고 볼 수 있을 것 같다. 이런 그의 성향은 그의 가풍과 살아온 과정을 더듬어보면 확연히 드러난다.

그녀는 우리나라 영화 초창기를 춘사 나운규와 함께 일궈온 선구적 감독인 유봉춘의 육남매 중 셋째 딸로 1944년에 경기도 의정부에서 태어났다. 윤봉춘 감독은 올곧은 성품으로서 예술운동을 하기에는 너무나 어려웠던 시절에 영화 일에만 전념했기 때문에 생활이 대단히 궁핍했었다. 따라서 그녀는 유소년 시절 동시대의 많은 사람들처럼 궁핍 속에서 보내야 했다. 그럼에도 불구하고 그녀는 부친처럼 예술가가 될 수 있는 천부적 재능을 타고나 일찍부터 무한한 가능성을 보여주며 성장했다. 걸음마를 시작하면서부터 스스로 리듬을 따라 춤을 추어 주위 사람들을 놀라게 했고, 여섯 살 때 자연스레 부모의 손에 이끌려서 송범 무용연구소에 들어가 춤의 기본을 배우기 시작했으며, 차례로 김백봉 · 김문숙 · 강선영 등 당대의 명인들 밑에서 무용을 배울 수 있었다. 그래서 학교도 당시 무용 교육으로서는 최고의 평가를 받고 있던 동명여중고교를 장학금까지 받으며 쉽게 다닐 수 있었다. 사사한 스승들 중에서도 특히 강선영 밑에서 가장 오래 있었고 조교 생활까지 했기 때문에 그녀의 춤 실력은 고교 시절 이미 동년배들과는 비교도 안 될 정도였다. 그렇기 때문에 무용 콩쿠르에 나가기만 하면 상을 휩쓸곤 했다. 그처럼 뛰어난 실력에도 불구하고 대학에 비싼 등록금을 내고 다녀야 하는 불합리에 대학 진학을 포기하고 곧바로 사회 진출을 꾀했고, 1964년 동양방송 개국에 맞춰 응시한 무용수 및 탤런트 시험에 모두 합격하는 바람에 진로를 고민하기도 했다. 결국 그녀는 부친의 권유에 따라 무용가 아닌 배우의 길을 택하게 된 것이다.

배우 윤소정의 삶과 예술

그녀는 이미 일곱 살 때부터 악극단 무대에 섰었고, 중학교 1학년 때 영화 〈해바라기 피는 마을〉에서 주연까지 했던 터라서 방송 드라마 연기는 식은 죽 먹기였다. 그래서 동양방송 드라마의 여러 작품에 주조연으로 출연하여 쉽게 성가를 올릴 수가 있었다. 그녀가 유망 신인으로서 이름을 날리기 시작하자 연극 쪽에서도 주목하게 되었고, 결국 1966년 극단 자유극장이 그녀를 창립 단원으로 영입하기에 이르렀다. 그녀 자신도 텔레비전 연기에는 흥미를 잃어갈 때였기 때문에 자유극장에서 열심히 연기를 했다. 자유극장의 창립 공연작인 〈따라지의 향연〉으로부터 〈신의 대리인〉에 이르기까지 그의 발랄한 연기는 관객의 주목을 끌기에 충분한 것이었다. 그녀는 이 시기에 결혼도 했다. 그것도 연극을 하는 건실한 청년 오현경(吳鉉京)과였다. 주지하다시피 오현경은 연세대 시절부터 연극을 해온 정통파 배우로서 자타가 인정하는 재목이었다. 오현경을 만난 것은 그로 인해 생활은 궁핍했는지는 몰라도 그녀가 배우로 성장하는 데는 큰 보탬이 되었다고 말할 수 있다. 결혼 이후 그녀는 극단 산울림에도 몸을 담았으나 조직 생활에는 적성이 안 맞았는지 스스로 튀쳐나왔고 자신에게 맞는 작품에 출연하는 자유로운 연기자로 활동하기 시작했다.

그녀가 뛰어난 배우로서 대중에게 각인되고, 또 스스로도 연극의 매력을 강렬하게 느끼게 해준 작품은 뭐니 뭐니 해도 1970년대 초 드라마센터에서 공연된 〈초분〉(오태석 작, 유덕형 연출)이 아니었던가 싶다. 이때 그녀는 매우 독특한 연출가 유덕형을 만나고 신예 극작가 오태석을 만나게 된 것이다. 미국에서 그로토프스키의 연극론에 영향을 받고 귀국한 유덕형이 오태석의 제의극 〈초분〉을 강렬한 작품으로 만드는 데 그녀를 제물(?)로 삼은 것이다. 유덕형은 장장 10여 개월에 걸친 연습에서 그녀의 진을 몽땅 뺄 정도로 강훈을 시켰고 그녀 깊숙이 잠재되어 있던 예술적 재능을 뽑아내는 데 성공했다. 집중력이 뛰어났던 그녀 역시 그 의도를 충분히 읽어내고 배우로서의 능력을 최대한 발휘할 수 있었다. 그녀는 그 작품에서 일생일대의 혼신의 열정적 연기로 관중의 갈채를 받았다. 그로부터 그녀는 연기에 자신감을 갖고서 어떤 작품이든 겁내지 않고 임할 수 있게 되었다.

그러나 이후 얼마간은 그렇게 호된 훈련을 받을 기회가 없었고 생활 역시 넉넉하지 않아서 강변 동부이촌동에 의상실을 내어 생활을 꾸려가게 된다. 오현경과의 사이에서 이미 남매가 태어났고, 부부의 연기 수입만으로는 생활이 전혀 되지 않았기 때문에 옷가게를 연 것이었다. 그녀가 특별히 의상학을 공부한 것은 아니었지만 그림에 소질이 있었고 또 매사에 적극적이고 성실했기 때문에 옷집은 번창했다. 그러니까 한때는 수십 명의 종업원을 둘 정도로 사업이 커졌다. 그렇다고 해서 그녀가 연극을 소홀히 한 것은 아니었다. 자신에게 맞고 또 요청이 들어오면 예전처럼 열심히 출연했다. 거의 매년 거르지 않고 연극을 한 셈이다.

가장 예술가다우면서도 현실적인 배우

그녀는 연극을 생업으로 했다기보다는 순전히 좋아해서 사랑과 열정으로 해온 편이라고 말할 수 있다. 그 점에서 한마디로 '아마추어 같은 프로 배우'인 셈이다. 따라서 그녀는 어디에 소속되지도 않으며 극단을 가리거나 작품을 가리지도 않는 편이다. 다만 자기 역이 어떤 것이냐만 생각하는 듯 보인다. 그녀가 한 인터뷰에서 "나는 이건 정말 못 한다. 혹은 안 한다라고 정해놓고 사는 성격이 아니다. 그래서 나에게 있어서는 모든 일이 가능할 수 있다. 연극을 예로 들자면 정통 연극이니 포르노 연극이니 전위 연극이니 다들 이렇다 저렇다 말들이 많은데, 나는 각 분야별로 그 존재마다 가치를 인정해주는 편이다. 모든 것은 가능하다"(『한국연극』 246호)고 말함으로써 연극 양식보다는 역에 중점을 두고 작품을 선택해왔음을 간

접적으로 시인한 바 있는 것이다. 그렇기 때문에 그녀는 다작은 아니지만 매우 다양한 단체와 작품에 출연해온 것이 특징이다.

그녀는 매우 아름다운 외모와는 달리 성격은 남자 못지않게 화끈하고 솔직담백하다. 타고난 성격이기도 하겠지만 아무래도 사업을 해오면서 더욱 강해진 듯이 보이기도 한다. 더욱이 의상실을 오래 해서 그런지는 몰라도 누구보다도 멋을 알고 멋을 부릴 줄도 아는 여성이다. 호불호가 분명해서 주변에 사람은 많아 보이지는 않지만 그 대신 그녀를 특별히 좋아하는 마니아들이 있는 것 같다. 언젠가 자신은 '좋아하는 사람만 만난다'고 솔직히 털어놓은 적도 있다.

그녀는 그동안 많은 작품들을 해왔지만 대표작을 꼽자면 〈초분〉으로부터 시작해서 〈부도덕 행위로 체포된 어느 여인의 고백〉 〈신의 아그네스〉 〈아메스트의 미녀〉 〈첼로〉 〈강철〉 등이 아닐까 싶다.

그녀는 외모에서 풍기는 것이나 타고난 재능, 그리고 성격적인 면 등에서 가장 예술가답지만 매우 현실적이고 가정적인 배우로 인식된다. 그만큼 그녀는 열정적인 연극인이면서도 가정의 가치를 최우선에 두는 배우인 것이다. 그녀가 몇 년 전 월간 『한국연극』(246호)과 가진 인터뷰에서 자신에게 욕심이 있다면 "우리 가족 모두 건강하게 살아가는 것이고, 여태까지 내가 해왔던 연극 작업들이 헛되이 무너지지 않도록 더 잘하는 배우가 되고 싶은 것, 가정과 연극 중 하나를 선택하라는 미련한 질문을 한다면 난 당연히 가정을 선택"하겠다고 분명하게 말한 바 있다. 이처럼 그녀는 한국 현대 연극사에서 여배우의 정통 노선을 계승한 중견 연극인이면서 한 가정주부로서도 성공한 인물인 것이다.

극단 미추의 영원한 프리마돈나

■ 김성녀론

배우 김성녀와의 인상적인 첫 만남

지난 시절 가깝게 지냈던 고 허규(許圭) 연출가가 1970년대 초반에 다니던 방송국을 나와 가장 민족적인 연극을 해보겠다면서 극단 민예를 조직하여 아현동 마루턱의 2층 다방을 사무실로 꾸며 한동안 운영한 적이 있었다. 그곳에서 그가 단원들을 모아 탈춤에서부터 민요, 판소리 등에 이르기까지 전통 예능을 연수시키고 있을 무렵 그에 동조하는 젊은 지망생들이 많이 몰려들었다. 그 가운데 연출가를 꿈꾸던 손진책이 있었고, 그 얼마 뒤 앳되고 예쁘게 생긴 배우 지망생 김성녀(金聖女)가 들어왔다. 친구 허규를 찾아서 그곳을 자주 들르는 동안 나는 여러 지망생들 중에 그 둘을 가장 눈여겨보게 되었다. 외모에서부터 눈길을 끌 만했을 뿐만 아니라 열정이라든가 일취월장해가는 소양 등에서 남달랐기 때문이다.

특히 김성녀는 군계일학이었다. 춤이면 춤, 노래면 노래, 또 연기면 연기 등에서 타의 추종을 불허할 정도로 돋보였다. 다른 동료들과는 달리 이미 초보가 아닐 정도로 특출했고, 당장 무대에 세워도 괜찮을 듯싶었다. 아니나 다를까, 그녀는 불과 몇 년 뒤인 1976년에 극단 민예가 야심적으로 내놓은 〈한네의 승천〉(오영진 작, 손진책 연출)이 명동 국립극장 무대에 펼쳐질 때, 여주인공으로서 화려하게 나래를 편 것이다. 관극했던 연극인들이 놀랐음은 두말할 나위 없는 것이었다. 왜냐하면 연극계에 전혀 알려지지 않은 그녀가 소화해내기 쉽지 않은 대작의 여주인공(한네) 역을 거뜬히 해냈기 때문이었다. 연극인들은 김성녀가 누구인가 궁금해했고, 그녀가 1950년대에 여성국극 무대를 화려하게 장식했던 박옥진 명창과 극작가 김향, 명콤비 부부의 딸이라는 것을 알게 된 것은 그 얼마 뒤였다.

주지하다시피 여성국극은 1948년에 시작되어 1960년대 초까지 우리 무대를 주름 잡았던 판소리 위주 아닌 그야말로 스펙터클 쇼였다. 창 못지않게 연기, 춤, 그리고 무대미술 등을 중시한 그야말로 전통을 기본으로 한 총체극이었다. 그녀의 모친이 그러한 연극에서 스타 플레이어로서 이름을 날렸고, 부친이 그런 무대예술의 극본을 썼다는 것은 그녀에게 남다른 의미를 부여하는 것이다. 1950년에 태어난 김성녀는 어찌 보면 이미 여성국극으로 은연중에 태교를 받았고, 요람에서부터 부모의 손에 이끌려 극장을 드나든 것이다. 아니 드나든 정도가 아니라 아예 무대 뒤켠에서 성장했다고 해도 과언이 아니다.

당시 여성국극은 유난히 인기가 있어서 지방공연을 많이 다녔고, 극장 시설이 변변치 못한 나머지 야외 가설극장에서도 자주 공연을 가져야 했다. 따라서 어린 시절의 그녀는 찬바람 부는 야외에서 포대기를 뒤집어쓰고 지루하게 모친을 기다려야 하는 경우가 적지 않았다. 즉 그녀는 유랑극단 배우의 딸로서 6·25전쟁이라는 가장 어려웠던 시절에 풍찬노숙의 유년기를 보내야 했던 것이다. 그런 가운데 그녀는 이미 유년기에 타의에 의해서 아역으로 무대에 설 수밖에 없었고, 조금 자라서는 소녀 가수로 활동함으로써 부모의 대를 잇는 예도(藝道)의 원초적 입구에 놓이게 된 것이다.

어린 시절부터 그녀에게는 여성국극, 더 나아가 무대예술이 온몸으로 스며들어서 자신도 모르는 사이에 예술적 심성이 마치 본능처럼 내면 깊숙이 자리 잡았다고 볼 수 있다. 더구나 그녀의 고향이 한반도의 거대 예맥(藝脈)이 흐르는 진도라는 것도 그녀의 잠재적 예술 기질과 깊은 관련이 있다고 보아야 한다. 그런 그녀였기에 극단 민예의 연극 교육은 그녀의 본능에 불꽃을 튕겨주는 것에 불과할 정도였고, 그녀의 실력은 하나를 배우면 열을 알 만큼 속성으로 진전되어 20대 중반에 이미 극단 민예의 히로인으로 등장할 수 있었다.

극단 민예의 독보적 히로인

일찍이 이해랑도 말한 바 있듯이 배우에게는 두 종류가 있다. 즉 훈련을 받지 않고서는 제대로 배우 구실을 할 수 없는 연기자와 그의 직관으로 곧잘 연기를 익혀나가는 배우가 바로 그것이다. 전자가 창조 과정에서 많은 시간을 요하고 연출가의 지도가 필요한 데 반하여 후자는 창조의 속도도 빠르거니와 성격 파악이나 극적 흐름에 대한 인식이 뛰어나서 연출을 오히려 보완해주기도 한다. 이런 후자 스타일의 연기자를 가리켜 천부적 배우라고 부른다. 그만큼 배우에게는 선천적인 소질이 8, 90%를 차지할 정도로 중요한 요소이며, 배워서 되는 것이 아니다.

그런 측면에서 보았을 때, 그녀는 이미 무대에 서기 전부터 선천적으로 닦이지 않은 배우였고, 명창이었으며 무희였다. 그런 그녀가 민족연극에 목말라 있던 연출가 허규를 만나서 전통예능에서부터 연기를 익힌 것은 마치 고기가 물을 만나 수영을 배운 것처럼 펄펄 날 수 있는 엔진이 달린 것이나 마찬가지였다. 거기다가 가장 한국적인 얼굴과 탄력적인 몸매까지 타고나서 극단 민예의 여주인공으로서는 더할 나위가 없었다.

그녀는 극단 민예가 실험적으로 내놓은 〈창포각시〉를 비롯하여 〈물도리동〉(허규 작) 등 가장 한국적이라는 무거운 작품의 주인공 역할에 눌려서 쩔쩔매는 일도 없었으며 작품의 중량에 허덕이지도 않고 능숙하게 소화해냈다. 여성국극 속에서 태어나고 자라 온몸으로 그러한 것을 은연중에 빨아들여 몸 자체가 국악기나 다름 없었던 데다가 정식으로 배우 훈련까지 받은 그녀이기 때문이다. 그리하여 그녀는 민예의 독보적인 히로인으로서 공연 때마다 열성 팬들까지 만들어갔다.

초년 시절에는 극단 민예의 스케줄대로 창작 가면 무극에서부터 창작 판소리, 그리고 총체극 스타일의 작품을 모두 섭렵해갔다. 거기다가 간간이 허규 연출을 따라 국립창극단의 주요 작품들, 이를 테면 〈광대가〉 등에도 출연하기도 했다.

그런데 그녀가 단시일에 각광을 받을 수 있었던 데는 시대적 흐름과도 연관이 없지 않았다. 그러니까 1970년대 이후 문화계의 거대 담론 중의 하나였다고 할 '전통의 현대적 계승'이라든가 '전통의 현대적 재창조' 등의 화두와 가장 잘 어울리는 무대배우로서 그녀를 따를 만한 사람이 없었던 것이다.

그러다 보니 그녀는 한때 정극과는 거리가 먼 극단 민예형 틀에 긴혀 있는 특수 배우(?)로 인식되기노 했다. 민예의 녹특한 작품만 할 수 있는 특수 배우라는 인식이 부분적으로나마 연극계에 퍼지게 되었다는 이야기다. 이는 솔직히 그녀에게는 마이너스 요인으로 작용하는 것이다. 왜냐하면 배우가 어느 특수한 연극만 할 수 있다는 것은 연기폭이 제한되어 있다는 이야기도 되기 때문이다. 그런 그녀에게 자신의 진면목을 보여줄 수 있는 기회가 다가오고 있었다. 그것이 다름 아닌 극단 민예로부터의 벗어남이었다.

총체극 배우에서 정극 배우로

1980년대 초 민예의 허규 대표가 국립극장장으로 자리를 옮겨 앉으면서 그녀 역시 국립극단 배우로의 변신을 꾀해야 되는 처지에 놓이게 되었다. 그런데 주지하다시피 국립극단은 수십 년간 정극만을 고수해온 다분히 보수적인 연극단체가 아닌가. 처음에는 적응이 쉽지 않았다. 그러니까 노래, 춤, 과장된 표현, 즉흥성 등 어찌 보면 좀 풀어진 듯한 국악, 또는 음악극(뮤지컬)을 바탕으로 하는 민예의 총체형 작품만 해온 그녀로서 국립극단 배우로서 절제를 최우선으로 하는 소위 리얼리즘 연극을 하자니 온몸이 조여오는 것 같은 고통을 감수해야 했던 것이다. 그녀는 극단 입문 10여 년 만에 '밖으로 표출하는 연극으로부터 안으로 삭이는 정반대의 연극'을 하게 된 것이다. 그러나 한편으로는 그것이 그녀에게 기회가 되기도 했다. 왜냐하면 국립극단에서 당대 최고의 정극 연출가 이해랑을 만나면서 내면 연기의 진수를 배우는 행운도 얻었기 때문이다.

고통스러웠지만 그녀는 이해랑 등 정극 연출가들과 작품을 하면서 정극의 진수를 터득하게 되었고, 연기폭도 확대하는 한편 심화시키는 과정을 4년여 동안 호되게 치렀다. 극단 민예에서는 스타였지만 국립극단에서만은 초보 취급을 받으며 연기의 진수를 거기서 배웠음을 평론가 구히서와의 대담에서 시인한 바 있다.

"81년 국립극단에 입단할 때만 해도 나는 자신이 연기에 소질이 있고 자랄 만큼 자란 배우라고 생각하고 들어갔었다. 선배들의 연기에 대해서도 별로 인정을 못 하는 좀 건방진 풋내기였다. 그러나 국립에는 연기의 기본을 가진 배우들이 많았다. 거기서 배울 수 있는 ABC가 있다는 걸 많이 느꼈다. 국립은 배우들의 기초를 탄탄하게 다질 수 있는 곳이다. 이해랑 선생님이 요구하는 연기 표현을 내가 몰랐을 때 백성희 선생님이 옆에서 그럴 때는 이리저리 하라고 가르쳐주셨다."* 이렇게 그곳에서 연기의 기본을 다시 익혔음을 고백한 것이다.

특히 거기서 절제하는 힘과 정확한 화술을 몸에 익힌 것은 큰 소득이었다. 국립극장에서 그녀는 이해랑이 연출한 〈삭풍의 계절〉 〈불타는 여울〉 등에 출연했지만 민예에서처럼 두각을 나타내지는 못했다. 그러나 그 경험은 큰 배우로 성숙하는 데 밑거름이 되었다. 비록 국립극단에서는 평범한 배우로 비쳤을지는 몰라도 비슷한 시기에 MBC 방송이 시도했던 마당놀이에서만은 단연 두각을 나타냈다.

그녀의 국립극단 배우 생활도 오래가지는 않았다. 반려자인 손진책 연출이 1986년에 민족연극을 내걸고 극단 미추(美醜)를 창단하고 나섰기 때문이었다. 그녀가 연극계에 입문한 지 꼭 10년째였고, 30대 중반의 열정적인 나이였으므로 배우로서는 한껏 꽃피울 수 있는 기회를 맞은 것이다. 허규의 한국적인 연극으로 다져지고 국립극단에서 정극으로 훈련받았으며 그동안 뮤지컬 등 여러 장르의 무대예술을 섭렵한 그녀로서는 무서울 것이 없었다. 더욱이 손진책이 꿈꾸어온 가장 민족적 연극이라는 〈지킴이〉라든가 〈백두산 신곡〉(김용옥 작, 손진책 연출) 등은 그녀가 아니면 완벽하게 표현해내지 못했을 것이다. 그러나 뭐니 뭐니 해도 이 시기의 대표작은 〈오장군의 발톱〉(박조열 작)이라고 말할 수 있다. 왜냐하면 한 시대를 우의적으로 풍자한 이 작품은 손진책이 추구하는 열린 형태이면서도 오서독스한 극술을 바탕으로 하고 있기 때문이다.

---

* 구히서, 「무대 위의 얼굴」, 『한국연극』 1988년 6월호.

김성녀의 변신과 도약을 기대하며

그로부터 그녀는 극단 미추의 굳건한 프리마돈나로서 모든 작품의 주역을 도맡았고, 그것으로도 성이 차지 않아서인지 간간이 외부에 나가서도 다양한 장르의 작품들에서 주연을 맡곤 했다. 일취월장해가는 그녀가 또 다른 진면목을 보여준 것은 남미의 인권 문제를 다룬 도르프만의 문제작 〈죽음과 소녀〉 출연이었다. 이 작품에서는 그녀는 그동안 보여주지 않았던 내면으로부터 용솟음치는 폭발력을 정제시켜 보여주었다. 이 작품으로 그녀는 국립극단을 떠난 뒤 누구에도 뒤지지 않는 정석의 연기력도 갖추었음을 극적으로 보여주어, 전천후 만능배우임을 대내외에 알렸다.

그녀의 무르익어가는 연기의 총화는 역시 연전에 공연한 〈벽 속의 요정〉(2005년)이 아닐까 싶다. 이 작품은 그동안 그녀가 해온 연기의 총화를 쏟아부은 것이라고 말할 수 있다. 유년 시절 몸으로 익혀온 고전 예능을 십분 발휘할 수 있던 극단 민예를 거쳐, 국립극단에서는 그것을 억제하는 내면 연기를 다지고, 다시 극단 미추에서 전통과 현대를 융해시켜 김성녀만이 해낼 수 있는 총체 연기를 보여준 것이 바로 〈벽 속의 요정〉이었다. 이 작품에서 그녀는 민족의 정한을 현대적 고뇌로 환치시켜서 매우 독특한 풍경을 만들어낸다. 그렇다, 그녀는 이제 어떤 작품이든지 겁내지 않을 만큼 천변만화 변화무쌍의 대배우의 초입에 놓여 있다. 그것도 극단 미추의 영원한 프리마돈나로서. 그러나 그녀는 거기에서만 머물러 그런 연극만해서는 안 될 것 같다. 왜냐하면 그녀는 단순히 극단 미추의 고정된(?) 프리마돈나를 넘어 한국을 대표하는 배우로 우뚝 서야 하기 때문이다. 그것은 어디까지나 그녀와 손진책에게 달려 있다.

흙수저 연극인의 한 성공사례

■ 이해랑연극상 수상자 김광보

배우, 극작가, 무대미술가 등등 무대예술 창조 영역을 담당하는 장르 중 어렵지 않은 분야가 없지만 그중에서도 연출가는 다른 어떤 분야보다도 많은 지식을 필요로 한다. 왜냐하면 희곡을 분석하는 문예비평적 능력에서부터 무대 전체를 통괄하고 아울러서 완성된 작품을 만들어내야 하기 때문이다. 그렇기 때문에 예부터 연출가들은 대체로 정규 교육을 받고 공부를 많이 한 지식인들이었다.

우리나라의 연출가들만 보더라도 최초의 전문 연출가라 할 홍해성은 이미 1920년대에 초에 일본에 유학하여 주오대학에서 법학을 공부하다가 니혼대학으로 옮겨 예술을 공부했으며 그 뒤를 잇는 유치진, 이해랑 등등 모두가 도쿄 유학생 출신이었다. 해방 이후에 등장한 연출가들도 대부분 고등교육을 받고 그 분야에서 열정적으로 수업을 쌓은 이들이 주류를 이룬다. 더군다나 1980년대 이후 전국

수십 개 대학이 연극학과를 설치한 이후에는 해마다 많은 수의 연출 지망생들이 범람하는 고학력 시대에 지방에서 고등학교만 겨우 나온 연출가가 각광을 받는다면 그것은 분명 주목받을 만한 경우라 아니할 수가 없다.

연극의 원형으로 돌아가고자 한 김광보

이는 곧 공연예술 분야 최고의 상이라 할 제26회 이해랑연극상을 거머쥔 신예 김광보를 두고 하는 말이다. 그는 1964년 부산에서 출생하여 넉넉지 못한 가정환경 때문에 고등학교를 졸업하자마자 예술과는 전혀 무관한 3D 직종의 비정규직 노무자로 생계를 꾸려가야 해야 했다(그는 근자에 와서 학사과정을 마쳤다). 그러다가 연극이 하고 싶어 부산에서 무명 작가 이윤택이 소극장을 만들어 활동하고 있던 게릴라극단에 입단한다. 그가 거기서 할 수 있는 일은 사회에서와 마찬가지로 잡일이었다. 조명, 효과, 무대감독, 대소도구 제작 등의 보조 일을 하면서 연극에 눈을 뜬 그는 큰물에서 연극을 해야겠다는 생각으로 무작정 상경하여 혜화동 1번지에서 본격적인 연출 수업을 쌓는다.

1995년에 그는 스스로 극단 청우를 조직하고 〈에쿠우스―이미지네이션〉을 연출하면서 젊은이답게 맹렬하게 작업을 하기 시작했다. 그가 극단 청우를 통해서 우리 연극계에서 활동하려는 방향은 '연극의 원형성, 살아 있는 에너지로 돌아가자'라는 것이었다. 과거 동랑 유치진이나 김상열 등과 같은 선배 작가들이 오래전에 내걸었던 목표와 비슷해서 새로울 것은 없었지만 여하튼 매너리즘에 빠져

들고 있던 당시 연극계에 일침을 가하고 나선 것만은 확실했다. 그래서 내놓은 작품들, 이를테면 〈종로 고양이〉〈꽃뱀이 나더러 다리를 감아보자 하여〉 등에서 볼 수 있는 것처럼 에너지가 넘치는 역동적인 극장주의 연극을 선보였다. 그러나 이러한 작품들이 관객에 재미를 주기도 했지만 표현의 과잉, 극장성의 과잉으로 혐오감을 준 것도 사실이었다.

이러한 문제점을 깨달은 그는 점차 '예술의 절제 원칙'의 중요성을 새삼 인식하고 정제된 작품을 내놓기 시작한다. 가령 〈발자국 안에서〉로부터 시작하여 〈주인이 오셨다〉〈그게 아닌데〉〈줄리어스 시저〉 등이 바로 그러한 작품 계열에 들 것이다. 그의 줄기찬 연출 작업은 관중의 뜨거운 반응으로 나타났고, 여러 가지 상도 뒤따랐다. 즉 본격 연출을 시작하고 2년 뒤부터 '오늘의 젊은 예술가상'을 비롯하여 '백상예술상 신인상', '서울연극제 연출상', '동아연극상 연출상' 등을 잇달아 받았으며 드디어 '이해랑연극상'까지 받기에 이르렀다. 그러니까 그는 어떤 연출가보다도 화려한 각광을 받음으로써 소위 흙수저 연극인으로서는 누구도 따를 수 없는 영예를 안은 것이다.

밑바닥 체험에서 나온 정직한 연극

그렇다면 그가 어떻게 이처럼 단기간에 스타덤에 오를 수 있었을까? 여기에는 대체로 서너 가지 요인이 작용하지 않았나 싶다. 첫째는 전술한 바 있듯이 그는 넉넉지 못한 가정환경으로 인하여 정규 교육을 제대로 받지 못하고 처음부터 삶과 연극의 밑바닥을 체험하고 창작에 임했다. 그것이 역설적으로 좋은 작품을 만드는 데 절대적인 자양(滋養)이 되었다고 보여진다. 두 번째로 그가 연극 창조에 자신의 인생을 몽땅 걸고 하듯 온몸을 다 바치는 자세로 임했다는 사실이다. 그를 두고 주변 연극인들이 한결같이 '연극에 미친 사람'이라고 부르는 것도 바로 그 점을 의미한다고 말할 수가 있다. 세 번째로는 역시 그의 치열한 연극정신인데, 이는 그가 희곡을 철두철미하게 분석하고 극본 뒤에 숨겨져 있는 세계까지 천착하여 극대화시키는 집요함에 있었다. 끝으로 그는 잔재주를 부리지 않고 우식스러울 정도로 원본을 철저하게 분석하고 거기에 자기 색깔을 입혀서 무대에 내놓는다는 점이다. 이는 근자 희곡을 난도질하여 원작자도 동의 못 하는 작품을 실험작이랍시고 내놓는 어설픈 연출가들과 그가 다른 점이다.

바로 여기서 그의 장점이 드러난다. 그것이 곧 그가 정직한 연극을 만들어내는 것이고 시대 흐름에서도 크게 벗어나지 않는 자세이기도 하다. 젊은 연극인들 중에서 비교적 어른스럽게 보이는 것도 바로 그가 장난치지 않고 연극의 정도를 뚜벅뚜벅 걷고 있는 데서 비롯된다고 말할 수가 있다. 따라서 누구든 김광보처럼 되려면 연극에 자신을 몽땅 던져 치열하게 시대와 싸우면서 연극사에 이정표가 될 만한 세련된 작품을 끊임없이 창조해내야 할 것이다.

제3부

문화가 만만보

종로구에 최초로 생긴 '아이들 극장'

러시아 어린이 극장에서 받은 충격

고르바초프 공산당 서기장이 한창 개방 정책을 펴고 있던 1990년 여름, 필자는 소련의 사회 문화 상황을 살펴보기 위해서 보름 동안 모스크바를 중심으로 하여 페테르부르크, 카자흐스탄 등 몇몇 지역을 여행한 적이 있었다. 그때 가장 놀라웠던 것은 두 가지였는데, 첫째가 미국과 함께 양대 강국으로 세계를 지배했던 소련이 의외로 가난했다는 것, 두 번째가 가난 속에서도 문화예술만은 대단히 풍성했다는 것이었다. 전국 수백 개의 국립극장을 두고 매일같이 연극, 발레, 오페라, 음악회 등이 쉼 없이 공연하고 있었으며, 레퍼토리도 유럽 나라들과 별 다름 없는 세계 명작들이었고, 시민들은 저녁밥은 못 먹어도 발레나 연극 구경에는 열심이었다. 그 광경을 목도하면서 필자는 소련의 개방화는 필연이라는 생각이 들었다.

필자가 소련의 문화 상황을 보면서 그들의 개방화를 하나의 필연이라 생각한 것은 북한의 획일적인 목적예술 일변도와는 너무나 차이가 났기 때문이었다.

그러나 더 놀라웠던 점은 일반 예술뿐만 아니라 어린이 예술 역시 번창하고 있었다는 사실이었다. 가령 모스크바에만도 어린이 전용 극장이 10여 개나 있었고, 각 극장에서는 여러 가지 형태의 수준 높은 작품들이 끊임없이 공연되고 있었다. 보통 어린이극이라고 하면 유치한 인형극을 연상하지만 그곳에서 무대에 오르는 작품은 그렇지 않았다. 어떤 극장은 전속 오케스트라까지 두고 세계적인 명작들을 공연하고 있었다. 그렇기 때문에 부모들이 수시로 아이들을 데리고 와서 함께 공연을 관람했다.

한편, 인형극 전문 공연은 별도로 두고 유치한 동화가 아니라 일반 극장들에서 하고 있는 것처럼 세계적인 명작들을 아이들이 쉽게 이해할 수 있도록 번안하여 만든 것이어서 어른들도 감동적으로 받아들일 만했다. 출연진 역시 아역들이 아니라 유명한 성인 배우들이었다는 점에서 일반의 상식을 깨고 있었다. 특히 흥미로웠던 것은 공연 전에 연출가가 아이들에게 이해를 돕기 위한 사전 해설까지 친절하게 해주고 있었다는 점이다. 함께 구경 온 아이들의 부모들 역시 열심히 경청하는 모습도 매우 인상적이었다.

또 하나 부러웠던 것은 그곳 초등학교생들이 대체로 두 종류의 학교를 다니고 있다는 사실이다. 즉 오전에는 일반 학교에서 정규 교육을 받고 오후에는 발레라든가 음악, 미술, 연극 등 자기 취향에 맞는 학교에 가서 마음껏 조기 교육을 받고 있었다. 그것을 보면서 세계 최고 수준인 그들의 문화 전통 배경을 실감했으며, 초등학교 때부터 학교와 학원만을 오가며 영어 수학 공부만 반복하고 있는 우리 아이들이 딱했고, 그들의 정서 교육은 어떻게 되는가 걱정이 되었다.

역사적인 어린이 전용 극장의 개관

그런데 만시지탄의 감도 없지는 않지만 다행스럽게도 김영종 종로구청장의 선각적 결단으로 금년(2016년) 4월 대학로에 역사적인 어린이 전용 극장이 들어서게 되었다. 그것도 마지못해 억지춘향격으로 한 것이 아니라 먼 미래를 내다보고 본격적으로 만들었다는 점에 박수를 보내고 싶다. 비록 규모는 작지만 건물 구조에서부터 내장(內粧)에 이르기까지 정성들여서 세심하게 만들었던바, 그 점은 어린이들의 눈높이에 맞춰서 정서적으로, 미적으로, 학구적으로, 그리고 안전까지 배려한 것에 잘 나타나 있다. 종로구청이 앞장서서 그처럼 아름답게 꾸밀 수 있었던 것은 전국에 산재한 대형 극장들처럼 관 주도가 아니라 전문가들(아시테지(국제아동청소년연극협회) 한국본부 김숙희 이사장 등)의 조언을 수용하는 것에서 더 나아가 운영까지 전적으로 일임했기 때문으로 보인다. 이 또한 우리나라 극장사(劇場史)에 좋은 선례가 될 만하다.

가령 독일 문호 괴테가 어린 시절 할머니가 집에서 만들어 보여준 인형극을 보면서 일찍부터 무한한 상상력을 키웠던 경우에서 알 수 있듯이, 유년 시절의 정서적 감동이라든가 충격은 일생을 좌우할 수 있는 귀중한 체험이다. 그럼에도 불구하고 우리 아이들은 어려서부터 순수하고 아름다운 예술 체험은커녕 범람하는 퇴폐적인 성인 문화에 무방비로 노출되어 있는 상황이다. 오늘날 성인들을 뺨칠 정도로 넘쳐나는 청소년들의 성폭력 문제도 사실은 유소년 시절의 정서 교육 부재와도 깊은 관련이 있다고 말할 수가 있다. 바로 그 점에서 순수하고 아름다운 어린이 청소년 예술 교육이 절실하고 시급한 것이다. 여러 가지 예술장르 중에서도 선진국들의 예에서 볼 수 있듯이 직접적이고 설득력이 강한 공연예술이 적합함은 두말할 나위 없다. 종로구청이 최초로 만든 '아이들극장'이 높이 평가되고 주목받는 이유다.

어린이 극장이 나아갈 방향

그런데 문제는 종로의 '아이들극장'을 어떻게 운영해갈 것인가이다. 가장 먼저 경계해야 할 문제가 상업성이라 본다. 돈벌이를 염두에 두면 아예 시작하지 않는 것만 못하다. 다행히 이 극장의 예술감독이 개관을 앞두고 "상업적인 공연 대신 작품성이 뛰어난 공연으로 프로그램을 짰다"고 설명한 것은 매우 바람직하며 '아이들극장'의 장래를 낙관하게 한다. 솔직히 좋은 상품에 구매자가 몰리듯이 작품만 훌륭하면 관객은 걱정 안 해도 된다. 시장은 광범위하지 않은가. 여하튼 '아이들극장'은 처음부터 교육장이라는 확고한 인식하에 운영의 기본을 세워야 한다.

따라서 모든 레퍼토리는 어린이와 청소년의 정서 교육이라는 기본 방침에 입각하여 취택되어야 함은 두말할 나위가 없다. 특히 어린이극이라고 해서 과거처럼 동식물이나 등장시키는 유치한 동화 수준에 머물러서는 안 되고 세계 명작들을 아이들이 이해할 수 있도록 평이하게 개작, 번안하여 레퍼토리화하는 작업을 서둘러야 한다. 또한 연중 무휴 공연을 원칙으로 하여 장기적인 안목을 갖고 유능한 전담 작가와 연출가를 두는 것이 절대적으로 필요하다. 국내에 좋은 레퍼토리가 절대 부족하다고 해서 외국 작품 초청에만 의존할 수는 없지 않은가. 필자가 권하고 싶은 것은 우선 전통이 오랜 러시아라든가 영국, 프랑스 등의 어린이 청소년 연극 운용을 심층 연구해보라는 것이다.

솔직히 수도 서울에 280석의 소극장 하나만으로는 어림도 없다. 서울에는 수백 개의 유치원, 초등학교, 중등학교가 있으며 수백만 명의 어린이 청소년들이 정서 교육에 굶주려 있다. 따라서 과잉이다 싶을 정도로 많은 대학로의 개성 없는 소극장들 중에서 시설이 괜찮은 극장부터 어린이 청소년 극장으로 전환해갔으면 한다. 이러한 운동이 전국으로 확산되어 주요 도시마다 훌륭한 어린이 청소년 극장들이 생겨난다면 우리의 미래가 희망으로 가득 찰 것이며 종로 구청이 시작한 '아이들극장'은 2016년 연극계의 최대 사건으로 기록될 것이다.

풍운의 국립극장

■ 공연장으로 본 국립극장 60년

우리나라처럼 침략 국가가 세운 공연장 건물을 그대로 독립정부
의 국립극장으로 삼았던 예는 아마 별로 없을 것이다. 이는 우리의
근대사가 그만큼 순탄치 않았음을 단적으로 보여주는 예이다. 주지
하다시피 개화기의 구한말에도 오늘날 국립극장에 해당하는 황실
극장 협률사(1902~1906)가 있기는 했었다. 그러나 역사의 격랑 속
에서 그 극장은 제구실을 못 하고 단명했다. 그 후에 일본 제국주의
의 침략으로 우리가 거의 반세기 동안 사설인 동양극장을 제외하고
는 번듯한 공연장 하나 제대로 갖지 못한 채 일본 대륙낭인들이 지
은 각 도시의 영화관을 빌려 착취를 당하면서 어렵게 공연 활동을
펴왔다.

따라서 우리의 예술인들에게는 마음 놓고 공연 활동을 벌일 수
있는 번듯한 옥내 극장을 갖는 것이 최대의 꿈이었다. 그러던 차 우

리가 민족해방을 맞게 되면서 공연예술인들은 제일 먼저 국립극장 설치 운동을 벌였고, 드디어 1950년에 대망의 국립극장을 설치하게 된 것이다. 그러나 정부가 국립극장 설립은 했지만 건물까지 새로 지을 만큼 재정적 시간적 여유가 있었던 것은 아니어서 결국 조선총독부가 1935년에 지은 부민관을 극장 건물로 지정케 되었다.

부민관 시대

일본 정부는 1920년대부터 자국의 주요 도시에 다목적 문화회관을 세우기 시작하여 식민지 경성부에도 그런 것을 싣기로 하고, 마침 경성전기주식회사가 1933년에 경성부에 기부한 당시 돈 100만 원을 갖고 극장을 지었다. 쓰치야 쓰모루(土屋積)의 설계로 1년 반 만인 1935년 12월 10일에 완공된 부민관(현 시의회 건물)은 태평로 1가 3번지의 대지 1,486평에 연건평 1,717평, 건평 584평으로서 지하 1층, 지상 3층 건물인데, 건물 높이는 63척이고 탑의 높이는 144척이었다. 대강당, 중강당, 소강당, 담화실, 집회실, 부속실, 첩간(疊間), 그리고 특별실까지 갖춘 부민관은 당대 최고의 종합문회회관으로서 손색이 없는 근대적 건축물이었다.

대강당은 3층으로서 건평 301평에 좌석 1,800석, 강연회, 연극과 무용 공연, 권투 경기, 영화 상영, 노가쿠(能樂) 공연 등을 위해 마련된 당시 최대 극장이었다. 147평의 중강당은 좌석 400석, 입석 1,000석으로 강연회, 전시회, 결혼식, 실내체조 등을 위해 마련되었으며, 건평 40평에 좌석 160석의 소강당은 소강연회, 동장 회의, 아동영화 상영, 회화구(繪畵具) 전람회장으로 만들어진 것이다. 그

외에도 사교장으로서 휴게실, 장기와 바둑을 둘 수 있는 다실, 공중 식당과 이발관까지 갖추었다.

해방 직후 미군이 진주하면서 그들이 오락실로 사용하던 것을 정부가 미군에 요청하여 최초의 국립극장으로 사용하게 되었으며, 1949년 국립극장 설치법이 국무회의를 통과하면서 부랴부랴 수리하여 1950년 4월 29일에 역사적인 개관을 한다. 개관 공연으로는 극협을 주축으로 한 전속 단체 신협이 〈원술랑〉(유치진 작, 허석 연출)을 선보였다. 그런데 흥미로웠던 것은 신협의 구조인바, 극단 산하에 예술국과 지방국을 두고, 그 밑에 극작분과 · 연기분과 · 연출분과 · 무대분과를 두었었다는 사실이다.

개관 공연 1주일 동안에 신극 사상 전무후무할 인파가 모였다. 40만 서울 인구의 8분지 1 정도인 5만 명 정도의 관객이 동원된 것이다. 이어진 공연인 국극사의 창극 〈만리장성〉, 창작 오페라 〈춘향전〉(현제명 작곡), 그리고 발레 공연 등에도 인파가 연일 밀려들어 광화문 네거리와 덕수궁까지 두 줄로 늘어설 정도였다. 그러나 국립극장 개관으로 공연예술계가 안정을 찾을 무렵에 6 · 25전쟁이 발발하여, 그 기반은 하루아침에 완전히 붕괴되었다. 그로부터 2년 8개월가량 국립극장은 정지 상태에 빠져 있었다. 그러다가 정부가 1952년 하반기부터 대구에서 국립극장을 다시 개관하기로 하고 문화극장(구 키네마구락부)을 지정한다. 이 극장 역시 일제시대 일본인들이 지어 운영하던 것으로서 일본인들이 운영하다가 해방을 맞아 김정수가 인계받았고 다시 이상오가 관리권을 넘겨받은 터였다. 대구에서는 최고 시설의 극장이었기 때문에 정부가 국립극장으로 지정하자 대구 문화계에서 일제히 반대하고 나서기도 했다. 대구 유지들이 문화극장 지정을 반대했다는 것은 그 지역에 그 극장만큼 향토문화를 가꿀 만한 공연장이 없었다는 것과 국립극장 위상도 대단치 않았음을 단적으로 보여주는 것이다.

대구문화극장 시대

여하튼 우여곡절 끝에 2년 8개월 만에 피란지에서 문을 다시 열기는 했지만 이미 전속 극단 신협이 떠난 뒤여서 새로 극단을 만들기는 어려웠다. 따라서 서항석 2대 극장장은 피란 와 있던 연극인들을 모아 1953년 2월에 이전 개관 기념 공연으로 역사극 〈야화〉(윤백남 작, 이진순 연출)를 무대에 올렸다. 이때부터 전속 단체 대신에 편법으로 기획위원회라는 기구를 두고 자체적으로 작품을 제작하여 무대에 올리는 방식을 택했다. 그러다 보니 자주 공연을 못 하고 대관을 많이 함으로써 저질 상업 극단들이 국립극장의 수준을 추락시키는 부작용을 초래하기도 했다. 이처럼 국립극장이 제 구실을 못 하면서 폐지론까지 나올 정도였다.

그러다가 정부가 부산으로부터 환도하면서 국립극장 역시 대구에 머무를 필요가 없어졌고, 결국 대구에서 문을 연 지 4년 3개월 만인 1957년 6월에 상경하게 되었다. 그러나 이번에도 공연장이 문제였다. 마땅한 건물이 있을 리 만무했기 때문이었다. 정부와 서울시가 실랑이 끝에 광화문에 짓기로 한 시민회관 건립 때까지만이라도 명동의 시공관을 반쪽씩 나누어 쓰기로 한 뒤에야 국립극장은 셋방살이 짐을 풀 수 있었다. 이처럼 국립극장은 설립 때부터 온갖

난관을 뚫어야 했고 개관 뒤에도 계속해서 우여곡절을 겪어야 했던 것이다.

명동 시공관 시대

그런데 더욱 웃지 못할 일은 국립극장이 부민관과 문화극장에 이어서 세 번째로 자리 잡은 시공관 역시 1935년에 일본의 대륙낭인 계열 이시바시(石橋)라는 사람이 지은 영화관(원명 메이지자[明治座])였다는 사실이다. 이 시공관인 동시에 국립중앙극장이 된 건축물은 대지 505평, 건평 749평, 그리고 객석 1,180석의 아주 이상적인 규모의 공연장이었다. 거기에 둥지를 튼 국립극장은 환도 기념 준비에 착수했는데, 당장 시급한 것은 전속 단체를 갖는 것이었다. 그리하여 6·25전쟁으로 국립극장을 떠나간 신협을 다시 끌어들이는 한편 밖에 있던 변기종, 문정숙 등 신파 계열의 배우와 영화배우까지 모아 대형 국립극단을 출범시킨다. 속성으로 작품을 준비하여 7월 12일부터 환도 기념 제1회 공연으로 칼 쉰헤어 작, 서항석 역, 홍해성 연출로 〈신앙과 고향〉을 무대에 올렸다.

대구에서 재개관할 때처럼 서항석의 구상대로 시대 감각보다는 연극계의 화합을 앞세운 작품이어서 관객을 실망시킨 것은 당연지사였다. 가령 대구에서도 낡을 대로 낡은 윤백남의 사극을 개관 레퍼토리로 삼았었고 환도 기념 공연도 1930년대 극예술연구회의 구작을 택했으니 그의 시대 감각이 의심스러운 것이다. 특히 당시 연극계의 양대 라이벌인 유치진과 서항석의 대립과 갈등이 국립극장 진로와도 깊은 관련이 있었다. 따라서 전속 단체 국립극단도 단명할 수밖에 없었다.

　사건은 이러했다. 장기 해외 연극 시찰 중에 신협이 국립극장으로 흡수된 것을 귀국 후 알게 된 유치진이 당장 신협 탈퇴를 지시하고, 핵심 단원 이해랑이 혼자서 책임을 지고 극단을 떠나면서 문제는 일단락되는 듯했다. 이는 곧 국립극단의 약화로 이어져 결국 2년여 만에 국립극단이 해체되면서 기형적이나마 1959년에 전속 극단 신협과 민극이라는 이름의 두 단체를 한 울타리에 두게 되었다. 즉 국립극장을 떠났던 이해랑이 복귀하여 신협 대표를 맡고, 민극은 동양극장 시절의 연술가 박진이 맡아 하기로 했다. 이때도 순수 연극과 대중연극의 결합이라는 화합이 작용했다고 말할 수 있다. 외형적으로만 보면 유치진과 서항석이 화해한 것처럼 같지만 이 두 사람은 평생 라이벌로 살았다. 여하튼 국립극장은 일단 갈등을 수습한 만큼 문화계뿐만 아니라 팬들에게도 뭔가를 보여주어야 한다는 절박감이 있었다. 따라서 두 전속 단체는 "허물어진 신극 무대를 재건하고 잃었던 관객을 다시 찾기 위하여, 또 종래의 분파적인 감정을 일소하고 단합된 무대를 세우자"는 호소문을 발표하는 한편 그해 12월 8일부터 엿새 동안 합동 공연을 가졌다.

　이때의 레퍼토리 역시 사극으로서, 김동인 원작, 이광래 각색의 〈대수양〉을 박진이 연출한 것이었다. 그런데 흥미롭게도 이 공연에 두 전속 극단 외에 최무룡, 김진규, 박노식, 장동휘, 허장강, 노경희, 이민자, 윤인자, 최은희, 황정순, 도금봉 등등 영화계의 스타들이 총출동했다. 전속 배우들과 합쳐서 52명이나 출연했으니 일단 대중의 시선을 끌고도 남음이 있었다. 그러나 공연 결과는 신통

찮았다. 그런 구닥다리 레퍼토리 가지고는 전후의 대중을 감동시킬 수가 없었던 것이다.

그렇다고 해서 당장 뾰족한 방도가 있는 것도 아니었다. 실제로 두 전속 극단에 올라 있는 배우들이 50명이 넘었지만 급료를 받는 단원은 몇 명 되지 않았다. 극장 예산도 형편없어서 연간 두세 번 공연으로 만족해야 했다. 그렇기 때문에 비판을 많이 받았다. 국립 극장이 방향성도 모호하고 뚜렷한 목적의식을 갖고 민족 정서를 함양하지 못한 채 상업주의로 기울고 있다는 비판이었다. 게다가 연극도서관이나 문화센터, 소극장, 양성 기관 등도 갖추지 못했다는 것이다. 이러한 비판은 맞는 말이었다. 우선 시설이 열악해서 여름 겨울 냉난방이 되지 않아 해마다 휴관을 하고, 공연은 항상 봄 가을에만 하는 형편이었다.

그런 비판 속에서 국립극장은 5·16군사쿠데타 이후 변할 수밖에 없었다. 1961년 정부조직법에 따라 문공부로 이관되고 또 광화문에 시민회관이 개관되면서 4년여 동안의 반쪽 셋방살이를 끝내고 시공관을 전용 극장으로 사용하게 된다. 이어서 민간 전문가 극장장 시대도 유치진과 서항석의 2대로 마감하고 제3대(김창구)부터 공무원 극장장 시대가 열린다. 국립극장도 오랜만에 거금을 들여 대폭 수리하면서 1962년 초에 정식으로 국립극단을 조직했는데, 단장은 박진이었고 부단장은 이해랑으로서 변기종, 장민호, 백성희 등 20여 명 단원과 함께 새로 출범하게 되었다.

새로 시작된 국립극단은 박진 단장의 연극철학대로 '웃으며 즐겁게'라는 슬로건을 내걸고 무겁고 고답적인 작품보다는 세미클래식으로 방향을 잡아서 〈백운랑〉(서항석 작, 박진 연출) 같은 진부한 희곡을 무대에 올리는 등 노력했으나 역시 작품난에 봉착했고 신진 작가에게 관심을 기울이지 않을 수가 없었다. 그리하여 소설가 천 승세의 〈만선〉이라든가 재미 소설가 김은국의 〈순교자〉, 그리고 하 유상의 〈여성만세〉 등을 창작극 발굴 차원에서 공연하였다. 그러다 가 3년여 뒤인 1965년에 다시 극단을 개편하여 변기종을 단장으로 하고 백성희, 김인태, 김김지 등등 새 진용을 짰던바, 자체 양성소 출신들이 여러 명 기용된 것이 특징이었다. 그러면서 여전히 정극 의 틀과 맥을 이어가려는 노력은 게을리하지 않았다.

명동 시대의 국립극단은 적은 예산에 허덕이는 가운데서도 차범 석의 〈산불〉과 같은 명작을 공연하면서 정체성을 지키려고 발버둥 쳤다. 이 무렵의 국립극장이 문화계에 한 역할이라면 1960년대에 크게 부상한 소위 동인제 극단들, 이를테면 실험극장을 위시하여 동인극장, 민중극장, 산하, 자유극장 광장, 여인극장 등에 극장을 대 여하여 연극 활성화를 꾀했고 전통예술, 무용, 오페라, 교향악 등 공 연예술 전반을 업그레이드하는 데 좋은 터전이 되어준 것이었다.

이러한 국립극장이 매각된다는 소문이 나기 시작한 것은 1967년 초부터였다. 항상 북한을 의식해야만 하는 정부로서는 평양의 거대 문화 공간들에서 이루어지는 목적극 활동을 염두에 두고 그에 필적 할 만한 문화센터의 필요성을 절감하여 장충동에 대형 건물을 짓기 로 했다. 그런데 10억 원의 예산을 정부가 감당하기 어렵다고 보고 명동극장을 매각하기로 한 것이다. 국립극단은 물론이고 재야 예술 단체들 모두가 유일한 활동무대를 잃는다고 반대 입장을 밝혔지만 결국 매각되고 당초 장충동의 거대 문화센터 구상도 예산 부족으로 극장 건물 하나만 달랑 세우는 것으로 끝나고 말았다.

장충동 시대

1967년 10월에 2년여 예정으로 착공에 들어갔던 신축 국립극장은 어려웠던 정치경제 상황에 따라 계속 지연되다가 예정보다 4년 늦은 1973년 7월에 가서야 겨우 완공되었다. 당시 시민문화회관보다는 작았지만 무대 넓이는 400여 평으로 최대였고 명동극장의 50여 평과는 비교도 되지 않았다. 3층으로 나누어진 1,500석의 객석 바닥에는 푸른 융단이 깔렸고 푹신하고 넓은 안락의자에 다리를 뻗을 수도 있었다. 무대는 회전 상하좌우 자동 이동식, 막간에 소요되는 시간이 절약되어 장면 전환이 빨라졌다. 대극장에서는 연극, 오페라, 발레, 교향악, 창극 등을 공연할 수 있게 했고, 소극장에는 당초 국악 연주를 주로 하는 우리 고전의 공연이나 소음악회를 올리는 것으로 성격을 규정했다.

신축 극장이 완공되면서 1973년 8월 26일 명동으로부터 장충동으로 이전하고 10월 17일부터 재개관 피로 공연으로 이재현 작, 허규 연출의 〈이순신〉(2부 15장)을 시작으로 하여 교향악 연주, 오페라 〈아이다〉, 무용 〈별의 전설〉(송범 안무), 창극 〈수궁가〉, 그리고 발레 〈선덕여왕〉(임성남 안무) 등을 차례로 무대에 올려 집들이를 했다. 한편 명동극장은 예술인들의 요청으로 잠시 예술극장으로 존속되다가 기업으로 넘어갔다.

장충동 신축 국립극장은 명동 시대와는 달리 대관극장이 아닌 명실 공히 전속 단체들의 전용 극장으로서 의무를 다하려고 애썼다. 그런데 전속 단체가 많다 보니 대극장과 소극장 두 개는 너무 비좁았다. 따라서 1980년대 들어서 열린 연극을 선호한 허규 극장장이 하늘극장을 만들었고, 2000년대 들어서는 김명곤 극장장이 옛 국악학교 건물을 별오름극장으로 만드는 등 극장 공간의 확대를 꾀해 왔다. 그러다가 신선희 극장장 시절에 와서 야외놀이식 극장에 뚜껑을 덮어 제대로 된 청소년 극장으로 탈바꿈시켰다. 그리고 임연철 극장장이 와서 신선희 극장장이 시작해놓은 한국 최초의 공연예술박물관을 확대 정착시켜 국립극장으로서의 체모를 완전히 갖추게 되었다.

이상과 같이 매우 어려운 환경 속에서 1950년에 개설된 국립극장은 일본인들이 지은 극장들, 이를테면 부민관으로부터 시작하여 대구 문화극장, 명동의 시공관 등 세 군데서 23년을 보내고 1973년에 와서야 겨우 우리 손으로 세운 어엿한 극장에 둥지를 틀 수 있었던 것이다. 그래서 우리나라의 국립극장은 한마디로 '풍운의 극장'이라고 이름 붙일 수가 있다고 하겠다.

방랑하는 국립극단

■ 국립극단과 명동예술극장의 통합 무산과 관련하여

새로운 정부가 시작되는 것은 대통령 취임사로부터 비롯된다고 할 수 있다. 따라서 대통령 취임사는 그 정부의 성격을 가름하는 가장 중요한 좌표가 된다. 돌아보건대 여태까지 '문화융성'을 주요한 국정지표로 내세운 경우는 박근혜정부가 처음이어서 문화인들은 새 시대가 도래하는가 싶어 가슴 부풀었다. 그러한 기대에 부응이라도 하려는 듯 정부는 곧바로 대통령 직속으로 문화융성위원회까지 설치함으로써 국민들은 문화융성을 어떻게 실천하는지를 지켜보기 시작했다. 그런데 1년 반이 가까워오도록 문화계에 별다른 변화가 없을뿐더러 오히려 퇴행적 행태까지 나타나서 뜻있는 문화인들을 의아하게 하고 있다. 그 한 가지 예가 다름 아닌 국립극단과 명동예술극장 통합안의 무산이라고 할 수 있다.

이 사건은 별거 아닌 것 같지만 우리나라 공연문화의 한 부분을 가름하는 것이어서 매우 중요한 의미를 지닌다고 하겠다. 이명박 정부의 문예 실책을 광정(匡正)하는 하나의 단초가 될 수 있기 때문이다. 이명박 정부가 잘못한 문화정책 중의 하나가 국립극단의 법인화와 함께 전속 단원을 해체하고, 그것도 모자라 60여 년 동안 본거지로 삼아온 국립극장에서 떼어내 서울역 뒤 작은 소방서 창고 같은 곳으로 쫓아보낸 것이었다. 그래서 장충동의 거대 극장은 네 개의 대소 공연장(해오름, 달오름, 별오름, 하늘극장)을 갖고 있음에도 불구하고 창극단, 무용단, 그리고 국악관현악단 등 단기 공연 단체만이 남아 싱딩 기간을 대관으로 때우고 있는 형편이다.

공연문화의 자존심, 국립극단

우리나라에 하나밖에 없는 64년 전통의 국립극단이 도대체 어떤 단체인가? 일제의 탄압과 해방 공간에서의 이념 갈등으로 산산조각난 민족연극을 추슬러 재정립하고 어려움 속에서도 이 땅에 순수 무대예술을 지키고 가꾸어온 빛나는 단체가 바로 국립극단이 아닌가. 당초 열악한 경제사정에도 불구하고 정부가 열일을 제치고 국립극장을 설립한 본뜻도 우선적으로 공연예술의 기본이라 할 연극을 살려야겠다는 것이었다. 그러한 정부의 의도대로 우리의 순수연극은 국립극단을 중심으로 발전되어왔다고 해도 과언이 아니다. 다시 말하면 국립극단이 60여 년 동안 건강한 순수연극의 지킴이 역할을 해왔다는 이야기다. 그런 국립극단이 제 극장에서 쫓겨나(?) 전속 배우도 없는 빈 껍데기 단체로서 마땅한 정처도 없이 떠도는 신세가 된 것이다. 솔직히 마땅한 극장이라도 없다면 몰라도 1960년대에 문화애호가들의 사랑을 받으면서 수많은 추억을 만들어주었던 명동의 국립극장이 예술극장으로 새 단장되어 비어 있음에도 불구하고 국립극단을 떠돌게 만들었다는 데 심각한 문제가 있다.

그 불합리함을 잘 알고 있던 새 정부의 문화관광부가 모처럼 제대로 된 통합안을 내놓은 것을 이번에는 기획재정부가 비틀어버렸다. 국립극단과 명동예술극장의 통합안을 무산시킨 기획재정부의 거부 사유가 너무 한심하고 기가 차서 말이 안 나온다. 2014년 6월 3일 3자『동아일보』김윤종 기자의 특종 보도에 따르면 "국립극단이 극장 자체를 소유해버리면 별 고민 없이 너무 쉽게 공연을 무대에 올릴 수 있다. 또 국립발레단, 국립합창단 등 다른 단체는 극장을 소유하고 있지 않아 형평성 차원에서도 문제가 있다"는 것이란다. 필자는 그 기사를 접하고 웃음부터 나왔다. 도대체 세계 어느 나라 국립극단이 극장을 소유하지 않고 명작을 만들어내고 있는지 알고 싶다. 세계적인 명작을 수없이 만들어내고 있는 프랑스 파리의 국립극단 코메디 프랑세즈가 그런가, 오스트리아 빈의 국립오페라극장이 그런가, 아니면 뮌헨의 국립극장이 그런가. 여태까지 듣도 보도 못한 기획재정부의 기발한(?) 논리에 의하면 국립극단은 유랑극단이 되어야 고민하면서 수작을 생산할 수 있다는 이야기가 된다. 한심하다 못해 기가 찰 노릇이다. 그동안 말로만 들어온 정부 내의 부처 이기주의란 바로 이런 것이구나 라고 생각하면서도 납득이 안 가는 부분이 있다.

부처 이기주의가 아니라 부처 발목잡기

솔직히 말해 문화관광부의 통합안을 무산시킨다고 기획재정부에 무슨 이득이 돌아가는 것도 아닐뿐더러 오히려 통합을 해야 재정적으로는 이득도 된다. 예를 들어서 현재 국립극단에는 전속 배우 없이 연출가와 기획 요원들 10여 명이 단체를 움직인다. 그리고 명동예술극장도 기획 요원들이 중심이 되어 있다. 그렇기 때문에 두 단체를 합치면 기획 요원을 상당수 감축할 수 있어서 예산 절감 요인이 생기므로 그 돈으로 좋은 배우들을 전속으로 둘 수도 있다. 이것이 필자가 기획재정부의 행태를 가리켜 부처 이기주의가 아니라 무지에서 오는 부처 발목잡기주의로 보는 이유다.

어느 나라나 국립극단은 공연문화의 얼굴이고 자존심이라 생각하여 정책적으로 육성, 보호한다. 그럼에도 불구하고 우리나라에 하나밖에 없는 전통의 국립극단이 관에서 세운 여러 개의 극장 중 어느 곳에도 둥지를 못 틀고 떠도는 신세가 되어 있다니……

그뿐인가, 엎친 데 덮친 격으로 지난 연말(2013년)에 임기가 끝난 예술감독 자리에 5개월이나 지나서 현장 예술인 아닌 평론가를 임명함으로써 연극계가 아직도 홍역을 치르고 있다. 국립극단이 내우외환에 봉착한 것이다. 이러한 지리멸렬한 상태에서 기획재정부가 통합안마저 무산시키니 국립극단은 공중분해 위기에 몰려 있는 처지다. 이러니 국립극단이 사설 극단들은 꿈도 못 꿀 연간 5, 60억원을 쓰면서도 그 영향력에 있어서는 일개 재야 극단만도 못하다는 이야기를 듣고 있는 것이다. 이런 국립극단이 과연 필요한 것일까?

또 한 가지, 기획재정부는 반대 사유로서 전용 극장을 갖지 못한 국립발레단 및 합창단과의 형평성 문제를 제기했다. 여기에 대해서는 필자가 약간의 설명을 덧붙이고 문제점을 지적해야 할 것 같다. 주지하다시피 서울에 변변한 극장이 없던 시절 명동의 국립극장은 연극뿐만 아니라 여타 공연예술 육성도 시급하다고 생각해서 1962년부터 창극단을 비롯하여 오패라단, 무용단, 가무단, 그리고 교향악단 등 8개 전속 단체를 둔 적이 있었다. 그러다가 1970년대 들어서 장충동에 신축 국립극장이 세워지고 세종문화회관도 개관되었으며 1980년대에 와서는 예술의전당까지 문을 열었으니 각 극장의 특장화 필요성이 제기되었다. 그로부터 교향악단은 KBS로 가고 가무단은 세종문화회관으로 이관되었으며 오페라단, 발레단, 합창단 등도 장충동을 떠나게 된 것이다.

그런데 문제는 당초 구상했던 대로 일이 제대로 이루어지지 않았다는 데 있다. 교향악단과 가무단은 그런대로 자리를 잘 잡았지만 오페라단과 발레단, 그리고 합창단 등은 어설픈 처지가 된 것이다. 왜냐하면 이들이 예술의전당의 전속이 아닌 상주 단체로 겨우 버티고 있기 때문이다. 이 문제도 정부가 심사숙고해야 할 사항이라고 생각한다. 정부가 예술의전당에다가 단군 이래 최초의 오페라 극장이라고 만들어놓고서 전속 오페라단 하나 두지 못하는 것도 이해 안 가는 부분이다. 그러니까 다 같이 나랏돈을 쓰면서도 예술의전당이 오페라단과 발레단 및 합창단을 상주 단체로 두는 건 괜찮고 전속 단체로 두면 안 되는 이유를 도저히 이해 못 하겠다는 이야기다. 이것이야말로 협량(狹量)한 부처 이기주의가 아닌가 싶다. 만약 법이 문제라면 고치면 된다. 헌법도 개정하는 판에 그까짓 극장의 자질구레한 법조항 하나 못 고치겠는가. 문제는 정부 당국의 의지에 있는 것이다.

함께 붙어다녀야 할 오페라단, 발레단, 합창단이 예술의전당 전속 단체가 되면 모양새도 좋을뿐더러 비용도 절감할 수가 있다. 왜냐하면 각 단체가 갖고 있는 동일한 기획 부서를 합침으로써 인원을 감축할 수 있고, 그렇게 절감한 예산을 좋은 작품 제작에 쓰면 일석이조 아닌가. 차제에 정부가 공연히 문화융성이니 뭐니 하면서 거창하게 허풍 떨지 말고 전국에 널려 있는 공연장들의 운영 문제만이라도 전반적으로 재검토해서 시대에 뒤떨어진 부분은 대폭 쇄신했으면 좋겠다.

국립극장과 국립극단의 갈 길에 대한 걱정

문화 선진국으로 꼽히는 유럽 대부분의 나라는 수도에 공연예술의 상징으로서 국립극장을 두고 있다. 물론 아프리카나 아시아권에도 국립극장을 가진 나라들은 꽤 있다. 그만큼 국립극장은 한 나라의 문화의 얼굴, 혹은 문화의 자존심처럼 생각해서 온전히 정부 지원으로서 좋은 공연예술을 창조해내는 단체이다.

우리나라가 해방 직후의 어려운 정치경제 사정에도 불구하고 열일을 제치고 국립극장을 설치했던 것도 문화예술이 나라 발전에 음양으로 적지 않게 기여한다는 것을 알았기 때문이다.

국립극장의 우울한 역사

그런데 우리나라가 외국과 달랐던 것은 저들이 수년씩 걸려서 잘 건축된 공연장을 국립극장으로 삼았던 것과는 달리 우리는 일본인들이 만든 극장, 즉 부민관(국제극장)과 메이지자(시공관)를 자그마치 20여 년 동안이나 국립극장으로 삼아왔던 사실이라 하겠다. 이 말은 곧 국립극장 개설은 시급했지만 우리에겐 그것을 지을 만한 경제력과 건축기술이 없었다는 이야기가 되는 것이다. 이런 경우는 아마도 세계에 유례가 없을 것이다.

그럼에도 불구하고 극장이 1950년 4월 개관되자마자 폭발적인 반응이 나타났으며 단 두 번 공연으로 식민지 시대의 변칙적인 공연 행태를 청산하고 해방 직후의 혼란을 정리할 수 있었다. 이는 국립극장의 위력을 단적으로 보여주는 것이다. 당초 국립극장 설치에 앞장섰던 문화인들이 내세웠던 명분도 일본 제국주의의 문화 잔재 청산과 훼손된 민족예술의 시급한 복구였음은 두말할 나위 없다. 설치령 제1조에 "민족예술의 발전과 연극문화의 향상을 도모"한다고 밝힌 것이 그 증거라 하겠다. 따라서 이러한 설치령에 따라 국립극장은 처음 전속 극단(신협)을 두고 극장 문을 연 뒤 차차 공연예술의 다른 장르 단체를 만들어나가기로 했었다. 아울러 지방(대구와 부산)에도 함께 설치하기로 하여 대구키네마와 부산 봉래관을 수리까지 했으나 예산 문제로 제외시킴으로써 지방 문화를 발전시킬 절호의 기회를 놓치기도 했다.

게다가 6·25전쟁까지 발발하여 모든 계획은 뒤로 미루어졌고, 결국 1957년 국립극장이 피난해 있던 대구로부터 환도한 후에야 비로소 새로운 방향을 잡을 수가 있었다. 즉 1962년부터 시작된 명동 시절에 국립창극단을 위시하여 무용단, 오페라단 등이 차례로 창단된 것이다. 명동 시대에는 공연예술의 대표적인 장르라 할 연극, 창극, 무용, 오페라 등이 제대로 자리를 잡았을 뿐만 아니라 동인제 시스템 사설극단들의 정착도 가능해졌다.

그리고 설치 23년이 지난 1973년도에 와서야 겨우 우리의 힘으로 지은 대형 국립극장을 가질 수가 있었다. 장충동에 대형 극장을 세우면서 교향악단을 위시하여 가무단, 발레단, 합창단, 국악관현악단 등도 새로 조직됨으로써 전속 단체 아홉 개를 품은 거대 국립극장이 된 것이다.

그러자 1천여 석의 대형 극장과 400여 석의 소극장을 가진 국립극장이 너무 많은 단체를 안고 있는 것에 부담을 느끼면서 하나둘 단체를 덜어내기 시작했고, 마침 세종문화회관과 예술의전당 등이 건립되면서 분산 정책이 속도를 낼 수가 있었다. 따라서 제일 먼저 교향악단과 가무단이 KBS와 세종문화회관으로 분산되었고, 1990년대 들어서는 발레단, 오페라단, 그리고 합창단이 법인화되어 예술의전당의 상주 단체로 둥지를 틀었다. 이로써 국립극장에는 네 개 단체만 남게 되었다.

국립극장의 파행

그런데 문제가 생긴 것은 이명박정부 들어서였다. 문화관광부가 국립극장의 주 단체라 할 극단을 법인화시켜 밖으로 내보낸 것이다. 물론 법인화는 시대 추세이므로 필자도 동의한다. 그러나 문제는 극단을 국립극장에서 완전 독립시킨 데 있다. 국립극단의 독립은 여타 단체들의 독립과는 성격이 완전히 다를 뿐만 아니라 국립극장 존립에도 절대적인 손상을 입히는 것이다. 당초 설치 목적이 법령에도 나와 있다시피 민족예술 중에서도 연극 장르를 우선적으로 발전시키기 위해서 만든 것이 국립극장이었다. 누가 뭐래도 연극이야말로 근대 무대예술을 이끌어온 대표적인 예술양식으로서 연극의 발전은 다른 장르 발전에도 적지 않게 영향을 미치기 때문에 서둘러 국립극장을 만든 것이었다.

그럼에도 불구하고 국립극단을 모(母) 기지에서 떼어낸 것은 달걀에서 노른자를 빼낸 것과 다름없고, 어떤 명분으로도 사리에 맞지 않는다. 만약에 장충동 국립극장보다도 시설이 더 훌륭한 새 공연장이라도 마련되어 그쪽으로 간다면 그것은 별문제이다. 그러나 서울역 뒤의 창고같이 작고 허름한 가건물에 국립극단이 들어가 있어야 할 이유가 나변에 있는가. 그뿐이 아니다. 극단이란 배우 조직임에도 불구하고 지금 국립극단 조직은 PD형 사무원들과 연출가만으로 구성되어 있어서 마치 기획사 같다는 좋지 않은 평판을 듣고 있다. 더구나 소극장을 주무대로 쓰고 있다 보니 국립극단이 창조해내는 작품들이 소품에 그치게 되고 전처럼 정극 무대의 롤모델이 될 만한 대형 작품은 만들어내기가 어려운 처지다. 물론 이따금 명동예술극장 등에서 큰 작품도 하고는 있지만 장충동 시절과는 거리가 있으며 이 나라에 하나밖에 없는 국립극단이 여기저기 돌아다니면서 공연하는 것도 모양새가 좋아 보이지 않는다.

더욱 문제는 국립극장 운영 자체에 있다. 현재 국립극장에는 야외극장 성격의 청소년 극장까지 있어서 세 개의 그럴듯한 공연장을 갖추고 있다. 그런데 이 거대 극장에는 현재 창극단을 비롯하여 무용단, 그리고 국악관현악단만이 전속으로 남아 있는 실정이다. 바로 여기서 큰 문제가 발생하는 것인데, 이유는 이들 중 1주일 이상 공연할 만한 전속 단체는 없다는 점이다. 가령 창극을 한 달 동안 공연할 수 있을까. 역사상 그렇게 장기 공연을 가져본 적이 없었다. 창(唱)을 오래 하기가 어려워서 불가능한 것이다. 그렇다고 단원을 무한정 늘릴 수도 없지 않은가. 무용도 마찬가지다. 춤을 그렇게 오래 출 수가 있는가. 관현악은 더 문제다. 레퍼토리도 문제지만 누가 그 유장한 국악관현악을 들으려고 극장을 그렇게 많이 찾겠는가. 그 점에서 장기 공연을 할 수 있는 단체는 오직 극단뿐이었다. 그런 단체를 국립극장에서 떼어낸 것이다.

그 결과는 초라한 성과가 잘 말해주고 있다. 지난해 국립극장을 찾은 연인원이 38만여 명이라고 한다. 서울 인구가 1천만이 넘고 국립극장에 한 시간 내외로 닿을 수 있는 거리의 수도권 인구 역시 1천만이 넘는다. 그런 국립극장이 1년에 고작 40여만 명의 관객을 불러모았다면 그 공연장의 인기를 짐작하고도 남는 것이다.

국립극장, 그 위상을 성찰할 때

여기서 잠시 과거로 돌아가보자. 국립극장이 처음 문을 열었던 1950년 4월의 개관 공연(〈원술랑〉)에는 3주일 동안에 수도 서울 인구(당시 40만 명)의 8분지 1이라 할 5만여 명의 관객들이 몰려서 문화계 사람들을 놀라게 했으며, 달포 뒤의 제2회 공연(〈뇌우〉)에는 6만여 명이나 극장을 찾았다는 기록이 있다. 물론 그 당시에는 오늘날처럼 볼거리가 흔하지 않았으므로 유일한 공연장인 국립극장을 찾은 이유도 없지는 않다. 그런 주변 상황을 감안한다 하더라도 오늘의 국립극장은 그 위상이 너무나 초라하지 않은가. 국립극장이 장기 공연 단체를 못 갖다 보니 뮤지컬 단체들에 많이 대관해 주는 것 같다. 그것도 문제이다. 당초 명동을 떠나 장충동 새 극장으로 이전하면서 대관 금지를 선언했었다. 국립극장이 대관 금지를 선언했을 때 재야 사설 예술단체들은 한동안 방황했었다. 왜냐하면 마땅한 공연장이 없었기 때문이다. 그런데 지금은 어떤가. 서울에 수백 개의 대, 중, 소 극장이 즐비하며 뮤지컬 전용관만도 서너 개나 된다. 굳이 국립극장이 뮤지컬 단체에 대관 안 해주어도 무방한 것이다. 하나밖에 없는 국립극단을 내보내고 대관으로 극장을 메우는 것은 국립극장이 할 일이 아니다.

선진국들의 국립극장은 그 나라의 자존심으로 여겨지고 문화의 얼굴로서 기능하며 최고의 문화상품을 만들어내고 있다. 그렇기 때문에 국립극장이 관광 코스에 들어가 있는 나라가 적지 않다. 국립극장은 앞으로가 더 문제이다. 세 개의 공연장을 365일 중 상당 기간 동안 대관으로 채울 것인가. 그것은 결코 국립극장이 갈 길이 아니다. 국립극장의 위상과 존립에 대한 깊은 성찰이 시급한 때다.

국립극단 예술감독이 뭐길래?

최근 우리 연극계를 뜨겁게 달구고 있는 매우 특이한 사건에 대한 소견을 밝혀보려 한다. 다름 아닌 국립극단 예술감독 선임에 관한 건이다. 지난 연말(2013년)부터 몇 개월 동안 공석으로 있던 예술감독에 배우나 연출가 아닌 평론가(김윤철 교수)가 임명되었다고 해서 연극계가 온통 난리(?)를 쳤던 것이 바로 그 일이다. 아마도 우리의 신극사상 대한민국이라는 국호까지 붙여서 범연극인들이 모여서 궐기대회를 하고 그것까지도 부족한지 100인 시위를 한다는 등의 요란을 떤 경우는 해방 직후 좌우익 이념 갈등 시대 외에는 없었을 것이다.

아니, 도대체 국립극단 예술감독이 뭐가 그렇게 중요하고 대단한 자리라서 이렇게 야단들을 치고 있는지 도무지 알 수가 없다. 주지하다시피 극단 예술감독은 2급 촉탁에 불과한 국립극장장이 재청하여 문화관광부장관이 임명하는 것으로 볼 때 그리 높은 자리도 아니다(법인화 이후에는 달라졌을 것이다). 그렇기 때문에 과거 예술감독 아닌 단장 시절에는 단원들 중에서 원로 배우나 연출가들이 맡아왔다. 가령 1960년대 초 원로 연출가 박진 초대 단장을 시작으로 하여 이해랑, 변기종, 김동원, 장민호, 백성희, 권성덕 정상철 등등이 바로 그들이었는데, 2000년대 들어 예술감독제로 바뀌면서 외부 극단의 대표급 연출가들인 오태석, 이윤택 등이 맡은 바 있었다.

그리고 법인화되면서 극단 미추의 손진책 대표가 3년간 별 탈 없이 예술감독직을 수행하고 물러났고, 2대 감독으로 평론가 김윤철이 임명되면서 사달이 난 것이다. 연극협회로부터 필자에게 온 이메일에 따르면 문제의 본질은 문화관광부의 소통 부재이고, 현장 예술가 아닌 평론가가 예술감독으로 임명된 것은 잘못된 것인 만큼 즉각 철회하라는 것으로 요약될 수 있다. 그런데 연극협회가 단순한 성명서 한 장으로 끝내지 않고 점점 항의 강도를 높여서 궐기대회와 100인 1인 시위로까지 확대해갔다는 데 문제의 심각성이 있다.

평론가냐, 연출가냐

솔직히 연극협회의 문광부 처사 비판에는 일리가 없는 것이 아니다. 왜 구태여 그동안의 관례(?)대로 현장 예술가를 임명하지 않고 연구를 전문으로 하는 평론가로 정했으며, 그것도 몇 가지 편법(그가 자료원장을 맡고 있었고, 그의 대학 정년인 2015년을 감안하여 1년간 비상임으로 한 것)까지 써가면서 김윤철을 임명했느냐는 것이었다. 외관상으로만 보면 문광부가 잘못한 것이 맞다. 그런데 필자가 들은 정보에 의하면 국립자료원은 문화예술위원회로 통폐합하기로 정해졌으므로 이사장 직책은 자동으로 없어졌으며 또 그동안 물망에 올랐던 몇몇 현장 예술가들의 검증 과정에서 약간의 문제가 수반되었기에 고육지책으로 김윤철이 임명되었다는 것이다 (처음에는 김윤철도 고사했다고 한다).

바로 이 지점에서 몇 가지 문제가 떠오르게 된다. 그 첫째는 평론가가 국립극단 예술감독을 맡아서는 안 되느냐이다. 물론 필자도 평론가보다는 관례대로 중견 연출가가 맡는 것이 합리적이라고 생각은 하고 있었다. 왜냐하면 연출가가 평론가보다는 연극 창조의 첨병이라 할 배우들의 사사로운 일정에서부터 무대미술, 조명, 의상, 음향 등을 담당하는 전문가나 대소도구 제작자들까지 평소에 잘 알고 있기 때문이다. 그러나 평론가도 열정과 노력 여하에 따라서는 창조자들을 잘 통솔할 수도 있지 않겠는가. 그러한 하나의 예가 서울시립극단을 무난히 운영한 바 있는 이태주 평론가의 경우다.

두 번째로 김윤철 개인에 대한 명예와 인권 문제를 거론하지 않을 수 없다. 모두가 알다시피 그는 연극 공부를 제대로 했고 한국인으로는 최초로 국제평론가협회장으로 수년간 활동해오고 있는 중진 평론가이다. 따라서 그는 국내외에서 수많은 작품을 보고 매우 중도적인 입장에서 좋은 글을 많이 써왔으며 책도 여러 권 펴낸 바 있다. 세계평론가협회장으로서 몇 달에 한 번씩 해외에 자주 여행하면서 지구촌 곳곳의 각종 연극을 관극해왔기에 적어도 세계 연극의 흐름을 그만큼 잘 알고 있는 연극인은 드물다. 그렇기 때문에 만약에 그가 예술감독직을 수행할 경우 그의 작품 선택 안목이나 해외 교류 같은 측면에서 어떤 연출가도 못해낸 것을 할 수도 있을 것이다. 더구나 그가 평소 사회적으로 비난받을 만한 부도덕한 일을 한 바도 없는데, 단순히 평론가라는 이유 하나만으로 연극협회 측에서의 반대 성명 차원을 넘어 공개적으로 그를 배제하는 성토대회(?) 같은 것을 하는 것이 온당한가. 그리고 해보다가 잘못하면 그때 가서 사퇴시키면 되는 것이 아닌가.

여기서 잠시 한국연극협회 정관을 들여다보면 제3조에 "연극예술의 창달 발전을 기하는 농시에 회원 상호간의 친목과 복리 증진을 도모함을 목적으로 한다"고 되어 있으며, 제4조의 사업 부분을 보면 1. 연극예술의 향상 보급 및 보존 2. 연극인 및 연극단체 지도 육성 3. 연극의 국제 교류 4. 연극상 제도 5. 경연대회 개최 6. 연극에 관한 출판 7. 공연에 수반하는 제반 사항 8. 기타 본 협회의 목적 달성에 필요한 사항 등이 열거되어 있다. 그러니까 협회 정관 어디에서도 일개 국립극단 예술감독 선임이 마음에 안 든다고 해서 지방의 바쁜 연극인들까지 여러 방식을 통해 불러 올릴 정도로 범연극인들이 나서서 규탄대회(?) 같은 집회를 가질 만한 항목이 보이지 않는다. 바로 이 지점에서 연극협회가 너무 오버하고 또 정치화되어가고 있는 것이 아닌가 하는 우려가 생겼다. 한발 더 나아가서 필자의 뇌리에는 일제강점기인 1940년 말 조선총독부가 한국 연극인들을 통제하기 위해 만들었던 조선연극협회의 망령까지 떠올랐다. 특히 '불통'이니 뭐니 하는 말은 요즘 정치계에서 자주 쓰는 용어이기도 해서 예술인들의 품격 있는 언사와는 거리가 있어 보였다.

그렇기 때문에 우리의 잠재의식 속에 자리 잡고 있을 수도 있는 그 원조격인 조선연극협회의 망령을 떨쳐버리기 위해서라도 협회의 운영은 비정치적적인. 즉 순전히 연극인들의 친목과 복지 증진에 주안점을 두고 운영해가는 것이 바람직하다고 생각한다.

다행히 한 가지 이번 소동에서 고무적인 것을 한 가지 짚으라면 연극협회가 과거에서는 찾아볼 수 없었던 국립극단 문제에 대단히 깊은 관심을 가지고 있다는 점이었다. 그런데 문제는 연극협회가 국립극단이 안고 있는 난제를 잘못 짚었다는 데 있다. 물론 현장 연극인들이 볼 때 평론가가 예술감독으로 선임된 것도 작은 문제는 아닐 수도 있다. 그러나 더 큰 문제는 따로 있다. 1950년 4월 신극 사상 최초이며 또 아시아에서도 처음으로 국립극장을 설치했고 민족연극 정립을 위해서 거기에 우선적으로 전속 극단(신협)을 두었다. 그런데 현재, 대한민국에 하나밖에 없는 60년 전통의 국립극단에 전속 배우(백성희 원로단원 외)가 없다는 것은 수치스런 일이다. 국민소득이 고작 5, 60달러였던 최빈국 시대에도 월급을 받고 연극을 하는 배우들을 10여 명씩이나 두었던 국립극단이 국민소득 2만 4천 달러로 선진국 진입을 눈앞에 둔 작금에 이르러 어떻게 되었는가? 정말 부끄러운 일이다. 그리고 그 국립극단은 지금 어디에 있는가? 연극과는 거리가 먼 서울역 뒤 밤이면 봄비 소리가 처량하게 들리는 가건물에 우거하고 있지 않은가. 적어도 연극협회가 한국 연극의 장래를 진정으로 걱정하고 있다면 그런 문제에 정면으로 대처해야 하지 않겠는가.

예술감독 선임이 문제가 아니다

그런 측면에서 보면 솔직히 예술감독 선임 같은 것은 극히 지엽적인 문제에 지나지 않는다. 국립극단에는 100여 명 가까운 유능한 배우들이 모여서 레퍼토리 시스템 방식으로 한국 연극의 중심을 잡아주어야 하는 것이다. 대학로에 영세한 군소 극단들이 수백 개 있으면 뭐하나? 그들이 좁쌀 같은 지원금을 받아서 소극장 공연으로 생계를 유지할 수 있는가? 전국 대학들에는 50여 개의 연극학과가 있다고 한다. 그들은 어떤 꿈을 갖고 배우 수업을 하며 또 졸업 후에는 어디로 가나? 만약에 좋은 대우와 존경을 받는 배우들의 집합체로서 한국 공연예술의 자존심이 될 만한 국립극단이 우뚝 서 있다면 연극 지망생들은 그 꿈을 향하여 매진할 것이 아닌가?

국립극단은 당장 장충동으로 원대 복귀시켜야 한다. 명동예술극장과 통합한다는 이야기도 들리지만 그것도 우습다. 당초 명동예술극장은 1960년대에 국립극장으로 썼던 공연장이 아닌가. 그러므로 그것을 국립극장 분관으로 정해서 극단이 전용 공연장으로 사용하면 되지 않는가. 그리고 국립극장 창설 당시 대구, 부산 등 대도시에도 두기로 했다가 예산 부족으로 무산된 바 있었다. 지금이 바로 그것을 실천할 때가 되었다. 필자가 예술의전당 이사장으로 있을 때 아이디어를 내어 만든 전문연(全文聯)은 지금 거대한 조직체로서 중앙과 지방 문화의 균형추 역할을 충실히 하고 있다. 따라서 그와는 별도로 지방 광역시에라도 국립극장을 두어 중앙과 연계 작업을 하면 비용도 절약하고 훈련과 정보도 공유하며 작품을 순회공연

시킬 수도 있다. 지방마다 잘 지어놓은 극장들이 넘치고 있으니 얼마나 좋은가. 지방 연극 발전을 위하여 이보다 더 좋은 방법이 있겠는가. 연극협회는 바로 그런 문제에 대안을 내고 정부와 대화하고 싸워야 하는 것이 아닐까. 정책 당국자들이여! 큰 안목을 갖고 머리를 좀 쓰시오.

잇다른 소극장의 폐관과 단성사의 종언

한 나라의 극장사를 보면 그 나라의 문명 수준을 어느 정도 가늠할 수가 있다. 가령 기원전 3세기 전에 이미 잘 건축된 야외극장을 가졌던 그리스는 서양 문화의 발원지임을 알 수 있고, 스웨덴 수도 스톡홀름에서는 400년이나 된 극장에서 아직도 연극을 공연하고 있다. 한편 250년 전에 만들어진 웅장한 부르크테아터가 예나 지금이나 한결같이 현대극을 레퍼토리 시스템 방식으로 운영하고 있는 것은 역시 오스트리아의 빈이 과거 찬란했던 오스트리아헝가리제국의 수도였음을 상징적으로 말해준다. 이처럼 극장 문화는 나라가 부강하고 문명화되어야 그 꽃을 피울 수 있다.

그렇다면 우리나라의 경우는 어떤가? 100년 역사를 가진 극장 하나 없고 제일 오래된 극장이라야 현재 국립극단이 갓 들어선 명동예술극장인데, 그것도 일본 건축가 이시바시 료스케(石橋良介)가 일제강점기인 1934년 영화관으로 지은 메이지자를 리모델링한 것으로서 고작 80여 년 역사를 지녔을 뿐이다.

그런 배경을 염두에 두고 우리나라 극장사를 되돌아보면 초라하기 이를 데 없다. 그런대로 근대 극장 모습을 갖추었다고 보는 궁내부 소관의 황실극장이라는 협률사가 문을 연 것은 1902년이었고, 그것이 민간 위탁의 원각사로 바뀌어 사용되다가 1914년에 소실되었으니, 겨우 12년의 생명을 유지했을 뿐이다. 그리고 그 시절에 사설 극장으로 문을 열어 1, 2년 혹은 5, 6년 정도 유지되다가 사라진 극장들이 네댓 개 된다. 개화기에 가장 생명이 길었던 극장은 12년 동안 정통 연희를 주로 공연한 광무대(1908~1930)였다.

소극장 폐관이 연극의 죽음인가

이러한 개화기의 극장 풍경을 염두에 두고 1세기가 지난 오늘의 극장 실태를 대비해보면 천지개벽이라고 말할 수 있을 정도로 전국에 세계적인 규모와 시설을 갖춘 극장들이 즐비하다. 그럼에도 불구하고 근자에 서울의 소극장 몇 개가 문을 닫았다고 해서 연극인 100여 명이 모여 점차 사라져가고 있는 꽃상여를 메고 거리를 행진하는 퍼포먼스를 벌인 매우 기이한(?) 사건이 있었다. 한국 연극사는 물론 세계 연극사상에서도 초유의 일이 아니었던가 싶다. 주지하다시피 현재 비좁은 대학로에 140여 개의 소극장들이 몰려 있다. 그런데 그들 중 소극장 하나가 유지 불능으로 문을 닫았다고 해서 한국 연극이 죽기라도 했단 말인가?

물론 소극장들이 적은 것보다는 많은 것이 좋을 수도 있다. 관객들이 다양한 작품들을 가까이에서 접할 수 있으니까. 그러나 오늘날 그 많은 소극장들이 연극사에 남을 만한 작품을 생산하고 있느냐 하는 의문도 가져봐야 한다. 사실 필자도 소극장이 몇 개 안 되었던 30여 년 전, 이번에 문 닫는 그곳에서 인상 깊은 작품 몇 편을 보고 리뷰를 한 적도 있다. 그러나 지하 소극장이라 시설은 열악했고 환기 문제라든가 화재 위험성 같은 것도 간과할 수 없었다. 그것은 가난한 연극인들로서는 어쩔 수 없는 한계이기도 했다. 특히 연극 팬은 거의 한정되어 있는 상황에서 소극장이 급팽창하고 극단들마저 분화되어 부실 공연이 양산됨으로써 관객을 사로잡을 만한 문제작을 찾아보기 힘든 것도 연극인들이 한 번쯤 심사숙고해볼 필요가 있지 않을까.

삼일로창고극장과 단성사를 회고하며

그리고 대학로소극장보다 훨씬 유서 깊은 삼일로창고극장만 해도 그렇다. 삼일로창고극장이 정식으로 문을 연 것은 1975년이지만 방태수 연출가가 극단 에저토를 조직하고 소극장 운동을 벌인 것은 한참 전이다. 그러다가 방태수가 후원자를 얻어 가건물 같았던 창고 밑바닥을 단원들과 함께 손수 파헤쳐가며 만든 것이 바로 삼일로창고극장이다. 그런데 역시 극장 유지가 어려웠던 차에 신경정신과 유석진 박사가 인수 개축하여 원로 연출가 이원경이 운영하면서 당시로서는 선진적인 PD 시스템으로 현대 연극사에 남을 만한 문제작들, 이를테면 〈뱀〉(장 클로드 반 이탈리 작)을 위시하여 〈고도를 기다리며〉(베케트 작), 〈영양 줄리에〉(스트린드베리 작) 등을 공연함으로써 화제를 모았었다. 특히 카프카의 소설을 각색하고 배우 추송웅이 출연한 〈빨간 피터의 고백〉은 당시로서는 매우 드문 장기 공연을 하여 소위 1인극 붐과 함께 연극 붐도 힘께 일으킴으로써 깊은 침체의 늪에 빠져 있던 연극계에 생기를 불어넣은 바 있다. 그래서 삼일로창고극장의 폐관은 대학로소극장의 폐관과는 비교가 안 될 만큼 아쉽다.

그러나 어쩌랴. 연극인들 스스로 좋은 작품을 생산하여 자립하지 못하는 수많은 소극장들을 정부가 유지시킬 수만도 없지 않은가. 바로 그 점에서 소극장들이 오늘날 새로운 연극사조를 만들어내기 위한 실험실 역할을 제대로 하고 있는가도 성찰할 필요가 있다고 본다.

필자가 특별히 아쉽게 생각하는 것은 유서 깊은 단성사의 폐관이다. 모두들 알다시피 단성사는 사설 극장으로서는 거의 최초라 할 1907년 6월 7일에 동문내(東門內, 현재의 종로구 묘동)에 2층 건물 (여성 관객은 2층, 남성 관객은 1층)을 개조해서 만든 극장이다. 지명근, 주수영, 박태일 등 3인이 "연예계를 발달시키기 위해서" 문을 연 것이었다.

문을 열자마자 기생이 주축이 되어 판소리를 비롯하여 민요, 무용, 재담 등 정통 예능을 매일 밤 연행함으로써 상류층의 사교장으로 이름을 날렸다. 그러나 경영이 어려웠던 단성사는 2년도 못 버티고 지주 출신의 이익우(李益雨)에게 팔렸고, 그도 역시 2년을 못 버티고 1911년에 최우석, 장기형, 박기영 등에게 경영권을 넘기고 말았다. 솔직히 그 당시 극장이 이득을 남기기는 불가능했었다. 그러자 일본인 다무라(田村)가 극장을 매수하여 경영의 귀재로 알려진 박승필에게 운영권을 맡기면서 영화 전용관으로 입지를 굳혔다.

박승필은 광무대를 전통 연희장으로 삼고 단성사를 영화관으로 정한 뒤 일본의 아마이쿠(天活) 영화사와 계약을 맺고 그들을 통하여 미국 유니버설 영화사나 프랑스의 고몽 영화사가 만든 새로운 영화들, 이를 테면 〈햄릿〉 등과 같은 셰익스피어 작품들을 상영하여 대중을 놀라게 했다. 오늘날 우리가 쓰고 있는 '현대'라는 용어도 단성사 광고의 문구였던 '현대사조'라는 데서 사용된 것이 처음이었다. 그만큼 단성사는 근대 문화사에서 매우 중요한 역할을 한 최첨단 영화관이었다. 특히 한국 영화사의 획을 긋는 춘사 나운규의 〈아리랑〉(1926년)을 상영했던 곳도 바로 단성사였으며 그 후로도 수많은 명화를 상영하면서 스타도 많이 배출했다.

그렇지만 우여곡절도 많아서 여러 번 화재로 새로 짓기를 반복했고 박승필이 과로로 1932년 타계하자 주인이 수시로 바뀌면서 해방을 맞았다. 해방 직후에는 영화와 연극을 가리지 않고 공연하다가 6·25전쟁이 끝나면서 다시 영화 전용관으로 면모를 갖추고 수많은 명작 영화로 대중의 사랑을 받기에 이르렀다. 그런 영화관이 108년 만에 폐관되는 것을 지켜보며 필자는 이탈리아의 산업사회 변화를 시정(詩情)처럼 묘사한 당대의 명화 〈시네마천국〉이 떠올랐고 동시에 인간사의 흥망성쇠를 생각하면서 슬픈 상념에 사로잡히기도 했다.

가령 실크로드를 따라가보면 한때 영광을 누렸던 수많은 왕국들과 촌락들이 모래벌판에 묻혀 있듯이 역사는 매몰차게 진화하고 무상함을 극적으로 보여준다. 이러한 역사의 변전에 따라 단성사도 역사의 뒤안길로 사라지는 운명에 놓이면서 한국인들의 아름다웠던 추억도 함께 묻히게 되었다 그렇기 때문에 우리가 너무 감상적으로 과거를 한탄할 것이 아니라 그 자취만이라도 후세에 전하는 일을 해야 한다. 단성사주가 그것을 어떤 상업적 용도로 쓰더라도 그 큰 건물의 한 모퉁이를 기념관으로 꾸며놓는다면 더 바랄 것이 없겠다.

지방 공연장의 나아갈 방향

공연장이란 이름 그대로 연극을 비롯하여 음악, 무용 등 다중을 상대로 하는 예능을 연행하는 집을 일컫는다. 그러니까 우리가 그동안 극장이라고 익숙하게 불러온 건축물을 의미하는 것이다. 그런데 우리나라의 경우 연극이나 음악 무용 등 공연예술의 역사는 서양 못지않지만 극장의 역사는 그들에 비해서 대단히 짧은 편이다. 왜냐하면 우리의 공연물은 특별히 건축된 공연장이 아니더라도 아무 데서나 연행할 수 있는 형태였던 데다가 농경사회가 오랫동안 지속되다 보니 유랑예능단체들만이 발달했기 때문이다. 그러니까 탈춤을 비롯한 민속예술은 야외에서 놀아도 별 어려움이 없었고 대부분의 유랑예술단이 갖고 다니는 공연물은 오히려 야외에 더 적합했던 것이다.

그러다가 19세기 말 개화기에 이르러 서양과의 교류와 서양 문물 유입에 따라 도시 형성도 빨라지면서 옥내 극장의 필요성이 대두되었고, 드디어 1902년 처음으로 옥내극장 협률사(뒤에 원각사로 개칭됨)가 등장했다. 관립극장 성격의 협률사에 이어 민간의 광무대까지 문을 열면서 이 땅에서도 모든 공연물이 극장 무대로 들어오는 공연장 시대가 열렸다. 그러나 그것도 일본 제국주의의 침략으로 지지부진하는 동안 일본의 대륙낭인들이 한국인의 호주머니를 털어가기 위한 수단의 하나로 전국에 영화관들을 백수십 개나 세운 것이다. 따라서 저들의 영화관을 고가(高價)로 빌려서 겨우 명맥을 이어와야 했던 우리의 연극 등 공연예술은 발전이 더딜 수밖에 없었다. 우리의 선구적 예술인들의 최대 꿈이 공연장을 갖는 것이었던 이유도 바로 그 때문이었다. 그러한 첫 번째 꿈이 1961년 광화문 앞에 문을 연 시민회관(현 세종문화회관)과 1973년 장충동의 국립극장 설립으로 이루어진 것이다.

그로부터 40여 년 만에 전국 대, 중, 소 도시들에 백수십 개의 크고 작은 공연장들이 세워져서 가히 공연장 과잉 시대가 도래했다. 그런데 문제는 중앙과 지방 간 문화의 균형적 발전을 위해서 너도 나도 만든 공연장들이 거기에 투입된 예산이 아깝지 않을 정도로 잘 굴러가고 있느냐는 것이다.

그렇지 못하다는 것이 중평이다. 우선 지자체들이 자기 고장 인구의 성향이나 지역적 특색을 감안하지 않고 크게만 지었기 때문에 쓸모가 없고, 효율성에 있어서도 거의 제 기능을 발휘하지 못하고 애물단지가 되어 있는 곳도 적지 않다. 더욱이 각 곳의 공연장들이 운영의 묘를 기하지 못하고 상당 기간 비워져 있거나 대관 극장으로 전락한 상태다. 왜 그럴까? 이유는 간단하다. 공연장을 모르는 공무원이나 비전문가들이 공연장을 틀어쥐고 앉아 있기 때문이다. 공연장은 아무나 앉아 있어도 자동적으로 돌아가는 곳이 아니다. 공장에 전문 기술자 아닌 일반 공무원들이 앉아 있으면 돌아가겠는가. 공연장도 마찬가지다. 우선 운영자가 연극, 음악, 무용 등 무대 예술을 알아야 하는 것은 기본이고 기획, 홍보, 마케팅에 이르기까지 전문가들이 요소요소에서 머리를 짜고 뛰어다녀야 공연장이 활기차게 돌아간다.

미국의 경우를 한번 살펴보자. 사실 미국도 전쟁 전까지는 뉴욕이나 워싱턴에 모든 문화예술이 집중되어 있고 지방 문화는 불모 상태였다. 그러다가 아이젠하워 대통령 시대에 와서 지방 문화의 중요성이 인식되면서 전국 각 도시에 공연장들을 세우기 시작했다. 그런데 운영 요원들이 없어서 공연장들이 제대로 돌아가지 않자 1960년대 들어 아메리칸대학에 공연예술학 분야의 전공을 설치하여 운영 요원을 길러내기 시작한 것이다. 영국도 런던시티대학에서 비슷한 시기에 그런 분야 인재를 양성해서 예술관 운영을 원활하게 한 바 있다. 우리나라에서는 1989년에 필자가 처음으로 대학원에 예술경영학과를 개설한 이후 여러 대학에서 비슷한 학과를 개설해 운영하고 있다. 이 말은 공연장 운영 인재는 상당수 확보되어 가고 있으나 문화예술기관들이 그들을 활용 못 하고 있을 뿐이라는 이야기다.

그 지방만의 독특한 운영법을 찾아라

전문가들이 조사한 바에 따르면 전국에 산재해 있는 공연장, 미술관 등에 필요한 전문 요원이 대략 8천 여 명 정도라고 한다. 그러나 현실은 딴판으로 돌아가고 있다. 지자체가 정착되면서 당선자를 위한 선거에 기여한 비전문가들이 상당수 문화기관에 취업함으로써 전문 인력이 발붙이기 어렵다. 따라서 해마다 배출되는 전문 인력 중 그 분야에 분야에 진출하는 사람들은 극소수에 불과하고 비전문가들이 문예기관을 좌지우지하는 시대가 상당 기간 지속될 것 같다.

그것은 앞으로 풀어나가야 할 문제라고 치고 지방의 공연장들은 당장 어떻게 가야 하는가? 오늘날 지방의 몇몇 지역은 공연장의 법인화가 이루어져서 중앙의 공연장 이상으로 잘 돌아가고 있다. 그러나 대부분은 옛날처럼 공무원들이 직영하고 있어서 진전이 없다. 국민의정부 때 시작된 문화예술기관의 법인화 작업이 더 이상 진전이 없는 상태이다. 공무원들의 자리가 줄어들 수 있는 법인화 작업을 서두를 이유가 없어서가 아닌가 싶다. 지방의 문예기관이 살려면 결국 법인화로 가는 길 외에 특별한 대안은 없어 보인다. 또 장기적으로는 그렇게 가지 않을 수 없을 것이다.

공연장의 기능은 크게 두 가지다. 그 첫째가 예술작품 창조와 그 보급이라고 한다면, 두 번째 기능은 문화예술 교육이다. 솔직히 지방의 공연장 운영자들은 고민이 많을 것이다. 대부분의 공연장들에 전속 단체가 없고 조명, 음향, 효과 등 무대를 실질적으로 돌리는 전문 기술자도 부족할 뿐만 아니라 예산까지 넉넉하지 않은 상황에서 천수백 석의 극장 무대를 365일 무엇으로 채우느냐는 문제이리라. 대관으로 메우려 해도 지방도시에는 아마추어 단체들만 존재할 뿐 수준 높은 전문 예술단체는 거의 없다. 바로 여기에 지방의 공연장들의 고민과 한계가 있는 것이다. 가령 지방 공연장에서 거금을 들여 서울에서 히트한 유명 오페라나 발레단 혹은 세계적인 교향악단을 초청했다고 하자, 본전이나 건질 수 있겠는가.

지방민들을 폄하하는 것이 아니라 우리나라 사람들은 나부터도 고급 예술이 생활화되어 있지 않다. 영화관은 몰라도 연극, 무용, 오페라, 교향악 등을 연주하는 공연장은 심리적으로 멀게 느껴지는 것이다. 이러한 소위 고급예술이 생활화되어 있다는 서양에서도 실제로 공연장을 드나드는 관중은 적은 편이다. 일찍이 서양 시민들의 성향을 조사한 브래들리 모리슨은 관객층을 네 부류로 나눈 바 있다. 시민의 3~5% 정도가 고정 관객층, 12~15%는 잠재 관객층, 30%가 무관심 관객층, 그리고 나머지 50~55%는 비토 관객층이라고 했다. 그나마 고급예술이 생활화되어 있는 선진 서양 국가 시민들의 성향이 이 정도다. 우리 시민들의 경우는 제대로 통계조차 나오지 않을지도 모른다.

그러기에 지방의 공연장들은 공연히 서울을 본딴답시고 겉멋을 부릴 게 아니리 장기적 관점에서 관객 양성에 나서야 한다. 가장 중요한 것은 공연장들의 목표 설정이다. 그것은 곧 문화복지라는 큰 목표하에서 차분하게 시민에 봉사하는 일이다. 극히 고전적이지만 공연장을 '현대의 사랑방' 차원에서 시민들이 친근하게 드나드는 공간이 되도록 만드는 작업이 시급하다는 이야기다. 사랑방이란 동네 사람들이 모여서 소통하면서 즐기고 배우며 쉬는 장소가 아닌가. 그러려면 우선 TV 드라마에 매달려 있는 주부들과 음습한 노래방에서 대중가요를 목청껏 부르는 중장년들, 노인정에서 온종일 세월을 낚고 있는 실버 세대, 그리고 스마트폰에서 눈을 못 떼는 청소년들을 어떻게 공연장으로 끌어들이느냐를 생각해야 한다.

그들이 좋아할 수 있는 공연 프로그램을 만들어내고, 그다음에 다양한 교육 프로그램을 짤 수만 있다면 이들은 자연스럽게 공연장을 찾을 것이다. 특히 청소년들과 실버 세대들을 위한 인문, 예술 강좌를 개설하고 국악이나 미술 실기도 교육받을 수 있도록 문턱을 낮추는 것이 바람직하다. 여기에는 많은 비용이 들지 않는다. 지방 도시에는 은퇴한 문화계 인재들이 많다. 이들을 봉사적 차원에서 활용하면 된다. 공연 프로그램도 중앙에 맞추지 말고 자기 고장의 특성에 맞춰서 짜는 것이 바람직할 것이다. 바로 이러한 점 때문에 공연장에는 아이디어 넘치는 전문 인력이 필요한 것이다.

우리나라 공연장의 제자리 찾기

개화기 이전에도 극장은 있었다. 오늘날 우리가 드나들고 있는 극장과는 형태와 활용 방식에 차이는 있었을지 모르나 여하튼 연극이라든가 무용, 음악 등 공연예술이 존재했던 만큼 드무나마 몇 곳에 극장 형태는 만들어져 있었다. 가령 정기적으로 궁궐 뜰에서 연행된 이동식 극장형 산대(山臺)가 바로 그런 전형적인 예라고 할 수 있다. 그러나 우리가 알고 있는 형태의 서양식 극장은 역시 개화기들어서서 비로소 생겨난 것이다. 1902년에 문을 연 궁내부 소관의 협률사(원각사로 개칭)가 바로 그런 서양식 극장의 효시였다.

그런데 협률사를 비롯해서 동시대에 생겨난 단성사, 연흥사, 광무대 등 극장들은 서양식을 본딴 것이라고 하더라도 외형만 모방했을 뿐 내부 구조 등에 있어서는 딴판일 정도로 후진적이었다. 그럴 수밖에 없었던 것이 축적된 기술도, 재정적 뒷받침이 없어서 어거지로 대충 만든 극장이었던 것이다. 게다가 일본 제국주의의 침략과 함께 대륙낭인들이 들어와 서민들의 주머닛돈마저 털어가는 수단으로서 영화관을 전국 각지에 세움으로써 우리나라 근대 극장사의 골간을 이루었다. 일본인들이 40여 년 동안 전국의 대소 도시들에 세운 극장은 무려 140여 개나 되었다.

우리나라에서 극장이라고 하면 으레 영화관을 떠올리게 된 것도 바로 이러한 식민지 시대 극장의 왜곡된 역사 때문이었다. 그러니까 연극 등 공연단체들도 일본인이 주인이었던 영화관을 빌려 고액 사용료를 지불하면서 울며 겨자먹기 식으로 막을 올려야 했던 것이다. 이것이 바로 우리나라 무대예술이 부진했던 원인 중의 하나였고, 예술인들의 최대의 꿈이 우리 손으로 제대로 만든 극장을 갖는 것이 된 이유이기도 했다.

당초 우리나라 사람들은 공연장 이름에 '협률사'나 '원각사'에서처럼 사(社) 자를 붙이거나 '광무대'에서처럼 대(臺) 자를 붙였다. 그러다가 1922년에 한국인 주도로 공연장을 만들 때부터 비로소 극장(조선극장)이라는 이름을 사용하게 되었다. 그 13년 뒤인 1935년에 조선총독부가 서울시민들의 문화복지를 염두에 두고 충정로에 대형 문화공간을 세웠는데, 그 명칭이 부민관(당시 서울의 공식 명칭은 경성부(京城府)였다)이었다. 그러니까 공연장 명칭에 관(館) 자가 붙기 시작한 것이 다름 아닌 '부민관'부터였다는 이야기다. 오늘날까지 공연장 명칭에 여전히 남아 있는 식민지 유산의 한 전형이 바로 '관'자 돌림이라고 하겠다.

두 번째로 남아 있는 식민지 유산은 공연장을 시대 및 사회 변화와 관계 없이 무조건 크게 다목적 홀로 만든다는 점이다. 다목적 홀이라는 것은 이름 그대로 하나의 건물로 여러 가지 목적을 달성하겠다는 것으로서, 기능보다는 효율성만을 염두에 두고 무조건 크게 만들어놓고 보자는 식이다.

세 번째로 관청에서 공연장을 지었으므로 당연히 전문성은 없어도 행정 관리가 운영해야 한다는 고집이다. 그런 식민지 시대의 나쁜 유산을 고스란히 물려받은 것이 바로 서울의 세종문화회관이었다.

한꺼번에 모든 것을 다 해치우려고 크게만 짓다 보니 비용도 많이 들 뿐만 아니라 활용성 면에서도 떨어질 수밖에 없다. 가령 4천 석에 가까운 거대한 세종문화회관에서 명배우 장민호나 백성희 또는 손숙의 명대사를 알아들을 수 있는 연극이 가능하겠는가. 무용도 마찬가지다. 뒷좌석에 앉아서 무용가의 아름다운 육체의 움직임을 보려면 망원경을 써야 할 것이다. 거대 세종문화회관을 지을 당시에 그 비용을 나누어 1천 석 내외의 연극 전용 극장, 무용 전용 극장, 음악홀 등 전문 공연장을 만들었다라면 우리나라 무대예술은 크게 향상되었을 것이다.

더욱 심각한 문제는 상당수 지방 도시들이 세종문화회관을 롤모델로 삼아서 전문화 시대에 걸맞지 않는 대형 다목적 홀을 지었거나 짓고 있다는 점이다. 20여 년 전 필자는 농어민이 대다수를 차지한 인구 15만의 어느 한적한 소도시에서 500억 원을 들여 대형 극장을 짓고 있는 것을 목격하고 기겁한 일이 있었다.

고급문화의 주종이 연극, 음악, 무용 등 무대예술인 만큼 지방 도시들이 어려운 재정에도 불구하고 공연장을 짓는 것은 장한 일이다. 그러나 과유불급(過猶不及)이라는 말이 있듯이 지나치게 거금을 들여서 대형 공연장을 지어놓은 지방 도시들에서는 막상 전문 공연단체가 없어 그 공간을 제대로 활용하지 못하고 있다. 그러니까 대형 공연장이 시민들에게 문화복지 혜택을 주기는커녕 건물 유지비만 연간 몇억 원씩 들여야 하는 애물단지로 변해 있는 지역도 여럿 있는 것으로 알려져 있다. 게다가 문화예술은 물론이고 경영면 전문 지식조차 거의 없는 일반직 행정 공무원들이 자리를 차지하고 앉아 있어서 어렵게 건립한 대형 문화공간의 문은 대부분 닫혀 있는 실정이다.

전문성 있는 공연장 운영을 위하여

다행히 15년 전 김대중정부 들어서 세종문화회관을 비롯한 수도권의 몇몇 문화공간들이 법인화되어 비교적 잘 운영되고 있다고 할 수 있다. 그렇다면 우리의 문화공간들이 앞으로 개선해야 할 부분은 무엇일까? 가장 먼저 생각해야 할 것은 일제 식민지 시대의 문화공간에 대한 개념과 인식의 혁파이다. 그러니까 정부나 지방자치단체들의 문화 인식이 과거 총독부가 대형 다목적 홀인 부민관을 지어 관리들이 운영했던 방식에서 벗어나야 한다는 것이다. 우선 다목적 홀은 오늘날과 같은 전문화 시대에 맞지도 않을뿐더러 활용과 경제성 측면에 있어서도 불편할 뿐만 아니라 낭비 요인이 많다. 그 점은 한때 유행했던 대형 뷔페 식당이 소형 전문 식당들에 밀려 사양길에 들어선 것에 비유될 수 있다.

다음으로 공연장의 명칭 문제이다. 가령 오늘날 가장 보편적으로 쓰고 있는 회관(會館)이라는 명칭은 총독부 시대의 부민관에서 유래한 것으로서 직역하면 '회의를 하는 관청'이라는 뜻이다. 관(館) 자는 집을 의미하되 일반적인 주택보다는 관청 건물을 지칭하는 면이 강하기 때문이다. 과거에 특수층이 드나들던 고급 요정들도 옥호에 관 자를 즐겨 쓴 적이 있었다. 가령 일제강점기 때 서울의 국일관이나 한일관 같은 것이 그 단적인 예이다. 우리가 자유로운 민주화 시대에 살면서 굳이 권위주의 시대의 고루한 구닥다리 명칭을 고수할 필요가 있겠는가. 다행히 근자에 서울의 '예술의전당'이 개관한 이후에 전당(殿堂)이라는 명칭을 사용하는 곳이 늘어나고는 있다. 그러나 전국의 200여 개의 문화공간 대부분은 여전히 회관이라는 명칭을 고수하고 있지 않은가.

오늘날 우리나라가 선진국 반열에 들어설 정도로 국력이 강해지면서 시민들의 안목도 높아지고 문화 감각도 대단히 높아졌다. 따라서 일제 식민 잔재는 많이 청산되어가고 있다. 하다못해 식민지 시대에 만들어진 동회(洞會)를 모두 '주민센터'로 바꾼 것도 좋은 예가 아닌가.

다음으로 시급히 해야 할 것이 공연장은 극장을 잘 아는 사람들이 운영하도록 해야 한다는 것이다. 바꾸어 말하면 문화예술에 대한 폭넓은 식견과 경영 능력을 갖춘 전문인들이 극장을 운영해야 한다는 이야기다. 가령 행정도 행정학을 공부한 사람이 잘 할 수 있는 것처럼 극장도 공연예술학과 경영학을 전공한 사람이 잘 할 수 있는 것은 명약관화하다.

각 지역의 공연장들에서 전문가들을 끌어들이려면 법인화가 전제되어야 한다. 예를 들어서 서울의 예술의전당은 특수법인화되어 있고 세종문화회관 등 수도권의 상당수 공연장들도 법인화되어 그런대로 잘 운영되고 있다. 그렇게 되려면 지방자치단체 관리들이 자신들의 자리 지키기보다는 자기 고장의 문화 창달을 먼저 생각해야 한다. 선민후사(先民後私) 정신이 있어야 한다는 이야기다. 결론적으로 말해서 문화선진국으로 발돋움하기 위해서는 가장 기초적인 토양부터 바꾸어야 하며 여기에는 획기적인 발상의 전환이 필요하다.

러시아 파르스극단 초청공연의 의미

많은 사람들은 왜 갑자기 러시아 파르스극단이 자랑하는 세계적 명작 〈판타지아〉를 경기도문화예술회관(현 경기도 문화의전당)이 초청해서 도민에게 보여주는지 의아해하면서도 경탄할지도 모른다. 그럴 수밖에 없는 것이 그동안 경기도민들은 같은 세금을 내면서도 서울 사람들이 누려온 문화서비스를 받아보지 못했다. 솔직히 우리나라는 수백 년 동안 중앙집권체제로 내려왔기 때문에 지방 사람들은 여러 가지 면에서 소외되어왔다. 특히 문화적 측면에서는 더욱 심했다. 과거에는 농경사회여서 그나마 민속문화라도 번창했었지만 산업사회 이후 도시화가 진행됨에 따라 지방은 문화적으로 피폐해질 수밖에 없었다. 특히 전통문화가 위축되고 서구적 근대문화가 문화의 주류가 되면서 지방은 점차 불모지가 되어갔다.

다행히 근자에 와서 지방 문화의 중요성이 부각되면서 정부가 광

역시는 물론이고 중소 도시까지 문화공간을 확대하는 정책을 펴나가면서 전국에 수백 개의 공연장과 뮤지엄이 생겨났다. 이렇게 문화 인프라가 조성되면서 문화 창조의 기본 바탕은 일단 마련되었다 볼 수 있다. 그러나 그런 하드웨어에 소프트웨어를 채워넣는 일은 전문가들이 해야 함에도 불구하고 대부분은 비전문 일반 공무원들이 운영권을 쥐고 앉아 있어서 문화공간이 제 기능을 못 하고 있었다. 다행히 중앙만은 세계의 주목도 받고 또 선진적인 관료들의 노력으로 주요 문화공간들을 공법인화해서 예술 창조에 역동성을 불어넣고 있다. 가령 예술의전당을 비롯해서 정동극장, 세종문화회관 등이 그런 본보기가 될 만하며 기업이 운영하는 극장으로서 엘지아트센터가 하나의 전범이 될 것이다.

그런데 여기서 굳이 이런 이야기를 꺼내는 이유는 10여 년 동안 지방의 평범한 문화공간으로 머물러 있던 경기문예회관이 요즘 일대 변신을 꾀하고 있으며, 그 조그만 징표로서 이번 공연이 이루어지고 있다는 것을 말하기 위해서이다.

경기도 문화 정책의 변화와 발전

오늘날 경기도는 여러 가지 면에서 눈부시게 발전하고 있다. 그것은 인구 증가라든가 산업지표가 잘 말해주고 있다. 그런데 지역 발전이라는 것이 단순히 산업 진흥만으로 이루어지는 것이 아니다. 거기에는 견고한 문화의 하부구조가 탄탄하게 받쳐주어야 하는 것이다. 그것을 가장 잘 간파하고 있는 사람들이 다름아닌 경기도를 이끌고 있는 지도부이다. 경기도지사를 중심으로 한 지도부가 지역

문화의 활성화를 위해 발벗고 나섰고, 그러려면 문화공간 확대와 함께 기존 문화공간에 역동성을 불어넣는 길밖에 없다는 것을 인식하고 이를 실천하고 나선 것이다. 그 단적인 예가 경기문예회관의 공법인화이고 국악당과 백남준미술관 건립 등이라 말할 수 있다 (2004년). 물론 문화공간을 공법인화했다고 해서 당장 활성화되는 것은 아니다. 그것을 효율적으로 운영할 줄 아는 전문가가 있어야 한다. 이를 간파하고 있는 경기도는 정동극장에서 탁월한 경영 능력을 보여준 홍사종 씨를 스카우트해서 문예회관의 대혁신을 꾀하도록 한 것이다.

어차피 도시화된 현대사회에서는 농경사회처럼 들판이나 마당에서 문화 창조가 이루어지지 않는다. 극장이라든가 뮤지엄 등과 같은 문화공간에서 창조와 만남이 이루어질 수밖에 없다. 그것이 바로 문화공간을 만들고 활성화시킬 수밖에 없는 이유이다.

그 점에서 경기도가 홍사종 씨를 스카우트해서 문예회관을 공법인화한 것이야말로 선진 행정의 한 예범을 훌륭히 보여주는 것이라 할 수 있다. 그로써 경기문예회관은 단 1년 만에 하루가 다르게 달라지고 있다. 우선 법인화라는 구조 변혁에서부터 예산의 대폭 증액, 그리고 전속 단체들의 활기와 그에 따른 관객의 확대 등 혁명적 탈바꿈이 이루어지고 있다. 경기문예회관은 자체 공연으로 만족하지 않고 구미 선진 예술단체들을 과감히 초청해서 타성에 빠진 국내 예술계에 자극을 주는 한편 도민들에게도 양질의 예술을 서비스하겠다고 나선 것이다.

사실 문화란 정서적으로 즐기는 것이다. 즐기는 동안에 카타르시스도 이루어지고 정서도 고양되며 인격 도야도 된다. 탁월한 작품일수록 당연히 그 강도가 더해진다.

주지하다시피 공연예술, 그중에서도 정통 연극 분야에서는 러시아를 능가하는 나라가 거의 없다고 해도 과언이 아니다. 모스크바 시내에만도 국립극장이 100개가 넘는 러시아는 세계 근대극을 이끌었고, 스타니슬랍스키라든가 메이에르홀트 등과 같은 탁월한 연출가를 배출한 나라인 것이다. 그들은 뮤지컬과 같은 상업극보다는 고도로 승화된 연극으로 세계인들을 감동시키고 있다.

연전에 엘지아트센터에서 많은 사람들을 감동시켰던 〈스노우쇼〉(2001, 2003년)처럼 이번에 경기문예회관이 초청한 〈판타지아〉(2004년)도 사실적 언어를 배제한 총체적 마임극이다. 그러나 이 작품은 마르소 등에서 볼 수 있는 프랑스형 마임극과는 상당한 차이가 있다. 일반적인 마임극은 배우에 전적으로 의존하지만 이 작품은 연기뿐만 아니라 음악, 미술, 대소도구, 색채, 음향 등 연극의 전 요소가 총동원되며, 특히 일상을 탁월하게 정서화했다는 데 그 요체가 있다.

언어를 떠난 연극의 매력

흔히 연극이라고 하면 언어를 생각한다. 그러니까 일정한 스토리와 플롯에 따라 배우가 이야기를 전개하고 이끌어가는 것을 연극으로 인식하고 있다. 물론 그것도 연극임에 틀림없고 또 우리가 매일 TV 드라마에서 그런 것을 접하고 있는 것도 사실이다. 그러나 그런 것만이 연극이 아니다. 진정한 연극은 언어보다는 언어를 넘어서는 각종 표현 방식을 모두 동원한 것이다. 놀아는 수화를 갖고도 의사소통을 충분히 하고 있지 않은가. 더구나 마임극에서는 분장, 표정, 율동과 같은 모든 표현 수단까지 동원됨으로써 사실적인 언어극 이상의 효과를 거둘 수 있다. 특히 이번에 선보이는 〈판타지아〉는 평범한 일상으로부터 찾아낸 소재를 통해 실존에 대한 깊은 성찰을 하고 있는 작품이다. 러시아인들의 일상에서 흥미로운 에피소드를 끄집어내어 총체적 마임극으로 승화시킨 것인데, 그 극적 환상 속에는 러시아인의 페이소스(憂愁)가 겹겹이 배어 있다. 표현은 비록 우스워도 그 이면에서는 슬픔이 샘솟는다는 이야기이다.

연극은 참으로 다양한 것이다. 사실적인 언어극만이 전부가 아니고 언어극 이상의 연극도 얼마든지 가능하다는 것을 이번 기회에 접하고 즐길 수 있다면 그것으로도 소기의 성과를 거둔 것이라 할 수 있겠다. 아무쪼록 이번 기회에 경기도민들이 무대예술의 진미를 만끽할 수만 있다면 더없이 반가운 일이고, 이를 계기로 해서 도민들이 앞으로 문화공간과 좀더 가까워진다면 경기도 더 나아가 한국 문화예술이 크게 신장될 것으로 확신한다.

절제와 금도, 그리고 한국 연극 중심 잡기

■ 40주년 맞은 산울림에 대한 소견

인간사에 있어 어떤 단체나 조직 등이 출범할 때는 대체로 소리가 요란하게 마련이다. 그들은 조국과 민족, 또는 사회 문화를 위해서 무엇을 어떻게 하겠다는 등 화려한 청사진을 제시하곤 한다. 특히 정치·사회 단체들이 요란해서 대중을 현혹시킨다. 그런 면에서 문화단체들은 좀 덜한 편이지만, 그래도 지난 시절 연극단체들도 대부분 출발할 때는 실천하지도 못할 그럴듯한 명분을 내걸었었다.

그런데 극단 산울림은 출발 때부터 조금 달랐다. 1969년 〈고도를 기다리며〉가 크게 성공을 거두면서 산울림이라는 극단이 어느 날 슬그머니(?) 그 모습을 드러냈는데, 창립 공연 프로그램을 들여다보아도 별다른 이야기가 없다. 당시 동인제 시스템이 유행할 시절이었지만 산울림만은 PD 시스템 비슷하게 아주 느슨한 단체였던 데다가 무엇을 특별히 내건 바가 없었기 때문에 처음부터 매우 조용한 편이었다.

그런 산울림이었지만 출발부터 문제작들을 쏟아내기 시작하더니 드디어 40년 동안 흔들림 없이 초지일관 그 수준을 지켜냄으로써 세계에까지 이름을 드날리고 있다. 이처럼 산울림이 요란스럽지 않고 극히 평범해 보임에도 불구하고 군더더기 하나 없는 명품의 산실로서 한국 연극의 중심축으로 우뚝 선 것은 연출가 임영웅 대표의 개인적 성향과 능력, 그리고 예술관에서 비롯되지 않았나 싶다. 산울림은 그런 임영웅의 분신 그 이상도 이하도 아니다.

극단 산울림을 대표하는 연출가 임영웅

모두가 알다시피 임영웅은 수십 년 동안 연극사에 남을 만한 문제작들을 수없이 만들어냈으면서도 프로그램에 자신의 작품이 어떠니 연극철학이 어떠니 하고 장황하게 이야기를 늘어놓은 적이 없다. 이는 사실 함량 미달의 작품을 내놓으면서도 설명만은 그럴듯하게 늘어놓는 연출가들과 다른 점이기도 하다. 그만큼 그는 '작가는 작품으로 말할 뿐'이라는 신념을 일관되게 지켜온 연출가다. 그의 또 남다른 점은 희곡이 마음에 들지 않으면 취택하지 않을 뿐 원작에 일절 손을 대지 않는다는 것이다. 어떻게 보면 난삽하기 이를 데 없는 〈고도를 기다리며〉에서 단어 하나 빼지 않은 그의 고집이 그 점을 잘 말해주고 있다. 이 점도 원작을 난도질하기 일쑤인 연출가와 다른 점이다. 그렇다면 임영웅이나 산울림이 정통 보수로서 머물러 있는 것인가? 그렇지만도 않다. 솔직히 그가 평생을 걸고 끊임없이 재창조하고 있는 〈고도를 기다리며〉를 자세히 들여다보면 다양한 실험적인 요소가 구석구석에 배어 있다. 그리고 그와 그의 문하생들이 실험이라는 말을 쓰지 않을 뿐 이따금 대단히 모험적이라 할 만한 작품을 내놓고 있지 않은가.

그러나 무엇보다도 그와 산울림의 장점은 뚜렷한 역사의식에 있다. 그 역사의식이라는 것도 두 가지 측면에서 설명할 수 있겠는데, 하나는 현대사에 대한 괴로운 성찰이고 다른 하나는 '연극사의 건강한 맥 잇기'이다. 그는 우리 현대사에서 가장 격동하던 1970, 80년대와 90년대를 거치면서 연극이 어떤 사회적 기능을 해야 하는가를 작품으로 말했고, 상업주의와 어설픈 실험연극이 뒤엉켜서 연극판이 혼란스러울 때도 그는 흔들리지 않고 치열한 장인정신으로 연극의 격(格)을 지켜냈다. 이런 일은 사실 정부의 지원을 받는 관립단체가 해야 할 일이었지만 그가 신촌의 조그만 극장에서 사설 단체 산울림을 이끌고 그 일을 해낸 것이다.

그렇게 볼 때, 해방 전후에 유치진이 해내고, 6·25전쟁 이후 이해랑이 해냈던 연극운동을 1970년대 이후에 그가 계승한 것이라고 할 수 있다. 유치진이 극예술연구회를 이끌면서 연극의 사회적 기능에 치중하고, 이해랑이 신협을 이끌면서 삶의 성찰에 주력했다면, 임영웅은 사회와 인생을 변증법적으로 조화시켜보려 한 듯하다. 그것이 또한 우리 시대 연극이 지향해야 했던 방향이기도 하다.

그가 현대 연극사의 바람직한 도정에 설 수 있었던 데는 산울림의 또 한 축인 공동대표 오증자 교수의 역할이 컸다. 그러니까 사회성이 강한 현장주의자인 임영웅에게 인문학적 보완을 해주고 있는이가 바로 불문학자 오증자가 아닌가 싶다. 1980년대 중반에 오 교수가 공동대표로 극단에 깊이 관여하면서 페미니즘 바람을 불러일으켰고, 이것은 곧바로 중년층 여성들뿐만 아니라 일반 관객의 확대로도 이어졌다.

임영웅과 산울림이 한국 연극의 방향타를 확고하게 틀어쥐고 있으면서도 거기에 안주하지 않고 소극장의 기능과 역할에도 충실하려고 애쓰는 것은 바람직한 일이다. 극작가 캐내기와 연출가 키우기, 그리고 스타배우 만들기 등을 하면서 극단이 슬럼프에 빠지지 않도록 간간이 실험 작업도 하고 있는 점에서 그렇다.

역사는 적절한 시기에 매우 필요한 인물이나 단체를 등장시키는 것 같다. 한국 현대 연극사에서 1970년대 이후에 임영웅과 산울림을 등장시킨 것도 어떻게 보면 역사의 필연 같다. 따라서 산울림과 임영웅에게는 고달프겠지만 우리 연극의 중심축으로서 앞으로 50주년, 60주년도 건강하게 버텨주었으면 좋겠다.

축! 국립아시아문화전당의 개관

이 글을 쓰고 있는 시기에(2015년) 광주광역시에서는 전 세계의 활기 넘치는 대학생들이 함께 어울려 스포츠 기량을 겨루고 있다. 웬만한 나라에서는 한 번도 개최하기 힘든 유니버시아드 대회를 우리나라에서는 이번까지 세 번째나 개최하고 있다. 세 번째 개최지인 빛고을 광주는 그 점에서 세계적인 도시로서 손색이 없다고 할 수 있다. 물론 광주는 그전부터 전통 있는 비엔날레라는 미술제전으로 전 세계에 각인되어 있었다. 그뿐만 아니라 광주는 가을 들어서는 세계 최고 수준의 광대한 공연장인 국립아시아문화전당까지 개관함으로써 이제는 단순히 한국의 한 지방도시로 머물지 않고 문화도시로서도 지구촌 사람들의 주목을 끌게 되었다.

주지하다시피 아시아문화전당은 노무현 정부 때 계획되어 이명박 정부를 거쳐(2008년 6월 기공식), 박근혜 정부에 와서야 개관에 이르는, 10여 년의 우여곡절을 겪은 끝에 비로소 햇빛을 보게 되었다. 사실 거대한 공연장을 제대로 지으려면 10년은 족히 걸리기도 하지만, 아시아문화전당 건축에 유독 긴 시간이 걸린 데는 정파적인 이해관계가 없지 않았기 때문으로 보인다.

단군 이래 최대의 공연장

여하튼 단군 이래 공연장으로서는 여러 가지 면에서 최대 역사(力事)라 할 아시아문화전당을 오래전부터 예향으로 내려온 지방도시 광주에 건립한 것은 하나의 역사적 사건이며 잘만 운영하면 한국 문화를 획기적으로 발전시킬 수 있는 토대가 될 것이므로 대단히 중요하다. 필자가 아시아문화전당을 가리켜 세계 최고 수준의 공연장이라고 지칭한 것은 규모나 예산 투입, 그리고 독특한 구조 때문이다. 솔직히 한 지방도시에 우리의 전체적 국력에 비추어서는 조금 과하다 할 정도로 많은 건립비(7,031억 100만 원)를 투여한 아시아문화전당은 공연장 배열에서부터 독특하다.

물론 링컨센터가 음악학교를 두었다든가 퐁피두센터가 유명한 도서관을 둔 경우도 없지는 않지만 아시아문화전당은 극장 세 개와 함께 문화창조원, 문화정보원, 민주평화교류원, 그리고 어린이문화원 등 5개 원으로 구성된 것이 매우 이색적이다. 민주평화교류원은 5·18민주화운동의 성지에 지은 곳이기 때문에 아카이브 구실을 할 것으로 예상되는데, 세계 어느 나라 공연장에서도 찾아볼 수 없는 공간이어서 흥미롭다. 그런데 이 색다른 공간이 5·18민주화운동을 기념하는 아카이브 구실을 해야지 그 이상 어떤 형태의 이념이나 정치운동의 본거지로 변질되면 아시아문화전당은 예술 창조력이 약화되고 시민의 외면을 받을 가능성도 없지 않다.

아시아문화전당이 공연 활동에 중점을 두기보다 예술과 과학을 접목한 미래지향적 콘텐츠를 개발 준비하는 문화창조원을 설치한 것을 비롯하여 아시아 전체의 유무형 문화자원을 수집 연구하는 문화정보원을 둔 것도 색다르지만, 무엇보다도 극장의 교육 기능을 강화한 어린이문화원을 설치한 것이 긍정적이라 여겨진다.

아시아문화전당의 성패는 궁극적으로 그 운영에 달려 있다. 왜냐하면 건물과 시설 자체가 문화는 아니기 때문이다. 전국의 여러 도시에는 현재 어디에 내놓아도 손색없는 첨단 시설의 대형 문화공간이 100개 넘게 있지만 제구실을 하는 극장은 몇 개 안 된다. 오히려 예산만 축내는 애물단지도 적지 않다. 아시아문화전당도 운영 여하에 따라서는 그렇게 되지 않는다는 보장이 없다. 물론 아시아문화전당특별법(아특법)이 의회를 통과했기 때문에 한동안은 안정적으로 운영될 것이다. 이 아특법이 의회를 거치는 데서도 정파적인 우여곡절이 많았다. 국가 균형 발전책의 하나로 탄생된 문화공간 운영 방법을 놓고도 여야당이 확연하게 갈린 것이야말로 아시아문화전당의 앞길이 순탄치만은 않을 것 같다는 예감을 불러일으킨다.

운영을 두고 여야의 의견은 정부 직영으로 하느냐 정부의 지원을 받는 민간 운영으로 하느냐로 갈렸다. 정부와 여당은 세계적 추세에 맞춰 재단법인화하여 민간 전문가들로 하여금 운영토록 하겠다는 것이고, 반면 야당 측은 정부 직영으로 공무원들이 운영하는 것을 선호한 것이다(아특법을 읽어보지 못해 확실히는 알 수가 없다).

그러나 한 가지 분명한 것은 양쪽이 모두 일리가 있다는 사실이다. 즉 전술한 바 있듯이 법인화는 세계적인 추세로서 우리로서도 이미 국민의정부 때 세종문화화관을 필두로 하여 점차 확대해가고 있는 중이다. 전문성과 창의성, 그리고 효율성 측면에서 법인화가 가장 합리적이라는 것이 선진국들의 생각이다.

그럼에도 불구하고 국민의정부의 정책을 계승한 오늘의 야당은 반대로 국립박물관 등과 같이 정부 직영을 해야 재정과 조직의 안정을 꾀할 수 있다고 보았다. 이러한 야당의 주장은 정파의 이해관계를 떠나서 현실 상황을 감안한 합리적인 것이라고 말할 수도 있다. 왜냐하면 아시아문화전당이 공연 활동보다는 교육, 연구, 아카이브, 그리고 어린이문화원에서 볼 수 있듯이 미래 인재 키우기 등에 주안점을 두고 있는 데다가 겨우 인구 150만 명의 중형 도시에서 재정자립도를 기하기는 어려워 보이기 때문이다. 그러니까 야당은 당장 법인화하면 아시아문화전당은 몇 년 못 버틸 것이라 우려한 것이다. 그처럼 막대한 나랏돈을 투입해서 모처럼 잘 세운 아시아문화전당이 제구실을 못 한다면 균형 발전이라는 본래의 목표도 달성할 수 없을뿐더러 국가적 손실도 크다.

정치를 떠나 오직 문화의 창달을 위해

필자의 소견으로는 그동안 낙후되고 예향으로서도 전통 있는 광주에다가 훌륭한 문화공간을 세운 것은 잘했다고 하더라도 인구 150만의 중형 도시인 데다가 중앙으로부터도 접근성이 떨어지는 지역(공연은 주로 밤에 이루어지므로)에 너무 방대한 규모의 문화공간을 세운 것이 아닌가 싶다. 솔직히 전속 단체도 없는 아시아문화전당이 2천 석의 대극장과 500석의 중형 극장 두 개를 장기적으로 어떤 프로그램으로 메울 수 있을 것인가? 지역상 관객 동원에 한계가 있기 때문에 대관조차 여의치 않을 것이다. 물론 한두 달 정도는 국제적인 행사로 화려한 조명은 받을 수는 있을 것이다. 아특법이 의회를 통과했으니 충분한 예산도 확보된 상태다. 그러나 국제 행사는 한시적일 수밖에 없으므로 남은 과제는 장기 플랜과 인적 인프라 문제이다.

그러니까 인적 조직이야말로 아시아문화전당이 풀어야 할 최대 과제라는 이야기다. 근자에 일부 보도에 따르면 아시아문화전당이 국립인 만큼 400여 명의 공무원이 상주할 것이라고 한다. 문화관광부나 행정자치부, 또는 기획재정부 등에서 상당수 파견(?)될 것으로 보이는 행정 공무원들이 예술 창조와 예술 교육 등을 어떻게 효율적으로 수행할 것인가 하는 의구심을 떨칠 수 없다.

따라서 아시아문화전당의 가장 큰 과제는 유능한 인재들을 찾아서 활용하는 일이다. 그렇다면 어떤 인재들을 모아야 할까? 첫째, 사장의 직급은 차관 이상으로 하고 국내외에서 가장 유능한 인재를 영입해야 한다. 둘째, 인사에 있어서 전문성을 최우선으로 하고 정치적 입김을 완전히 차단해야 한다. 세 번째로는 지연, 학연, 그리고 정파성 등을 초월하여 공명정대하게 일할 수 있는 인재들이 모여서 마음껏 일하도록 분위기를 만들어주는 것이다(지역적 배타성을 가장 경계해야 한다). 넷째, 전국 최고의 인재들로 구성된 전속 단체나 상주 단체를 두고 일단 연중무휴 공연을 내걸 필요가 있다.

마지막으로, 아시아문화전당도 점차 법인화로 나아갈 수밖에 없다고 본다. 그래야만 매너리즘에 빠지지 않고 활기를 잃지 않을 것이기 때문이다.

국립아시아문화전당의 발전을 기원하며, 개관을 진심으로 축하하고 싶다.

서울시극단은 정체성 확립부터

연극이 생활화되어 있지 못한 우리나라의 1천만 수도 서울에 변변한 극단 하나 없다는 것은 슬픈 일이라며 연극계 몇몇 인사들이 입을 모았던 것이 어제 같은데, 벌써 서울시립극단(현 시울시극단)이 10주년을 맞았다니 새삼 세월의 빠름을 실감하지 않을 수 없다. 당시(1997년) 시립극단 창단에 앞장섰던 원로 극작가 차범석 선생은 이미 고인이 되어 고향에 잠들고 그를 기념하는 문학관까지 만들어졌으니 속절없는 세월이 얼마나 무상한가.

시립극단 창단 과정에서 시장이 교체되고 그와 함께 한때는 무산 위기에까지 갔다가 연극인들의 끈질긴 요구로 결국 만들어지고 오늘에 이르렀음을 몇 사람이나 알고 있을까. 서두에 이런 이야기를 하는 것은 당초 우리가 큰 기대를 가지고 시립극단을 추진했던 이상과는 너무나 거리가 멀 정도로 그 활동의 폭과 깊이가 없고 극단이 있는지 없는지조차 알 수 없을 정도로 부진한 것을 개탄하기 때문이다.

당초 필자는 시립극단이 그 색깔과 활동의 양과 질에 있어서 국립극단과 양대 산맥을 이루었으면 했었다. 그런데 시립극단이 오늘날 국립극단과 마주할 만한 위치에 있는가. 우선 국립극단에는 한국을 대표할 만한 뛰어난 배우들을 포함해서 30여 명의 배우가 포진해 있다. 그리고 명작극장이다 뭐다 하면서 중후한 작품을 많이 만들어내고 있다. 반면에 시립극단에는 어떤 배우들이 몇 명이나 있으며 연간 몇 작품이나 무대에 올려서 연극을 좋아하는 시민들을 감동시키고 있는지 알 수가 없다. 심하게 말해서 필자는 시립극단이 세종문화회관의 명목상 장식품 정도로 머무른다면 그 존재 의미는 없다고 보는 입장이다.

그래도 시립극단이 출발은 괜찮았다. 그런데 세월이 흐르면서 점점 그 활력을 잃어갔다. 왜 그랬을까부터 따져나가야 한다. 일차적으로는 아무래도 극단이 생산해내는 작품이 주목받지 못한 때문일 것이다.

시립극단의 계속되는 악순환

만약 시립극단이 명작의 산실이었다면 오늘날 저런 꼴이 되진 않았을 것이다. 물론 극단이 명작을 만들어낼 수 없는 여러 가지 악조건을 짐작한다. 전속 배우와 예산의 부족이 아마도 가장 큰 문제일 것이다. 무대예술의 왕이라 할 연극에 대한 이해 부족의 극장 책임자들이 세종문화회관을 운영하는 데서 오는 한계를 개탄할 수밖에 없다. 반면에 극장 책임자들은 예산을 배정하는 시의 공무원들을 원망할지도 모른다. 이러한 악순환 탓에 대서울의 시립극단 하나 번듯하게 만들지 못한 것이 아니겠는가.

시립극단은 극단 운영을 맡은 몇 사람이 발버둥친다고 훌륭한 단체가 되는 것은 아니다. 바로 그 때문에 근본적인 대책이 서울시 차원에서 세워져야 한다고 본다. 그러니까 명목상으로 근근이 유지시킬 것인가 아니면 국립극단에 대적할 만큼 획기적으로 발전시킬 것인가 하는 보다 근본적인 고민이 있어야겠다. 궁극적으로는 문화계의 재원을 얻어서 극단 사람들이 진퇴를 걸고 단체의 획기적 발전책을 시 당국에 제시하고 승부를 걸어야 한다.

혁명적 전환 없이는 미래도 없다

그리고 극단 측에서 반드시 해야 할 일이 있다. 그 첫째가 다름 아닌 시립극단만이 지닌 정체성 만들기이다. 그러려면 특정 단체가 윤리 기준을 만들듯이 시립극단은 명확한 창작 기준을 만들어야 한다. 시립극단이 그동안 해온 레퍼토리나 작가, 연출가, 무대미술가 등을 살펴보면 뭔가 일관된 것이 없다. 창작극이나 번역극에 어떤 특징이나 일관성이 보이지 않는다는 이야기다. 이는 특별한 기준 없이 그때그때 단장의 기호나 단원들의 요구에 따라 즉흥적으로 취택해온 데 따른 결과라고 볼 수 있다. 바로 그 때문에 시립극단만의 색깔을 만들어내지 못하게 된 것이다. 그런데 필자의 생각으로는 시립극단의 방향은 보수적이어야 하지 않을까 싶다. 왜냐하면 오늘날 우리 연극이 실험이다 뮤지컬이다 뭐다 해서 뚜렷한 목표

없이 상업주의만 만연해 있을 정도로 무색무취한 혼란 상황에 빠져 있다고 보기 때문이다. 따라서 시립극단은 정극의 본산이 되었으면 한다. 하나밖에 없는 국립극단마저 근자에 이상하게 흘러가고 있기 때문에 국립 단체가 못해주는 정극의 교본을 시립극단이 만들어준다면 연극계뿐만 아니라 시민의 사랑을 받을 수 있을 것이다. 그러니까 고전으로부터 시작하여 근대, 그리고 현대에 이르는 명작을 장기 계획을 세워서 제대로 무대 위에 형상화시키는 작업을 해주는 한편 창작극에 대해서도 우리의 연극 유산을 발굴하는 자세로 임하되 신작도 간간이 올렸으면 한다.

거기에 못지않게 중요한 것은 연출가와 무대미술가의 선택이다. 물론 여기에도 문제가 따를 것이다. 좋은 연출가가 드문 처지에 입에 맞는 연출가를 선택하기란 쉽지 않을 것이다. 그러나 충분한 연출료를 지불하고서라도 시립극단의 정체성에 맞는 연출가를 선택해야 한다. 그 점에서는 무대미술가나 음악가 등 제작진도 예외가 아니다.

결론적으로 말해서 시립극단이 10주년을 맞는 이 마당에서 존폐를 걸고 혁명적 전환점을 찾지 못한다면 앞으로 15주년을 맞기조차 힘겨울 것이다. 시립극단의 건투를 빈다.

제4부

무대의 황홀

세 명장이 부르는 황혼의 만가

■ 오증자 작 〈나의 황홀한 실종기〉

우리 연극계에 오랜만에 '매우 특이한 공연' 한 편이 선을 보여서 염량세태에 찌든 장년 관객들을 감동시키고 있다. 여기서 필자가 이를 가리켜 '매우 특이한 공연'이라고 한 것은 원로 인문학자가 처음 희곡을 쓰고, 그의 부군이 병마를 이겨내고 연출을 맡았으며 연기 생활 50년을 맞은 당대의 여배우가 주연을 맡아 만들어낸 작품이기 때문이다.

한평생 프랑스 문학(시, 소설, 희곡), 그중에서도 부조리극을 집중 연구 번역해냄으로써 극단 산울림뿐만 아니라 우리나라 현대 연극을 한 단계 업그레이드하는 데 적지 않게 기여한 오증자 교수가 처음으로 쓴 창작극을, 난해한 희곡으로 일컬어지는 〈고도를 기다리며〉 연출로 세계적인 명성을 얻은 임영웅이 연출하고, 게다가 토속적인 작품의 촌부 역으로부터 번역극의 서양 인텔리 여인 역까지 소화해낼 수 있는 광폭의 연기자 손숙이 만들어내는 명품이라는 데 서 관심이 쏠릴 수밖에 없다고 본 것이다.

이번 공연은 우리 연극계에서는 근래에 찾아볼 수 없는 명장들의 합작품인데, 그런 가운데서도 유독 시선이 쏠리는 부분은 아무래도 텍스트를 제공한 인문학자와 그가 바라본 오늘의 어두운 실버 세대 가 아닐까 싶다. 새 세대가 등장하면 구세대는 그 자리를 비켜주어 야 하는 것이 자연의 섭리이고 역사의 진전이긴 하지만 적어도 우 리의 실버 세대는 너무나 굴곡지고 급변했던 현대사 와중에 무참하 게 내팽개쳐진 처지였다고 보는 것이 작가의 생각인 듯싶다.

인생의 본질을 찾는 연극

가령 이 작품 〈나의 황홀한 실종기〉(2013년)의 주인공(윤금숙)은 80세인 1933년생이므로 식민지 치하에서 태어나 덜 개명된 불평등 사회에서 겨우 중등교육만 받고 나이가 차서 인텔리 남편을 만나 남매를 키우며 살아온 전형적인 가정주부이다. 그런데 그녀의 일생 은 동시대의 많은 여성들이 그렇듯 행복하지만은 않았다. 왜냐하면 수난에 찬 우리 현대사가 동시대 사람들을 불행하게도 했지만 그보 다도 그녀는 결혼생활 대부분을 인생관과 취향이 다른 지방 대학 교수와 주말부부로 살아야 했고, 장애아까지 혼자서 돌보다가 떠나 보내야 했으며 장성한 외동딸마저 미국으로 떠났기 때문이다. 핵가 족 시대에 미처 적응 못 한 그녀를 더욱 외롭게 만든 것은 장애아를 끌어안고 고통받고 있을 때 무관심한 남편이었다. 게다가 그 남편 은 외도까지 함으로써 사랑이 증오로 바뀌어버렸다.

이와 같이 이화부부(異化夫婦)로서 고독하게 살아온 그녀는 그런 남편마저 떠나보낸 뒤 치매까지 걸림으로써 차디찬 요양원에서 삶의 종착역을 향해 가는 처지가 된다. 그러나 그녀가 막상 자신에게 드리워졌던 무거운 삶의 그늘을 하나하나 걷어내고 홀가분하게 떠나려는 과정에서 지난 시절 회한으로 점철된 자아의 실체를 새삼 느끼면서 슬퍼하고 허무감에 빠지는 것이 바로 이 작품의 골자다.

여기서 이 작품이 감동을 불러일으키는 첫 번째 요인은 아무래도 정극의 형식을 뛰어넘고도 남을 만한 작가의 깊은 인생 통찰일 듯싶다. 그 점은 윤금숙이라는 빼어난 캐릭터의 창조에서 가장 잘 나타난다. 즉 작가는 윤금숙이라는 인물에다가 파란 중첩의 현대사와 이 땅 여자의 삶을 녹여냄으로써 한 시대를 대변하는 상징적 인물로 만들어낸 것이다. 이는 아무래도 평생 인문학 연구로 다져진 작가의 내공에서 비롯된 것으로 보아야 할 것 같다.

두 번째로는 작가가 추억을 반추하면서 삼라만상을 문학적 감수성으로 포착하여 서정적이면서도 시적인 대사로 표현해낸 점이다. 그러니까 주인공은 삶의 구질구질한 군더더기를 털어내려고 자꾸만 과거로 돌아가면서 젊었던 시절을 떠올리고 자신을 아름다운 자연과 동화시키려 한다. 이는 사실 불행하지만은 않았던 유소녀 시절을 복원하여 그동안 상처받았던 인생을 스스로 치유해보고 싶은 심정이기도 하다. 따라서 주인공이 누렇게 빛바랜 옛 사진첩과 일기장을 한 장 한 장 넘기듯이 아름다웠던 추억을 반추하는 장면을 보며 관객들은 처연한 감정에 젖어든다. 이런 주인공을 더욱 고독하고 절망케 하는 것은 부실한 요양원 시설과 석고상처럼 차가운

상담자, 간병인 등 냉랭한 주변(사회) 환경이다. 바로 이 지점에서 작가는 주인공의 입을 통하여 우리 사회가 내팽개쳐버린 실버 세대의 인간 존재로서의 자기 확인과 항변의 외침을 터뜨리는 것이다.

세 번째로는 작가가 구사한 뛰어난 상징과 메타포를 꼽을 수가 있다. 가령 반복되는 자연 친화적인 시적 대사라든가 장애아가 갖는 상징성, 그리고 여자들만의 공간이라 할 장독대의 활용 등은 매우 돋보인다. 거기다가 효과음악으로 반복되는 홍난파의 〈봉선화〉와 이탈리아 가곡 〈돌아오라 소렌토로〉 역시 한 시대의 상징적 표현 중의 하나라고 볼 수 있다. 특히 한 여자가 치매라는 무서운 노인 질환으로 인하여 고독하게 소멸해가는 과정을 애연하면서도 탁월한 시적 정서로 형상화해낸 것은 놀랍다.

그렇기 때문에 특별한 사건 없이 독백처럼 이어지는 〈나의 황홀한 실종기〉에 관객들은 빨려들 수밖에 없다. 이 작품을 보면서 필자의 머리에서 계속 맴돈 것은 에릭 벤트리가 일찍이 그의 저서에서 반복한 "극작가의 목표란 인생의 본질을 찾는 일"이라는 말이었다. 그동안 우리 극작가들은 굴곡진 현대사에 대응하느라고 사람 냄새 나는 작품을 별로 못 써서 언제나 허전했는데, 이 작품은 한국 연극이 성숙으로 나아가는 하나의 이정표가 될 만하다고 생각한다.

지성과 열정으로 연극의 정도를 되찾는다
■ 극단 미학의 10주년에 부쳐

극단 미학(美學)을 이야기하려면 먼저 정일성(鄭一成) 대표의 연극 행적을 알아야 한다. 왜냐하면 그의 젊은 시절의 빛나는 연극 활동을 빼놓고 그를 이야기한다는 것은 마치 계란의 노른자를 빼고 흰자만을 먹는 것이나 마찬가지이기 때문이다. 그는 서울대학교 미학과에 다니면서 학생극 운동을 하다가 1960년 초 소위 동인제 시스템 극단 시대가 열렸을 때 약관의 열혈 청년으로 극단 동인극장 창단(1962년)의 주 멤버가 되어 기성극 운동에 뛰어든 열정파였다.

중요한 건 그가 일찍부터 연극운동에 나섰다는 게 아니라 연출가로서 보여준 그의 무서운 지적 작업이다. 극단 동인극장 7년여 동안에 그가 연출한 작업 일지를 보면 놀라지 않을 수 없다. 그의 첫 연출 작품은 동인극장의 제3회 공연에 올린 사르트르의 〈무덤 없는 주검〉이었고, 두 번째 작품은 웩슬리의 〈죽음 앞에 선 사람들〉이었으며, 세 번째 작품이 싱의 〈바다로 가는 기사들〉이었다. 그리고 이 어서 그는 고전의 전형인 셰익스피어에 도전하여 〈안토니와 클레오파트라〉를 연출했고, 또다시 도스토옙스키의 〈악령〉을 연출하여 세상을 놀라게 했다. 여기에 머물지 않고 유진 오닐의 〈상복이 어울리는 엘렉트라〉와 테네시 윌리엄스의 〈유리동물원〉도 연출했다. 1968년에 마르셀 에메의 〈타인의 머리〉를 연출한 것을 끝으로 동인극장과는 헤어지게 되는데, 7년여 동안 그가 선보인 작품은 서양의 고전과 최첨단을 걷는 현대극에 이르기까지 실로 광범위할 뿐만 아니라 특히 지적인 작업을 요하는 문제작들만 고르고 고른 것이었다.

여기서 그의 연극에 임하는 진지한 자세와 철학을 읽을 수 있다. 그가 미학을 공부했기 때문이기도 하겠지만 전후(戰後)에 한국 지식인들이 당면했던 고뇌를 고스란히 연극에 접목해보고 싶었던 것이 아닌가 싶다. 그 점은 그가 선택했던 레퍼토리가 극명하게 보여준다. 그런 그가 30여 년의 미국 생활을 청산하고 돌아와서 직면한 외화내빈의 우리 연극 현실은 얼마나 답답했을까. 1960년대에 열정적으로 우리 연극을 지적으로 끌어올리려고 몸부림쳤던 그가 나머지 연극 활동을 어떻게 마무리해야 할 것인가 하는 고민은 극단 미학이 은연중에 내비친 캐치프레이즈, 즉 "말초신경만을 자극하는 일회적 공연물이 유행하는 요즘의 풍토와는 애써 담을 쌓고 오직 치열한 연극정신으로 뭉쳐 주로 완성도 높은 고품격 대형 무대를 선보이겠다"는 말 속에 함축되어 있다고 말할 수가 있을 것 같다.

사실 그가 젊음을 불태웠던 시절의 연극운동의 색깔은 순수 예술정신 그 자체였다. 어려운 재정적 환경 속에서 주머닛돈을 털어서 연극을 만들어 사회를 변화시켜보려고 소수 지식인들에게나마 봉사하던 그의 눈에 비친 오늘의 연극 환경은 경천동지할 정도로 상업화되어 있었다. 뮤지컬이라는 대중연극이 판을 장악한 상황에서 정극은 살아남기 위하여 말초신경을 자극하는 경박한 연극으로 대중에게 윙크하는 지경에 이른 것이다. 바로 그 점에서 그가 만난을 무릅쓰고 '치열한 연극정신으로 완성도 높은 고품격 대형 작품만을 만들어내겠다'는 각오를 다지고 나선 것이다.

극단 미학이 고집하는 정석의 연극

그의 결연한 각오는 지난 10년간의 레퍼토리가 잘 보여주고 있다. 극단 창단 공연작으로 셰익스피어의 〈햄릿〉을 선택한 것에서부터 시작하여 두 번째는 이현화의 창작극으로 방향을 돌리고, 세 번째는 다시 번역극으로, 네 번째부터는 창작극으로 연달아서 공연을 가진다. 이는 사실 그로서는 대단한 각오와 변화를 보여주는 것이다. 왜냐하면 그가 동인극장 시절에는 대단히 지적인 번역극만 연출했던 점에 비추어볼 때 범상한 변화가 아니기 때문이다. 아마도 그는 결국 창작극이야말로 민족극의 바탕이 될 수밖에 없다고 믿었던 것 같다. 그렇기 때문에 수지상으로 전혀 타산이 맞지 않는 창작극을 고집하고 있는 것이 아닌가 싶다. 그리고 번역극도 기본에 충실하고 그의 지적이면서 동시에 앞서가는 성향대로 셰익스피어와 함께 장 주네라든가 베케트 등의 첨단적인 작품들을 취택했던 것이다.

그런데 정석적으로만 연극을 하고 있기에는 시대가 너무 바뀐 현실이 그를 곤혹스럽게 하고 있는 듯싶다. 우선 연극사조만 하더라도 리얼리즘뿐만 아니라 서사극이니 부조리극이니 하여 상업주의와 함께 혼란스러울 정도로 다양해져서 혼재하고 있으며 어설픈 실험극이 마치 새로운 연극인 양 판을 치고 있지 않은가. 그러나 정일성 대표는 이미 40년 전에 앞서가는 연극을 했기 때문에 오늘날 젊은이들이 하고 있는 실험에 주눅이 들 만큼 감각적으로 뒤져 있지 않다. 바로 여기서 우리 연극의 미래에 대한 그의 집념과 사명감을 읽을 수 있는 것이다. 그는 앞으로도 극단 미학을 앞세우고 고집스럽게 정석의 연극만을 할 것 같다. 그 방법만이 우리 연극의 나아갈 올바른 방향이고 동시에 지킴이라고 확신하기 때문이다. 극단 미학의 10주년을 축하한다.

창작 뮤지컬의 가능성과 도전
■ 윤호진의 〈명성황후〉와 박명성의 〈아리랑〉

그리스 로마 시대나 중세와는 달리, 근대에 들어서는 외국과의 문물 교류가 활발해지면서 한 나라의 공연예술 또한 자연스럽게 주변국과 교류하게 되었다. 그러니까 자기 나라에서 창출되는 작품만 가지고는 대중의 미적 욕구를 충족시킬 수가 없기 때문에 외국의 우수한 작품들을 수입하여 자국의 무대예술을 풍족하게 꾸미게 되었다는 이야기다. 그러한 경향은 제3세계, 특히 문화 후진국들에서 활발했다.

우리나라만 하더라도 개화가 늦어져서 문화 선진국들과 격차를 줄이고 보조를 맞추느라 적어도 무대예술 특히 연극의 경우는 서구화가 빨랐던 일본 연극 행태를 고대로 본따는 모습까지 보여주었다. 개화기 이후 신파극으로 시작하여 본격 서구적인 본격 신극으로 진전시킨 일본의 무대예술을 10여 년의 거리를 두고 보조를 맞췄간 것처럼 보일 정도로 따라했던 것이다. 그래서 1919년 3·1운동 직후 신문화 운동의 선구자 중 한 사람이었던 현희운(玄僖運, 예명 현철(玄哲), 1889~1965)은 우리 신극의 발전 단계를 세 부분으로 나누어 '번역기→모작기→창작기'의 단계를 밟아가야 한다고 주창한 바도 있었다. 그러면서 그는 시범적으로 셰익스피어의 〈햄릿〉을 번역(중역)했고, 이어서 안톤 체호프의 단막극 〈곰〉을 〈견(犬)〉이라는 모작 희곡으로 써서 선보이기도 했다. 그러나 본격 창작 희곡은 그 자신의 역부족으로 후배 연극인들의 미션으로 남겨놓았다. 현희운의 그와 같은 미션은 초창기 극작가 초성 김우진과 동랑 유치진 등에 의하여 실현된 바 있다.

　이러한 무대예술의 발전 과정이 현대에 와서 뮤지컬의 진전 과정에서도 거의 그대로 재현되고 있어서 흥미롭다고 아니할 수가 없다. 즉 드라마센터를 건립한 유치진이 1962년에 최초로 브로드웨이식 뮤지컬로 헤이워드 부처 작 〈포기와 베스〉를 공연함으로써 번역기의 단초를 열었고, 1969년에 예그린악단이 창작 뮤지컬이라는 이름으로 무대에 올린 〈살짜기 옵서예〉(임영웅 연출)를 모작기였다고 본다면, 그 10여 년 뒤인 1980년대에 들어서는 다음 단계라 할 본격 창작 뮤지컬의 시대가 열리게 되는 것이다. 가령 당시 뮤지컬계를 주도했던 김의경이 극단 현대극장을 통하여 〈장보고〉라든가 〈팔만대장경〉 등과 같은 대형 창작 뮤지컬을 시도한 것이 바로 그러한 경우라고 말할 수가 있겠다.

〈명성황후〉의 성공

그런데 김의경이 주도한 현대극장의 작품이 미숙성 등 여러 가지 이유로 본격 창작 뮤지컬로서 대접받지 못하다가 1995년 들어 신생 공연단체 에이콤이 제작한 〈명성황후〉(이문열 원작, 윤호진 연출)가 예술의전당 무대에 올려지면서 비로소 창작 뮤지컬의 시대가 열렸다고 볼 수 있다. 이 작품을 본격 창작 뮤지컬의 서막으로 보는 이유는 대체로 다섯 가지에서 찾을 수 있지 않을까 싶다. 첫째 에이콤이 당초부터 수입 뮤지컬이 아닌 창작 뮤지컬 제작을 표방하고 나섰다는 점, 둘째 전문 작가가 없었던 시절에 안전판이라 할 유명 소설가(이문열)에게 원작을 의뢰하여 처음부터 일정 수준의 작품성을 꾀하고 나섰다는 점, 셋째 브로드웨이에서 수년간 뮤지컬을 견습한 중견 윤호진이 연출을 했다는 점, 넷째 이태원 등과 같은 미국에서 음악을 전공한 가수를 주역으로 등용했다는 점, 그리고 끝으로 무대미술(박동우), 의상 등에서 우수한 스태프진을 적절하게 활용했다는 점 등이다.

그러나 그보다도 더욱 중요한 두 가지가 있다. 에이콤이 거의 매년 〈명성황후〉를 공연할 적마다 계속 다듬고 매만져서 세련시켜온 것이 첫 번째 성공 요인이라면, 두 번째는 우물 안의 개구리처럼 국내 관객만을 상대로 하는 안전 운행, 즉 경쟁이 없는 '블루 오션'에 안주하지 않았다는 사실이다.

바꾸어 말하면 에이콤이 '블루 오션'에 대한 환상을 버리고 치열한 경쟁의 세계로 뛰어들었다는 이야기다. 에이콤은 〈명성황후〉를 갖고 세계 뮤지컬의 본산이라 할 미국 브로드웨이 무대에 용감하게 뛰어들어 서양 작품과 경쟁을 벌이면서 비록 손실은 많이 보았지만 스스로의 결함과 한계도 찾아냄으로써 한 단계 성숙하는 기회를 가졌다. 실패를 겁내지 않았기 때문에 〈명성황후〉보다도 10여 년 뒤에 만든 창작 뮤지컬 〈영웅〉도 단번에 수준작이 되어 중국에서까지 호평을 받을 수 있었던 것이다.

〈아리랑〉의 도전

그 점에서 신시컴퍼니도 유사한 과정을 거쳤다고 볼 수 있다. 물론 과정 방식이 에이콤과는 사뭇 다르지만 신시컴퍼니도 정평 있는 서양 작품만 들여다가 재미를 보는 '블루 오션'만을 추구한 극단은 아니다. 주지하다시피 신시컴퍼니는 당초 뮤지컬 전문 극단은 아니었다. 극작가 겸 연출가였던 김상열이 1980년대 초에 여러 가지 형태의 연극을 해보려고 조직한 극단 신시(神市)는 처음에는 대표 자신이 쓴 정극을 주로 무대에 올리다가 점차 거의 소멸해가다시피 해가던 악극을 재생시켜 악극 붐을 일으켜서 주목을 받았던 단체였다.

그러다가 아쉽게도 김상열이 젊은 나이에 타계하면서 극단에서 기획으로 재능을 보여온 박명성이 대표를 맡자마자 쇄신을 보여주기 시작했다. 여기서 필자가 그 단체가 박명성에 의해서 쇄신을 보여주기 시작했다고 한 것은 명칭부터 신시컴퍼니로 개칭되는가 하면 서서히 서구식 뮤지컬 전문 단체로 변모시켰음을 의미하는 것이다. 그리하여 신시컴퍼니는 대담하게 브로드웨이에서 히트한 명품들을 직수입하여 대중들이 앉아서 서양 뮤지컬의 진수를 맛볼 수 있게 해주었다.

예를 들어서 신시컴퍼니가 〈시카고〉를 위시하여 〈맘마미아〉 등등 십수 편의 수준 높은 서양 뮤지컬을 들여와 대중을 사로잡으면서 단번에 뮤지컬이 우리 연극계의 주류로 자리 잡게 한 것이다. 오늘날 100여 개의 뮤지컬 기획사가 연간 3천억 원대의 거대 시장을 형성하는 것도 실은 신시컴퍼니의 대담한 기획이 바탕이 된 것이라고 해도 과언이 아니다. 그런데 주목되는 것은 신시컴퍼니도 수입상 역할만으로 만족하지 않고 창작 뮤지컬로 지평을 넓힘으로써 진정한 한국 뮤지컬의 정착을 꾀하기 시작했다는 사실이다.

가령 10여 년 전에 모험적으로 시도했던 〈댄싱 섀도우〉야말로 창작 뮤지컬의 글로벌화까지 내다보고 제작한 작품이었다고 할 수 있는 것이다. 즉 신시컴퍼니가 차범석의 대표 희곡 〈산불〉을 남미의 세계적인 작가를 초빙하여 각색시켰던 것은 성공이나 실패를 떠나서 대단히 의미 있는 실험이었다고 아니 할 수가 없다. 왜냐하면 신시컴퍼니가 우리나라 뮤지컬을 세계적인 안목을 갖고 시도해본 것이기 때문이다.

이러한 신신컴퍼니가 이번에는 현존 대표적인 대하소설가라 할 조정래의 열두 권짜리 소설 『아리랑』을 물경 50억 원의 거액을 들여 21장의 훌륭한 창작 뮤지컬로 만들어냈다. 여기서 주목되는 점은 에이콤이나 신시컴퍼니가 순수 우리 기술로 대형 창작 뮤지컬을 창출해냄으로써 한국 뮤지컬의 가능성을 활짝 열어젖혔다는 사실이다. 이는 윤호진과 박명성의 도전정신이 아니었으면 불가능했을 것이다. 물론 우리의 창작 뮤지컬이 순탄치만은 않을 것 같다. 왜냐하면 성공적인 세 작품 모두가 유명 소설가들이 꾸민 서사(敍事)인데다가 개화기 이후의 민족 수난사만 다룬 것이기 때문이다. 보편성에서 문제가 있다는 이야기다. 따라서 창작 뮤지컬이 제대로 안착하려면 뮤지컬 전문 극본가들이 여럿 나와서 민족 수난사만이 아니라 일상의 보편적인 이야기들을 아름답게 묘사한 작품들로써 대중의 심혼을 윤택하게 해주는 방향으로 나아가야 할 것이다.

대중연극도 필요하다

연극이 발생한 이래 세계 어느 곳에서도 순수니 비순수니, 또는 고급이니 저급이니 하는 구별은 없었다. 가령 문예에서 연극이나 교향악(음악), 발레(무용), 그리고 오페라 등을 고급예술로 자리매김했던 것도 순전히 근대 서양에서였다. 그래서 고급예술은 이른바 소수 선택된 사람들, 즉 소위 지식인들의 전유물이었고, 보통 사람들은 가까이하기가 어려운 예술로 경원된 바 없지 않다. 그러한 잔재가 서양에서는 아직도 뿌리 깊게 남아 있어서 블루칼라라고 할 수 있는 보통 사람들은 영화관을 찾고 화이트칼라는 오페라나 연극장을 찾는 경향이 없지 않다. 이러한 구분을 다른 말로 표현하면 소위 고급문화와 대중문화라고 지칭할 수가 있겠는데, 고급문화는 수용자들의 지적 사유가 요구되는 것이고 대중문화는 감정의 유로(流露)가 전부라고 하겠다. 이러한 흐름이 우리나라에 전해진 것은

1919년 3·1운동 직후 신문화를 소개한 소수 도쿄 유학생 출신들에 의해서였다.

따라서 서양의 근대극을 최초로 소개했던 선구자 현철(玄哲, 본명 현희운, 1891~1965) 같은 이는 과거 우리나라에는 연극이 없었다고까지 극언을 서슴지 않았다. 그러니까 서양 근대극의 기준으로 볼 때 탈춤이라든가 판소리, 그리고 남사당패의 꼭두극 등 우리의 전통극은 연극이 아니라는 것이었다. 그는 심지어 개화기에 일본에서 유입된 신파극도 엄밀히 따져서 연극이 아니라고까지 했다. 이러한 분위기는 도쿄 유학생들이 신극운동을 주도하면서 더욱 고착되면서 진정으로 대중이 좋아했던 연극 장르는 홀대를 면치 못했던 것이다. 가령 대중이 정말로 좋아했던 전통극은 말할 것도 없고 신파극, 악극, 여성국극 등은 언제나 폄하되고 기휘(忌諱) 대상까지 되었다. 이러한 소수 지식 연극인들의 편견과 고정관념 때문에 우리나라에 신극을 전해준 일본과 달리 대중연극 장르가 발전되지 못하고 소멸, 또는 외곽으로 떠돌게 된 것이다. 이 말은 곧 대중이 즐길 만한 연극을 무대에서 찾아보기 어렵게 되었다는 이야기도 된다. 반면에 우리에게 신파극 등 근대극을 전해준 일본에서는 이 땅에서는 거의 소멸한 신파극이라든가 다카라즈카(寶塚) 같은 종류의 대중연극이 여전히 번창하고 있다.

일본에서 체험한 대중연극

여기서 필자의 경험을 잠깐 이야기하고 가야겠다. 20여 년 전 필자는 일본의 어느 신문사 초청으로 오사카에 강연을 간 적이 있었다. 일정이 끝나자 주최 측에서 관광을 권유했는데, 필자는 모두 사양하고 특별한 연극이 있으면 보겠다고 했다. 그래서 찾아간 곳이 오사카 중심에 자리 잡고 있는 대중극장 나카자(中座)였다. 오래되어서 작품 제목은 잊었지만 게이샤(藝者)의 슬픈 이야기로서 예부터 신파극의 주제가 되어온 전형적 가정 비극이었다. 그러니까 지난 시절의 신파극을 세련시킨 연극이었는데, 필자로 하여금 두 시간 동안 완전히 빠져들게 만든 작품이었다. 극장 안에서는 일본의 중장년 관객들이 초만원을 이룬 가운데 울고 웃으면서 작품을 만끽하고 있었다. 그들은 휴식 시간에는 극장 안에서 초밥 등을 맛있게 먹으면서 일상의 시름을 벗어던진 듯이 유쾌하게 연극과 세상 이야기를 하면서 즐기기도 했다. 더욱 주목되고 부러웠던 것은 그 나카자는 그런 대중연극만 1년 열두 달 공연하는 전문극장이라는 사실이었다.

필자가 60여 년 동안 연극을 보아왔지만 극장 안에서 시장 상인 등과 같은 보통의 중장년의 관객을 별로 만나보지 못 했다. 물론 그런 장년의 장삼이사(張三李四)들이 즐겨 찾을 만한 작품은 말할 것도 없고 전문극장 역시 보지 못했다. 전국의 수백 개 공연장들 중에 장년들이 즐겨 찾는 대중연극 전문극장 하나 없다는 것은 문제가 아닌가. 그렇기 때문에 연극장은 젊은이들의 전유물이 되었고 중장년들은 안방극장에 만족하거나 영화관을 찾을 뿐이다. 우리나라에서 연극이 대중으로부터 멀어지게 된 주된 이유도 바로 이러한 연극에 대한 협소하고 그릇된 편견과 그에 따른 다양성의 부족에 있는 것이다.

물론 요즘에는 소위 뮤지컬이라는 수입된 연극이 대중극으로 자리 잡아가고 있기는 하다. 그러나 그것이 장삼이사들이 선호할 만한 연극 형태냐 하면, 그렇지가 않다. 주지하다시피 뮤지컬은 순전히 서양에서 싹이 터서 그들의 생활 토양에서 자란 연극 양식이다. 따라서 감각적으로 서양 사람들의 체질과 취향에 맞도록 짜여져 있다. 혹자는 우리나라 사람들의 생활양식도 많이 서양화되어 있으니까 감각적으로 맞지 않겠느냐고 말한다. 물론 그런 면도 없지는 않다. 그러나 그것은 어디까지나 생활 방식에 한할 뿐 예술적 취향까지 같은 것은 아니다. 그런 부류는 일찍부터 서양의 대중음악에 길들여지다시피 한 젊은이들에 한정되어 있다고 보아야 한다. 그러니까 중장년 세대들은 템포 빠르고 스펙터클한 뮤지컬을 별로 선호하지 않는다. 전국에 산재한 3만여 개의 노래방이 그것을 어느 정도 말해주고 있지 않은가. 그리고 2, 30대가 주가 되는 뮤지컬 관객층만 보더라도 장년층과의 취향상의 차이점을 금방 확인할 수가 있다.

최근 뮤지컬이 위기라고들 말한다. 뮤지컬 운동이 활발하게 전개된 것이 고작 20여 년에 불과한데 벌써 위기라고 하니까 의아해하는 연극인들이 적잖다. 뮤지컬 위기는 당연한 것이다. 수요는 한정되어 있는데 공급이 과잉이니까 자연스럽게 닥쳐온 결과일 뿐이다. 솔직히 10여 만 원이라는 고가(高價)의 티켓을 사서 극장을 찾을 만한 젊은 층이 얼마나 되겠는가. 더구나 요즘 젊은이들의 취업 상황도 어렵지 않은가.

관객이 극히 한정되어 있다는 시장도 제대로 조사하지 않고 너도나도 한탕 해보려고 뛰어든 뮤지컬 기획사들이 정리되는 과정이 바로 요즘 상황이라고 보면 된다. 한 동네에 식당 한두 개면 족한데 조금 된다니까 여기저기 개업했다가 모두 망하는 경우와 같은 것이다. 수요와 공급의 균형이라는 경제원리에 따른 것이라는 이야기다.

악극, 새로운 대안

이제 우리 연극인들도 시장을 넓혀가야 한다. 그러려면 우리의 연극사를 되돌아볼 필요가 있다. 그리하여 우리 대중이 좋아했던 연극 양식을 찾아내어 되살려보자는 것이다. 여러 가지 연극 양식들 중에 악극이야말로 살려볼 만한 것이라고 본다. 그 이유는 세 가지 때문이다. 그 첫째는 악극은 수입된 외래 것이 아니라 자생적인 토종 뮤지컬이다. 1920년 말 막간극으로부터 싹이 트고 다카라즈카의 영향도 받으면서 무대 양식으로 굳어진 악극은 1960년대까지 대중이 가장 선호했던 연극 형태였다. 춤과 노래, 그리고 우리 생활 주변의 애환을 담은 이 악극은 근대사의 질곡 속에서 고통받던 대중에게는 대표적인 위안물이었다. 그럼에도 불구하고 인텔리 신극 주도층으로부터 저질 연극으로 폄훼됨으로써 소외되고 동시에 소멸 위기에 몰린 것이다. 왜 뮤지컬은 되고 악극은 안 되는가. 이는 파스타는 되고 비빔국수는 안 된다는 논리와 무엇이 다른가. 음식의 경우 양식, 일식, 중식 등과 함께 한식이 있듯이 연극도 선호층에 맞는 여러 가지가 있어야 하는 것이다. 찌개백반이나 청국장을 좋아하는 사람들에게 양식만 먹으라고 하면 되겠는가. 연극의 다양성을 말하는 이유도 바로 여기에 있는 것이다.

두 번째로, 우리나라 사람들은 예부터 가무를 좋아했다. 옛 문헌을 보면 조선족은 몇 사람만 모이면 술을 마시고 노래와 춤을 즐겼다는 내용이 나와 있다. 그렇기 때문에 우리의 전통극들도 모두가 가무극이다. 뮤지컬이 들어오자마자 번창했던 것도 이러한 한국인들의 성향에 따른 것으로 볼 수가 있으며 노래방이 그처럼 번창하고 있는 것도 마찬가지 이유에서이다.

세 번째로는 악극은 이미 검증된 연극 양식이라는 점이다. 최근 지방을 다니는 몇몇 악극을 보면 비교적 세련되었으며 중장년층도 매우 좋아하고 있었다. 바로 그 점에서 지금이 악극을 또다시 대중연극으로 키우기에 적절한 시기라고 보는 것이다.

국가 문화브랜드로서의 창극에 대한 이해와 사랑

■ 창극 〈청〉 공연과 관련하여

지난 시절에는 창극이 한때나마 우리나라 공연문화를 지배한 적도 있었지만 오늘날처럼 문화가 다양해지고 스포츠마저 이벤트화된 데다가 미디어까지 첨단화되어 있어서 창극은 대중의 눈에 잘 띄지 않는다. 더구나 뮤지컬 같은 외래 문화가 공연 시장을 점유한 상태에서는 솔직히 창극은 고루한 과거의 예술 양식으로 비치기도 한다. 어떻게 보면 창극과 같은 공연 양식이 오늘의 시대 감각과는 멀어져 있다고 말할 수가 있다.

그러나 그렇게만 볼 수 없는 것이 창극 형태라는 생각도 든다. 왜냐하면 각 나라 민족들마다 제가끔 정체성 찾기를 한다든가 그러한 문화 형태를 국가 브랜드로 내세우는 경향마저 없지 않기 때문이다. 몇 년 전 필자는 우연히 러시아 상업방송 광고를 보면서 그 점을 확인할 수가 있었던 것이다. 즉 일본의 어느 회사가 자사의 상품을 선전하는 광고에 '사무라이'라든가 '기모노 입은 모델'을 등장시킨 것을 목도한 것이다. 솔직히 사무라이나 기모노는 저들이 선전하려는 상품과는 아무 관계도 없었다. 그럼에도 불구하고 저들은 가장 일본적인 이미지를 내걸고 상품 선전을 하고 있었던 것이다. 이는 솔직히 저들이 '일본'이라는 자신 있는 국가 브랜드를 내세우고 회사 상품을 선전하는 것이라고 말할 수가 있는 것이다.

여기서 이런 이야기를 하는 것은 오늘날 국가든 회사든 확고한 정체성을 대내외에 내세우는 데 있어서 문화만큼 좋은 아이콘은 없다는 점을 말하기 위해서다. 더구나 오늘날처럼 교통 통신 수단과 미디어의 발달로 문화가 교류되는 시대에 자기의 독특한 문화양식을 갖고 있다는 것은 대단한 복이고 재화라고도 할 수가 있다. 각 나라마다 자신들의 전통문화를 세계문화유산으로 등재하려고 법석을 떠는 것도 바로 그런 흐름에 따른 것이다.

전통의 판소리, 새로운 창극

우리나라도 일곱 가지 유형문화재가 세계문화유산에 등재되었고 무형문화재로서 판소리가 이미 몇 년 전에 등재되었음은 다 아는 사실이다. 그럼에도 불구하고 그 판소리가 개화기에 와서 파생시킨 새로운 연극 양식이라 할 창극에 오늘날 대중들이 주목하지 않는 것은 참으로 이해할 수 없는 일이다. 그것은 아무래도 그동안 창극이 대중에게 제대로 알려지지 않은 데 따른 것으로 볼 수 있을 것 같다.

그러나 결론부터 말한다면 창극은 우리의 민족 정서를 가장 잘 함축하고 있는 연극 양식이다. 그럼에도 불구하고 창극은 이상스럽게도 국악계로부터 이단시되는 경우도 없지 않고 창극의 정체성에 대해서도 회의를 갖는 사람도 더러 있는 것이 사실이다. 이는 아무래도 창극이 전통극도 근대극도 아닌 어정쩡한 연극 양식으로 비치는 데 따른 것이 아닌가 싶다. 그렇기 때문에 상당수 국악계 인사들이 창극의 원형에 회의를 갖는 경우를 종종 목도하게 된다. 솔직히 창극의 원형이란 지금 하고 있는 것이지 따로 있는 것이 아니다. 어떤 이는 중국의 경극(京劇)을 말하고 일본의 가부키(歌舞伎)나 노(能)를 들먹이기도 한다. 그런데 그런 이웃 나라 고전극과 창극을 비교해서는 안 된다. 중국 경극이나 일본 가부키는 수백 년에 걸쳐 전통사회에서 양식화된 것이지 근대에 와서 단 몇 년 동안에 만들어진 것이 아니다. 그러니까 개화기에 분창(分唱)이 시작된 이후 1930년대 동양극장에 와서 완성(?)된 우리의 창극을 경극이나 가부키에 비교해서는 안 된다는 이야기다. 창극이 비록 판소리에 바탕을 두고 극본도 대부분 판소리 창본이긴 하지만 그 공연의 프레임은 어디까지나 근대극이다. 특히 연기 방식이라든가 연출 형식, 그리고 무대미술 역시 근대적임은 두말할 나위 없다. 바로 그 점에서 창극은 광의의 근대극 범주에 속하는 것이고 또 그래서 창극은 많은 융통성을 갖는 연극 양식이기도 하다.

창극이 동양극장에서 어느 정도 완성되었다는 것은 신파극이 대중연극화된 방식을 따랐다는 것이 되므로 대단한 흡인력을 지닌 연극 양식이라고 할 수 있다. 그만큼 창극은 많은 장점을 내포하고 있다. 여기서 창극이 융통성과 장점을 갖고 있다는 이야기는 양식화된 이웃 나라들의 전통극들처럼 꽉 짜여 있는 어떤 틀에 얽매이지 않고 자유자재로 연극을 만들어갈 수가 있다는 이야기도 된다. 그러면서도 우리의 창극은 전통사회의 모든 생활양식이라든가 풍속, 그리고 정서를 무한하게 담아낼 수 있는 열린 틀을 지니고 있는 것이 그 첫 번째 장점이다. 혹자는 바로 그 점이 창극의 약점이라고 말한다. 경극이나 가부키, 노 등과 같이 고정된 양식이 없다는 것이다. 어떻게 보면 일리 있어 보이지만 그것은 창극을 제대로 모르고 자꾸만 이웃 나라의 양식화된 고전극을 기준으로 한 선입견을 갖고 창극을 바라보기 때문이다. 솔직히 창극은 변화무쌍한 연극 양식이다. 우선 창극은 창과 아니리로 표현되니 판소리적인 요소를 지니고 있고 민속무용과 판토마임, 그리고 현란한 국악기들로 장중하게 화음까지 울릴 수 있는 데다가 중세인들의 생활양식을 그대로 표현해주니 서구의 오페레타와 비교될 수 있으며 현대 예술 형태에 비교하면 그대로 전통적 뮤지컬인 것이다.

바로 여기서 곧 답이 나온다. 창극이 오늘 또는 내일까지 살아남으려면 현란한 서양의 뮤지컬처럼 변해가야 한다는 생각이다. 1950년대에 여성국극이 찬란하게 꽃피었던 것은 바로 그런 뮤지컬 스타일로 창극을 했기 때문이었다. 그렇던 여성국극이 쇠퇴한 것은 영화와 TV의 감각 즉 시대 감각을 따라가지 못했기 때문이었다.

새롭게 태어나는 국립창극단

그런 사실을 간파하고 있는 국립창극단이 새롭게 태어나고 있다. 지난번에 맛보기(?)로 선보이고 이번에 다시 전작으로 내놓는 신창극 〈청(淸)〉(2006년)이 바로 그런 작품이라고 말할 수가 있다. 이번 작품을 가리켜 신창극이라고 부르는 이유는 두 가지 있다. 첫째는 예술감독을 비롯한 새로운 진용이 짜진 데 따른 것이고 두 번째는 이들이 합심하여 새로운 감각으로 작품에 접근한 데 따른 것이다. 가령 새로운 감각으로 판소리를 연구하고 있는 신예 학자 유영대 감독을 필두로 하여 역시 실험적인 오페라 연출을 시도하는 김홍승 연출, 그리고 박성환 극본, 이용탁 작곡, 이학순 디자인, 정은혜 안무 등이 모두 전통을 현대적으로 재해석하는 신예들인 것이다. 창극 〈청〉이 새로운 작품이 될 수밖에 없는 소이이다.

우선 이번 창극 〈청〉에서 느낄 수 있는 장점 첫 번째는 아무래도 빠른 템포에서 오는 경쾌함이었다. 배우들의 움직임에서부터 음악 반주, 율동 등이 현대 뮤지컬을 보는 느낌을 주었던 것이다. 두 번째로는 무대 메커니즘이었다. 고정된 무대 아닌 생동감 넘치는 장엄한 장치가 관객을 압도하고도 남음이 있었던 것이다. 여태까지 〈심청가〉를 여러 번 창극화했었지만 이번만큼 비장미 넘치는 무대를 만들어본 적이 없었다. 세 번째로 색채와 음향도 작품을 충분히 뒷받침하고도 남음이 있었다.

결론적으로 말해서 이번 작품은 새로운 감각으로 접근해서 성공시킨 신창극이라고 볼 수 있다. 이 말은 우리 창극이 진정으로 '동시대 연극'으로 거듭나고 있다는 이야기가 되는 것이고 서양 뮤지컬에 대항할 만한 우리 고유의 음악극으로서 손색이 없다는 말도 된다. 따라서 우리가 국가 문화 브랜드로서 외국 특히 서양에 내세울 것은 어설픈 창작 뮤지컬보다는 이번처럼 새롭게 창조된 창극이라고 확신한다. 왜냐하면 전통사회의 우리의 삶과 정서, 유희, 풍정을 이만큼 표현해줄 공연예술 형태는 없다고 보기 때문이다.

창극은 오늘날 어떤 방향으로 가고 있나?

　　요즘 세계는 글로벌 시대를 맞아 지구촌이라는 말이 나올 정도로 좁아져서 어느 지역에서 일어나는 사소한 일도 순식간에 전 세계인의 눈앞에 다가선다. 그에 따라 교역의 범위도 넓어져서 삼성이나 LG의 전자제품이 아프리카 오지에서도 사용되고 있으며, 또 그곳 부족들이 만든 수제품이 우리들 가정의 장식품으로 애용되기도 한다. 정치와 경제 교류에 이어서 문화 교류 역시 활발해서 우리 가수의 노래와 춤을 수억 명이 따라 부를 정도이다. 세계가 이처럼 거미줄같이 연결되어 급변하다 보니 물밀듯 밀려들어오는 문화의 홍수 속에서 각 민족들마다 정체성 찾기와 보존에 안간힘을 쓰고 있기도 하다. 그런데 각 나라들이 정체성 확립에 머무는 것이 아니고 자기 것을 문화상품화하여 타국에 알림으로써 국가 브랜드를 높이려고 한다. 이런 현상을 우리는 보통 문화상호주의라고 하는데, 각 민족은 자신들이 오랜 세월 가꿔온 전통예술 같은 것을 자랑 삼아서라도 타국에 선보이려고 애쓴다.

그렇다면 우리가 타국, 특히 서양에 내세울 만한 전통예술 작품은 어떤 것이 있을까. 물론 전통예술도 유형문화재로부터 무형문화재까지 그 분야가 꽤 넓어서 딱히 어느 한 가지만을 짚을 수는 없다. 예를 들어 그동안 우리는 고미술품들에서부터 각종 전통음악과 무용 등 민속 예능을 해외에 선보여서 호평을 받은 바도 있다. 그런데 역시 정적인 미술품들보다는 동적인 공연예술이 외국인들을 더 감동시켰다고 말할 수가 있다. 그렇기 때문에 불교 의식인 영산재라든가 판소리, 아리랑 등과 같은 공연예술이 유네스코의 세계문화유산에 등재될 수도 있었던 것이다.

그런데 영산재라든가 판소리 등은 매우 훌륭한 우리 문화유산으로서 세계인들을 감동시킬 수 있지만, 거기에는 여러 가지 제약이 따르는 것도 사실이다. 가령 영산재는 사찰에서 연행하는 큰 행사이기 때문에 해외에 소개하기가 쉽지 않다. 궁중정재나 탈춤 같은 것도 예외가 아니다. 그렇게 볼 때 우리 고유의 생활 풍정과 정서, 그리고 종합적인 공연예술을 보여주려면 창극 같은 것이 적합하지 않을까 싶다. 실제로 그것은 몇 번의 외국 공연에서 증명된 바도 있다.

창극, 전통예술이 아니라 근대극이다

여기서 창극의 성격부터 이야기해야 할 것 같다. 우선 창극이 전통예술이냐는 문제다. 창극이 분명 전통 판소리를 바탕으로 한 종합예술임에는 분명한데 개화기 이후에 탄생했다는 데 주목할 필요가 있다. 그 점이 전 시대에 태어난 중국의 경극(京劇)이나 일본의 가부키(歌舞伎), 노가쿠(能樂) 등과 차이 나는 것이다. 그러니까 경극이나 가부키 등은 전 시대에 수백 년에 걸쳐서 양식화된 전통극이지만 창극은 이제 겨우 100년 정도밖에 되지 않았고 양식화도 되지 않은 명실상부 근대적인 연극이란 점이다. 그럼에도 불구하고 대부분의 사람들이 창극을 전통극으로 인식하고 있는 이유는 소리를 바탕으로 하고 있는 데다가 〈춘향가〉〈심청가〉와 같이 전통 사회의 생활 풍정을 담고 있는 데 따른 것이다. 그래서 1960년대에 한국에 처음 온 서양 문인들이 일본의 가부키를 연상하면서 양식화가 안 된 창극에 실망했던 일화는 유명하다. 이는 곧 그들이 창극도 한국의 대표적인 전통극인 만큼 가부키나 경극처럼 양식화가 되어 있을 것으로 예단하고 있었다는 이야기다.

그러나 창극은 소리를 바탕으로 한 음악극인 데다 제재 면에서 전통사회를 배경으로 하고는 있지만 그것이 개화기 이후에 근대적인 무대 형식을 많이 수용했다는 점에서 광의의 근대극으로 보아야 한다. 특히 창극이 개화기 초(1904년) 서울에 들어온 중국의 경극에서 힌트를 얻어 원각사 극장에서 판소리를 분창(分唱)한 것으로 시작되었지만 그것이 제대로 자리 잡을 수 있었던 것은 1930년대 중반 동양극장 시대에 와서였다. 대중연극을 전문으로 하고 있던 동양극장에는 일본에서 신극을 배운 홍해성이라든가 박진 같은 연출가들이 있어서 무대의 기본을 모르는 명창들에게 연기를 가르침으로써 오늘날 우리가 하고 있는 창극의 기틀을 잡아준 것이다.

그렇게 볼 때, 창극은 전통 음악극인 판소리를 바탕으로 하지만 이웃 나라들의 영향을 받아서 형성된 매우 독특한 근대적 음악무용극이라고 규정짓는 것이 옳은 판단이라고 할 수 있다. 바로 이 지점에서 창극에 대한 논쟁이 싹터 수십 년 동안 계속되고 있다. 그 이유가 바로 그 정체성에 관한 것으로서 과연 어떤 형태가 창극의 원형이냐는 것이다. 이 문제는 간단치 않다. 경극이나 가부키 등은 수백 년 동안 전승되면서 자연스럽게 양식화된 반면 창극은 고작 1세기 정도의 역사와 외래 문화의 영향 속에서 형성되었다는 점에서 양식화와는 거리가 멀다고 할 수 있다. 따라서 배우들은 모두가 명창들이지만 연출가들은 모두 신극 연출가들이다. 그러기에 창극에 양식화를 요구하는 것은 잘못이며, 창극을 근대극의 한 형태로 보는 것이 마땅하다.

창극의 정체성에 대한 논란은 앞으로도 계속될 것이고, 그 명쾌한 해답 또한 나오기 힘들 것이다. 그러나 분명한 것은 창극이 많은 팬을 가지고 있다는 사실이다. 비록 개화기 이후에 생겨난 연극 형태라고 하더라도 우리 고유의 생활 풍정을 담고 있는 데다가 멋과 흥, 그리고 민족의 정한이 서려 있지 않은가. 이 말은 곧 1930년대 동양극장 시대부터 최근까지 연행되어온 창극들이 조금 미흡해도 볼 만한 가치가 있다는 이야기이며, 동시에 외국에 내놓아도 손색이 없다는 이야기도 되는 것이다.

창극의 전문성을 위하여

그런데 문제는 창극 전문 연출가가 없어서 아무나 덤벼든다는 데 있다. 그러니까 그 바탕이 되는 판소리의 원리를 제대로 모르는 현대극 연출가들이 겁없이 연출을 맡고 있는 것은 심각한 문제이다. 심지어 실험극을 장기로 삼는 연출가까지 창극을 망치고 있는 실정이다. 솔직히 창극은 근대극일망정 현대극은 될 수 없다.

필자는 창극의 모델로서는 오스트리아 빈의 오페레타가 가장 적합하다고 여러 번 밝힌 바 있다. 왜냐하면 18세기 오스트리아헝가리제국 시대의 풍정을 담고 있는 음악무용극 오페레타가 창극과 너무나 흡사하기 때문이다. 그렇게 볼 때, 근자에 가장 괜찮다고 생각한 작품은 10여 년 전에 국립창극단이 만들어서 인기를 끌었던 〈청(淸)〉(김홍종 연출, 2006년 초연)이었다. 기존 창극의 구태를 어느 정도 벗겨내고 현대적인 감각을 불어넣은 작품이기 때문이다.

그럼에도 불구하고 국립창극단은 그런 유형의 작품을 발전시키지 않고 엉뚱하게 서양 현대 연출가까지 불러들여서 매우 괴이한 창극을 만들어내고 있다. 물론 그 나름대로 흥미로운 점도 없지 않았지만 문제는 그런 것이 창극의 모델이 될 수 있겠는가 하는 점이다. 과연 중국의 경극이나 일본의 가부키 연출을 신극 연출가나 서양인에게 함부로 맡기고 있는가. 바로 여기서 국립극장이 서둘러 해야 할 것이 다름 아닌 창극 전문 연출가 양성이라고 하겠다.

그런데 다행히 근자에 국립창극단이 활성화되는 듯한 인상을 주고 있는 동시에 그동안 잃어버린 작품들을 복원하고 있다. 주지하다시피 판소리가 정착될 무렵인 18세기에는 열두 마당이 있었다. 그런데 19세기 들어 신재효(申在孝)가 정리하는 과정에서 몇 가지 레퍼토리가 배제되었으며 그 후에도 명창들이 부르지 않았기에 개화기에는 겨우 다섯 마당만이 전해지게 되었다. 국립창극단이 2012년부터 복원 작업을 시작하여 〈배비장전〉을 시작으로 2014년 2월에도 〈숙영낭자전〉(신영희 작창)을 무대에 올려서 호평을 받은 바 있다. 국립창극단이 작년에는 또 고전소설 〈장화홍련전〉까지 무대에 올린 것은 창극 레퍼토리의 스펙트럼을 확대해가는 것이어서 바람직스럽다.

그런 상황에서 자꾸만 재미만 쫓아서 소리의 진의를 제대로 모르는 서양 연출가나 우리의 젊은 실험극 연출가들에게 연출을 맡겨서 괴이한 작품을 양산해서야 되겠는가. "물을 마시면 그 원천부터 생각하라(飮水思源)"는 중국 고사야말로 창극인들이 새겨들어야 명언이 아닐까 싶다.

연극 세설

■ 신극 100주년에 대하여

올해(2008년)가 '한국 연극 100년'이라고 해서 여러 가지 행사가 줄을 잇고 있다. 4월달에 극단 미추의 〈남사당의 하늘〉 공연을 시발로 하여 금년 말까지 책 출판 등 기념 작업들이 진행되고 있다. 그런데 행사 명칭도 조금씩 달라서 어떤 곳에서는 '한국 연극 100주년'이라고 하고, 다른 곳에서는 '한국 신연극 100주년'이라고 하며 또 다른 곳에서는 '한국 신극 100주년'이라고도 하고 있다. 그러니까 연극협회와 매스컴에 따라 쓰는 명칭이 달라서 혼란이 빚어지고 있는 것이다. 그렇다면 어떤 명칭이 맞는 것인가. 결론적으로 말해서 어느 명칭을 써도 크게 어긋나는 것은 아니지만 그 뜻만은 알고 쓸 필요가 있다. 가령 개화기 이전의 전통극에 대해서는 '연극'이란 용어를 거의 쓰지 않았고 그 이후에 '연극'이란 용어를 썼으므로 '한국 연극 100주년'이 맞고, 1908년 원각사 시대에 창극을 하면서 홍보용으로 '신연극'이란 용어를 썼으므로 '신연극 100주년'이란 용어를 써도 무방하며 개화기 이후의 연극을 가리켜 막연히 일본식으로 '신극'이라고 불러왔으므로 그렇게 쓰는 모양인데, 이 지점에 와서는 조금 신중할 필요가 있다.

연극, 신연극 그리고 신극

왜냐하면 민족 해방 60년이 지난 만큼 여전히 일본식을 고집할 필요는 없기 때문이다. 사실 '신연극'이란 용어와 '신극'이란 용어는 비슷하게 보이지만 많이 다르다. 주지하다시피 악극 활동 시절 원각사 전속 단원들은 국창 이동백을 단장으로 하여 판소리 명창, 기생, 선소리패 등으로 구성되었었고 이들이 구경한 외국 작품은 겨우 중국의 경극 정도였다. 따라서 이들이 판소리를 분창하여 만든 창극을 홍보하면서 '신연극'이란 선전 문구를 달았는데 이는 당시에는 조금만 새로우면 '신식'이란 용어를 붙였던 유행에 따른 것이었다. 반면에 '신극'이란 용어는 1919년 3·1운동 이후 일본 유학생 출신들이 쓰기 시작하여 오늘날까지 아무런 거부감 없이 그 용어를 쓰고 있다.

바로 그 점 때문에 모처럼 열리는 한국 연극계의 큰 행사인 '연극 100주년 기념' 축제에서는 그런 용어 사용이라도 한 번쯤 검증하고 넘어갈 필요가 있다고 생각한다. 무슨 용어를 쓰든 중요하지 않다고 생각하는 이들도 있을지 모르나 그렇지가 않다. 용어의 의미에 따라 행사 내용도 달라질 수가 있기 때문이다. 우선 '신연극'이라고 하면 창극을 포함시켜야 되는데 지금 행사 내용을 보면 전연 그렇지가 않고 일본 신파나 서구에서 유입된 연극만을 지칭하고 있는 듯이 보이는 것이다.

다음으로는 행사에 대한 접근 자세이다. 들리는 바에 의하면 기념 공연과 100대 인물 및 100대 작품 선정, 그리고 책 출판 등의 행사를 준비하는 것으로 알려졌다. 모두 다 해야 할 만한 일들이다. 그러나 이런 행사를 하려면 일단 지난 역사에 대한 성찰에 주안점이 두어져야 하리라 본다. 그렇게 볼 때 인물 및 작품 선정이나 책 출판 등이 그에 속할 것인바, 여기에는 두 가지 문제점이 도사리고 있다. 그것은 곧 100이라는 숫자의 구속이다. 물론 근대 100년 동안 수천 명의 연극인들이 고생하면서 무대 안팎에서 자신을 불태운 결과로 오늘의 우리 연극이 존재하고 있다. 어떤 이는 배우로서 또 어떤 이는 연출이나 극작으로, 그리고 무대미술이나 분장, 제작, 이론, 연구 등 여러 가지 방식으로 각각 기여를 해온 것이다. 그러나 거기에는 분명히 경중이 있다.

가령 토월회를 이끈 박승희와 평단원을 동렬에 놓고 대우할 수 없듯이 유치진과 극예술연구회의 평회원을 같이 취급하기 어렵지 않겠는가. 이 말은 결국 연극 공로자로서 100이라는 숫자가 너무 많다는 이야기다. 작품도 마찬가지이다. 물론 수천 편의 공연물들 그 하나하나가 의미가 없는 것은 아니나 우리 연극을 획기적으로 끌어올렸거나 전환점을 만든 공연은 그렇게 많지가 않다. 그래서 100이라는 숫자에 얽매일 경우에는 대작과 범작이 같은 격으로 평가될 우려가 있는 것이다.

최근에 온 가족이 독립운동에 모든 것을 바치고 초대 부통령을 지냈던 이시영 선생의 유가족이 변변한 집 한 칸 없이 묘소 앞 무허가 건물에서 월 80만 원으로 생계를 꾸려가고 있다는 보도가 사회에 충격을 던졌다. 필자는 그 보도를 접하고 우리 연극 선구자들 중에서 박승희와 지두한이라는 두 인물이 떠올랐다. 주지하다시피 박승희는 구한말 총리대신의 차남으로서 메이지대학을 다니다가 3·1운동 직후 연극운동에 투신하여 극작, 연출, 제작 등으로 1930년대까지 극단 토월회를 이끌었다. 그 과정에서 유산으로 받은 수백 석지기 땅을 모두 날리고 자식 교육도 제대로 못 시킨 채 정릉의 전셋방에서 만년을 쓸쓸히 보내다가 세상을 떴다.

즉흥적 발상 말고 신중한 접근을

그가 1963년 드라마센터에서 유치진이 준 연극상이란 것을 처음 받고 동료 김을한에게 보낸 편지를 보면 "사람이란 의식주가 편해야 생각이 고루 나건만 나는 들에도 나무에도 부칠 곳이 없고 고독한 인생이라 사는 게 사는 것일까요. 정말 인생 최후의 터널 속에 들어가는 듯하외다. 전일 연극상을 받았고 형의 축전도 보았나이다. 턱없는 상을 받노라니 자신의 최고보다도 감개가 무량하나이다. 나는 마포 일간 모옥에 방 한 칸을 얻었지요. 찾는 이도 갈 곳도 없는 사람이외다. 웬일인지 참말 쓸쓸하외다. 푸른 하늘이 내 집이고 반짝이는 별이 내 벗으로 쓸쓸한 밤을 보내지요. 아무도 없는 빈 뜰에는 참새 두어 마리가 와서 지저귑니다"라고 적혀 있다.

그렇다면 지두한은 어떤가. 1920년대 말 대중연극이 고사할 지경에 이르렀을 때 지두한은 극단 '조선연극사'라는 단체를 조직하여 1935년 동양극장이 문을 열 때까지 운영하면서 고향의 전답 수십만 평을 몽땅 털어 바쳤을 뿐만 아니라 어린 세 딸까지 연극에 바치고 만년에는 집도 없이 포장마차로 연명하다가 쓸쓸이 죽어갔지만 오늘날 그의 이름조차 아는 연극인이 드물다. 적어도 '한국 연극 100주년 기념'이라면 그런 인물을 기리는 조그만 행사라도 가져야 하는 것이 아닌가.

다음으로 책 출판에 관한 문제다. 들리는 바에 의하면 금년 내로 극단사를 위시하여 인물사 등을 펴낸다고 한다. 우선 그것이 시간상으로 가능한가 하는 의구심이 든다. 이 분야의 전문 학자도 극히 드문 실정인데 누가 어떻게 단 기간 안에 그런 책을 써낸다는 것인지 알 수가 없다. 적어도 한 권의 역사책을 쓰려면 오랫동안 자료 탐사와 분석을 거쳐서 일관된 사관을 갖고 써야 하는 것인데 여러 명의 비전공자들이 나눠서 졸속으로 쓴다면 그것이 무슨 책이 되겠는가. 이런 문제들이 결국 즉흥적 발상에 따른 것으로 보이는 것이 필자만의 생각은 아닐 것이다. 서두르지 말고 좀 더 신중하게 생각해서 일을 추진해가는 것이 좋을 것 같다.

선택과 집중—과유불급의 축제문화

봄부터 조금씩 일기 시작한 축제 열기가 여름을 거쳐 지금 전국 곳곳을 달구고 있다. 그래서 계절이 가을임을 실감케도 하는지 모르겠다. '집 나간 며느리를 불러들인다'는 전어 축제서부터 주꾸미, 명태, 양미리, 대하 등 생선 이름을 붙인 축제와 송이버섯, 인삼, 감자, 옥수수, 사과, 억새풀, 연꽃, 나비 등 동식물 이름을 붙인 축제, 그리고 천안삼거리와 같은 지역적 특성에서 따온 축제에 이르기까지 이상야릇하면서도 별의별 이름의 축제들이 난무한다. 그러니까 전국 곳곳에서 자기 지방의 특산물에 축제라는 이름을 붙여서 관광객을 불러들이는 상행위를 하고 있는 것이다. 거기에 비슷비슷한 축제가 많은데, 가령 연꽃 축제만 해도 전국적으로 열두 개나 된다는 신문사 조사도 있다. 이는 사실 누가 뭐 하나 괜찮게 하면 무조건 따라 하다가 함께 망하기도 하는 우리들의 이상한 습성을 잘 보여주는 것이기도 해서 우습다. 이처럼 대, 중, 소도시들은 말할 것도 없고 읍, 면, 동에 이르기까지 다투어 축제를 만들다 보니 세계 백과사전에도 없는 참으로 별난 축제들이 2천 개가 넘는 것으로 조사되고 있다. 아마도 세계에서 그렇게 많은 축제를 벌이는 나라는 우리밖에 없지 않을까 싶다. 하물며 어떤 어촌에서는 러시아산 수입 명태를 가지고 축제까지 벌이고 있을 정도로 지역 축제가 과잉 양상을 보이고 있다.

이는 지방자치제가 발전하면서 더욱 활발해지고 있는 느낌이다. 그럴 수밖에 없는 것이 축제를 통하여 시민을 통합하고 지역경제도 살리며 단체장도 어떻게든 생색을 내야 다음번에 또 당선되는 데 유리해질 것이므로 일석삼조가 아닌가. 한 곳의 축제에 1, 2억 원만 든다고 해도 전국적으로 축제에 드는 비용만도 수천억 원은 족히 될 터이다. 그런데 문제는 그것들이 진정으로 축제다운 축제이냐 하는 것이다.

축제의 본질을 생각한다

주지하다시피 축제는 인류가 1만 년도 전에 공동체 생활을 시작하면서부터 있어왔다. 즉 수렵 및 농경 사회에서 다산과 풍요를 기원하는 다분히 종교적인 통과의례로서 거행했던 카니발이 그 원조였다. 축제 기간 동안 일상의 억눌린 욕망을 분출시키다 보니 자연히 무질서하고 소란스러움 속에 묵은 때를 씻고 새로움을 꿈꾸면서 공동체 의식도 다지는 형태의 축제도 있다. 그러한 축제에서는 권력자도 피지배자도 하나가 되는 가치전도가 일어나기 때문에 풍자와 해학이 넘치면서 공동체 의식이 형성되고 새로운 삶에의 의욕과 희망도 생겨나게 되는 것이다. 그것이 바로 진정한 축제의 본질이고 의미이기도 하다.

이런 시각으로 오늘날 우리의 축제들을 볼 때, 대부분이 그 진정한 의미나 방식에서 크게 벗어나 지나치게 상업화되고 속화되어 있음을 알 수 있다. 특히 지역마다 내용 면에서나 과정 방식 등에 있어서 개성이나 창의성 같은 것이 없고 상술만 판을 치고 있어 축제라는 이름을 붙이기가 부끄러울 정도의 경우가 대부분이다. 필자가 몇 곳의 축제에 참여해본 결과 그러한 축제를 왜 하는지조차 알 수가 없었다. 대부분 상인들 주도하에 외지인들에게 지역 특산물을 판매하는 데 여념이 없고, 먹자판과 술판을 벌이면서 지역 미인을 뽑는가 하면 유명 개그맨이나 가수를 초청하여 웃기게 하거나 흔해빠진 대중가요를 듣는 정도였다. 지역민의 참여도가 낮은 축제에서 공동체 의식이 형성될 리 없고 새로운 삶에의 의욕이 생겨날 리 있겠는가. 물론 함평나비축제라든가 금산인삼축제, 부여서동연꽃축제 등과 같은 성공적 사례도 없지는 않다.

그런데 더 큰 문제는 지나치게 많은 국제적인 예술 축제라고 하겠다. 물론 광주비엔날레를 비롯하여 부산국제영화제 등 세계적인 예술 행사로서 대단히 성공한 경우도 있지만 그에 못잖게 자자분한 국제 행사가 너무 많다는 것이 문제다. 그러니까 열두 지역이나 되는 연꽃축제처럼 비슷비슷한 국제 행사는 예산만 축내는 것이 아니라 나라의 이미지에도 보탬이 된다고 볼 수가 없다. 영화제만 해도 성격은 조금씩 다르지만 부천, 전주, 제천 등에서 하고 있으며 연극제를 보면 기가 찰 노릇이다. 기억나는 것만 추려보아도 서울에서 하는 공연예술제를 비롯하여 춘천인형극제 및 마임제, 거창, 수원 화성, 마산, 밀양, 여수순천, 전주, 그리고 포항바다연극제 등등 국제적인 연극 축제가 10여 개나 된다.

이상에 열거한 각 지역 영화제들과 연극제들의 경우 새로운 외화나 연극을 접할 기회가 적은 지역민들에게 예술적 기여를 어느 정도 하고 있는 것도 무시할 수는 없다. 긍정적인 면이 어느 정도는 있다는 이야기다. 그러나 문제는 보잘것없는 비슷비슷한 국제 행사가 여러 지역에서 남발되어 외국인들에게 한국이 봉으로 비칠 수 있고, 수준 낮은 해외 공연단체들의 참여로 국제행사로서의 질이 저하되고 예산 낭비만 초래한다는 점이다.

프랑스 아비뇽연극제의 교훈

바로 이 지점에서 필자가 '선택과 집중'이라는 명제를 던지고자 하는 것이다. 먼저 문화 선진국으로 자타가 공인하는 프랑스의 경우를 예로 들어보자. 프랑스에는 여러 가지 축제가 있는데, 분산이 아니라 집중적인 것이 특징이다. 가령 연극의 경우는 남부의 고도(古都) 아비뇽에서 하고 영화는 칸에서 하며 애니메이션은 안시에서 개최하고 있다. 필자가 아비뇽연극제에 가서 보고 느낀바, 거시적(擧市的)인 것이 가장 인상적이었다. 3주일 동안 개최되는 연극제에서 시민들 모두가 홍보대사 역할을 한다. 시민들의 연극에 대한 애정과 상식 또한 전문가 수준이다. 그리하여 인구 10만의 도시에 비슷한 숫자의 전 세계 관광객들이 몰려든다. 호텔이 몇 개 안 되기 때문에 집집마다 빈방들을 관광객들에게 싼 값으로 빌려주기도 한다. 연극제 기간에는 몇 개의 극장과 성당, 학교 강당, 그리고 심지어 창고 같은 곳도 모두가 극장이 된다. 그렇기 때문에 한여름 3주 동안에는 아비뇽시 전체가 연극 축제장이 되는 것이다. 해마다 300개 이상의 연극 단체들이 참여하는데, 거의가 파리 등지에서 온 자국의 극단들이고 해외 단체는 예닐곱 정도로 적다. 그러니까 전 세계에서 특수한 공연단체들을 엄선해서 초청하는데 모두가 자비 참가다. 주최측에서는 기껏해야 소극장 정도 공간을 제공하는 편의를 봐주는 것이다. 이 말은 저들이 국제적인 축제를 벌이면서도 절대 허투루 돈을 쓰지 않는다는 점이다. 우리나라에서 하는 국제 연극제에서처럼 여비며 출연료까지 거액을 지불하는 낭비와는 정반대다. 그런데 더욱 주목되는 점이 두 가지 있다. 우선 조직위원장은 프랑스에서 손꼽힐 만한 연극 대가가 맡는다는 점이다. 우리처럼 지역 연극인이 축제를 조직하고 지휘하는 경우와 다르다. 따라서 축제의 목표 역시 뚜렷하다는 점이 두 번째 주목되는 점이다. 즉 새로운 세계 연극 조류를 창조해보겠다는 것이 아비뇽연극제의 목표다. 그런 곳에 자치단체장이나 출신 의원들 등 관료나 정치인들이 어른거릴 자리가 있을 수 없는 것이다.

진정한 연극 축제를 기대한다

이제 우리도 전국에서 벌어지고 있는 축제에 대한 재검토가 필요한 시기에 와 있다고 본다. 그 첫째는 필자가 제시했듯이 전반적 구조조정에 따른 선택과 집중을 시도해야 한다는 것이다. 그러니까 비슷비슷한 것을 과감히 정리하여 가장 가능성 있고 모범적인 지역에 몰아 키워줌으로써 그것들을 전국적인 축제로 만들어내보자는 것이다. 부산국제영화제라든가 광주비엔날레 등만은 못해도 그에 버금갈 수 있는 규모가 크고 세계에 내놓아도 손색없는 지역축제를 몇 개 더 만들어내보자는 것이다. 프랑스의 경우처럼. 그동안 지방 특산물 판매를 위해서 해오던 축제는 다른 형태의 민간 주도 행사로 전환시키면 된다. 이처럼 우리도 이제는 축제다운 축제만 키움으로써 여기저기서 시행되어오던 것을 정리할 단계에 와 있다고 본다. 그리해야 적으나마 정부와 지자체의 예산 낭비도 줄일 수가 있으며 축제의 수준 역시 한 단계 승화시킬 수 있다. 나라 경제도 위기에 처해 있는 이때에 우리 생활 주변의 방만함부터 쳐내는 일이 시급하다. 절제는 각자의 생활 자세나 예술 창조에서만 필요한 것이 아니고 국가 전체의 예산 운용에도 해당되는 것이 아니겠는가.

한국 현대 연극사의 시발 '제작극회'

주지하다시피 1950년대 중반은 한국 근대 연극사에 있어서 대단히 중요한 전환점을 만든 시기였다. 해방 공간에서의 활발했던 대학극 운동 세력의 성장을 시발로 하여 이해랑의 브로드웨이 연극 체험에 따라 극단 신협이 테네시 윌리엄스 등의 미국 현대 희곡을 소개했다. 그리고 비슷한 시기에 중진 문인들이 오스트리아 빈에서 열린 펜클럽 회의에 참가하면서 자연스럽게 유럽 현대극을 체험한 것 역시 우리 연극에 충격을 안겼다. 또한 우연의 일치일지도 모를 신진 극작가들의 등장은 새 기운의 연극계를 더욱 자극하였다.

우선 6 · 25전쟁 이후 연극계의 신진 아이콘으로 등장한 이들의 모임가 주목할 만한데, 그것이 다름 아닌 1952년 5월의 '대학극회' 재기였다. 당초 1949년 10월에 개최된 제1회 전국남녀대학연극경연대회 직후 결성되었던 대학극회가 이듬해 전쟁을 만나 뿔뿔이 흩어졌다가 1952년 5월에 부산 피난지에서 다시 재창립된 것이 연극의 흐름을 바꿔놓는 데 조그만 씨앗으로 작용할 줄은 아무도 몰랐다.

대학극회의 신선한 출발

그 점은 이들이 이들이 시연작으로 내놓은 〈이리떼〉(로망 롤랑작) 전단지에 나와 있는 다음과 같은 선언문에 잘 나타나 있다.

대개의 직업극단이 오락성을 위주로 하고 안이하게 무대를 형상화(形像化)하는 비연구적 태도에 반동(反動)한 나머지 학생극 및 소인극(素人劇)은 희곡의 문학성이나 이념성(理念性)에 치중하여 대중이나 일반 학생의 지성(知性)을 무시한 오류(誤謬)를 범하였음은 물론 몇 안 되는 연극 애호가의 힘에 의지하여 전체 '앙상블'의 효과를 기할 수 없을뿐더러 소인(素人)의 체취가 과다히 풍겨 연예회의 때를 벗지 못하였던 것이 사실입니다. 그리하여 이것을 초극하고 문화인, 학생, 일반 대중 전반에 긍(亘)한 건강한 정신적 영양을 목적하여, 이번 국내외의 대학 출신 남녀 연극도(演劇徒)가 총집결하여 이 '대학극회'를 결성을 한 것입니다. 일. 인류의 자유와 평화와 복지를 지향하는 자유민주주의 이념 및 세계 문예사조의 주조(主潮)를 정확히 파악함으로써 민족극의 당위 위치를 설정하고 그 양식과 형태를 실험적으로 구명할 것, 이. 극예술의 예술성과 사회성을 적의(適宜)히 조절하여 일반 대중과 함께 생리할 수 있고 생활 감정을 고상하게 순(醇)할 수 있는 무대를 꾸밀 것, 삼. 이 목적을 이룩하기 위하여 진실한 인간성, 투철한 예술 의식, 함축(含蓄) 있고 고도한 지성을 지닌 대학 출신으로서 구성할 것 등의 뜻 아래 모여 로망 롤랑의 〈이리떼〉

를 시연(試演)하는 것이니 문화인, 학생 시민 여러분의 직접적인 연계를 바라는 바입니다.*

이상의 선언문에서 주목되는 부분은 두 번째 항목의 '인류의 자유와 평화와 복지를 지향하는 자유민주주의 이념 및 세계 문예사조의 주조를 정확히 파악함으로써 민족극의 당위 위치를 설정하고 그 양식과 형태를 실험적으로 구명할 것'이라는 대목이다. 이는 사실 당시 신협이 주도하던 정극계와 일부 상업 극단들에서는 생각해내기는 어려운 발상으로서, 이들이 벌써 감각적으로는 현대극을 호흡하고 있음을 암시한 것이었다. 물론 이들이 1952년 5월에 부산극장에서 시연한 것으로 보이는 로맹 롤랑의 〈이리떼〉가 현대극의 조류에 맞는 작품이라고는 생각지 않지만 여하튼 이들이 기존의 근대극 조류만은 극복해보겠다는 의지는 충분히 보여주었다고 할 수 있지 않을까 싶다.

이러한 흐름에 부합이라도 하려는 듯 그즈음에 신진 극작가들이 한두 사람씩 등장하기 시작했는데 가령 1953년에 데뷔한 오상원을 비롯해서 임희재, 차범석, 노능걸 등을 지칭하는바, 이들은 전 세대 극작가들과 특히 감각적인 면에서 상당한 차이점을 드러낸다. 즉 〈녹스는 파편〉으로 데뷔한 오상원은 〈잔상〉 등을 연달아 발표했고, 〈기류지〉로 데뷔한 임희재는 〈복날〉 〈무허가 하숙집〉 등으로 연극

---

* 1952년 5월 20일 대학극회, 로맹 롤랑 〈이리떼〉 전단. 김의경, 「김경옥 옹 서거」(『한국연극』 2011년 1월호)에서 재인용.

계의 주목을 끌었으며 〈밀주〉와 〈귀향〉으로 혜성같이 등장한 차범석과 〈공전〉으로 데뷔한 노능걸 역시 기성 극계에 신선감을 불러일으켰다. 따라서 김경옥도 이들의 희곡이 한결같이 기성 작가들과는 달리 현대성이 농후하다고 다음과 같이 평가한 바 있다.

> 이상으로써 네 편의 단막 희곡에 대해 약평하였거니와 대개가 세태(현실보다는 심도가 얕은 의미로)를 그리면서 모럴을 찾아보려고 하였거나 그렇지 않으면 풍자를 의도한 것이라고 하겠다. 그런데 이러한 일련의 경향은 자칫하면 작품 세계를 통속화하기 어려우므로 약간의 불안을 금치 못한다. 그러나 취급한 제재가 한결같이 우리의 현대생활과 밀접한 관계가 있을뿐더러 무언가 추구하려는 노력을 찾아볼 수 있기 때문에 이 작가들의 제작 의식이 조금만 더 현대극 의식으로 여과된다면 그러한 불안이 일소될 것은 물론이거니와 진정한 의미에 있어서 우리 극문학사상의 현대극시대가 실현되리라고 기대하는 바이다.*

이상과 같은 지적은 올바른 것으로서 전후에 등장한 신진 세대 극작가들은 식민지 시대에 등장한 기성 작가들과는 시대 감각에 있어서 궤를 달리한 것이 사실이었다. 그러니까 신진 세대 작가들은 현실을 묘사하면서도 이념적이거나 목적성을 잃지 않으려 노력했고, 현실을 있는 그대로 그려나갔으며 임희재에서 확인할 수 있는

---

* 「김경옥, 세태와 풍자—신춘 창작희곡의 경향」(하), 『조선일보』, 1956년 2월 12일자.

것처럼 전쟁을 만나 고향을 상실하고 방황하는 인간 군상을 현대적 감각으로 인간적 측면에서 묘파하려 한 것이다. 테네시 윌리엄스의 〈욕망이라는 이름의 전차〉를 모방했다는 평을 받은 〈꽃잎을 먹고 사는 기관차〉만 하더라도 임희재가 그려낸 현대적 인물 성격을 잘 표현한 작품이라고 볼 수 있는 것이다.

임희재도 그와 관련하여 "우리들은 이미 낡은 봉건문화의 붕괴로부터 낡은 가족주의는 차츰 민주주의적인 체제로 변화되면서 군중 속에서 생활하고 사고하고 또한 즐거움을 느끼는 그러한 연극을 생각하게 되었다. 그리하여 나는 의식적으로 가정극을 피하고 어디까지나 한 무대에 이질적인 인물들을 등장시킴으로써 하나의 주제 혹은 소재에 대한 보다 보편적이며 객관적인 휴머니틱한 교섭과 해석을 노린다"**고 하지 않았던가.

제작극회의 현대극 선언

이처럼 연극계에 현대적인 분위기가 감도는 속에서 일단의 젊은 연극인들이 하나의 결사체를 조직하기에 이른다. 이름하여 '제작극회(制作劇會)'가 바로 그것이다. 해방 직후 대학극을 주도했던 신인들이 젊은 날의 꿈이었던 소극장 연극을 다시 시작해야 한다는 사명감으로 뭉쳐서 '극단을 만들어야 한다. 그것도 공연 위주의 극단이어서는 안 된다. 학구적이면서 현대사회에 걸맞은 새로운 현대

** 임희재, 「연극 공황과 희곡」, 『동아일보』 1958년 4월 17일자.

연극의 창조와 예술운동으로서의 소극장 연극이 있어야 한다'*면서 모습을 드러낸 것이다. 즉 해방 직후 주요 서울대, 연세대, 고려대, 중앙대 등에서 학생극을 이끌었던 신진 연극인들이 주축이 되어 1950년 늦봄에 대학극회라는 것을 만들어 친목을 도모하다가 6·25전쟁을 만나 흩어졌고, 1952년 5월 부산에서 일부가 모여 잠시 활동하다가 종전을 맞아 서울에서 재결합한 바 있었다. 그 대학극회의 유일한 여성 창립 멤버였던 극작가 박현숙도 한 회고에서 "1949년 제1회 전국남녀대학연극경연대회 때 두각을 나타냈던 동지들은 당시 명동 입구 동방싸롱이란 찻집이 집합소였다. 대학극회라는 명칭으로 신극운동을 하자는 열의들이 대단했다. 그러나 6·25가 일어났고 동지들은 모두 지방으로 뿔뿔이 헤어졌다. …(중략)… 전후 폐허를 딛고 신협이 신극의 명맥을 잇고 있던 시절, 우리 대학극 출신의 연극 동지들은 다시 모여 무엇인가 보다 새로운 ―기성 극단보다 좀 더 현대적인 연극을 한다, 라는 합의로 장황한 선언문까지 발표하며 출발했던 것이 제작극회였다"**고 하여 대학극회가 모태였음을 분명히 밝힌 바 있다. 이때 모인 창립 멤버는 대학극회 출신의 차범석, 김경옥, 최창봉, 조동화, 노희엽, 구선모, 박현숙 등과 오사량, 최백산, 이두현, 최상현, 임희재, 정근영 등 열세 명이었으며 이들이 1956년 5월 27일에 제작극회라는 단체를 정식

---

* 차범석, 『떠도는 산하』, 형제문화, 1998, 238~239쪽.

** 박현숙, 『나의 독백은 끝나지 않았다』(예술가의 삶 14), 혜화당, 1993, 81쪽.

으로 출범시키면서 만천하에 내건 선언문을 참고삼아 소개하면 다음과 같았다.

극장예술이란 시대 생활의 종합적 관조로써 창조되는 문화 형식이므로 현대 연극은 현대의 제 속성을 조건으로 제작되어야 할 것을 재확인한다. 현대인의 미의식 감각에 감응되지 않는 퇴영적 무대에 현대인은 친근함을 느낄 수 없다. 따라서 즐거움과 인상을 받을 수 없을 뿐 아니라 아무런 의미도 찾을 수 없음이 확실하다. 형상화하는 양식이 사실적이건 상징적이건 간에 고도하게 세련된 현대인의 생활 뉘앙스에 용해해 들어가고 그들의 예리한 생활 감정에 감촉되는 무대미를 제작하는 것만이 필요하다. 그러므로 현대극의 제재가 거의 생활의 내부 및 그 주변에 생기하는 제 현상임을 다짐하는 동시에 현대극의 무대도 현대인의 생활적 발성과 동작을 기조로 하여 표현되어야 함을 강조한다. 그러면서 관객들이 즐거운 마음으로 무대의 정서를 공감하며 생명화하도록 제작되어야 한다.

우리는 관객의 관능과 애상에 야합하는—관객에게 독선적 인상과 미의 향수를 강요하는—또는 피상의 지성으로써 관객을 현혹하는—그리고 관념의 고성(孤城)에 독존하는—일체의 극 양식을 거부한다. 우리는 현대에 있어서의 우리 극의 참다운 전진적 자세를 추구하고 주조적 양식을 제작하기 위하여 시도할 것이다. 현대의 행동적 휴머니즘과 개성의 존중 의식으로써 결합하는 우리의 결속은 인간 정신의 자유로운 창의에 입각하여 참된 현대극 양식을 창작하려는 우리의 이념과 아울러 우리의 표현 행동을 보장해주리라고 굳게 믿는다.***

*** 위의 책, 239~240쪽.

이상과 같은 제작극회의 선언문은 젊은 지성인들의 모임답게 매우 현학적이기까지 하지만 그래도 전체적으로 세계의 앞서가는 조류에 맞춰서 현대극 창조를 제창함으로서 전근대적인 상업주의적인 연극 분위기에 빠져 있던 당시 연극계에는 하나의 도전과 경고였으므로 충격으로 받아들이지 않을 수 없었다. 특히 소극장 운동을 내건 것은 마치 19세기 후반 프랑스에서 앙드레 앙투안을 선봉장으로 하여 일어났던 근대극 운동과 흡사한 것으로서 이들은 이 땅에서 연극의 물줄기를 바꾸어놓겠다는 야심까지 보였다.

이는 또한 1930년대 초 극예술연구회가 등장할 때와도 유사했다. 물론 극예술연구회는 저급한 신파극에 반기를 들고 서구의 근대극을 이식하겠다는 것이었던 데 반해 제작극회는 이러한 근대극 세력을 다시 극복하고 현대극으로 나아가겠다고 한 것이어서 우리 연극이 30여 년 만에 근대극으로부터 현대극으로 도약하는 전환점이 되는 것이었다. 물론 제작극회가 극예술연구회의 근대극 이상(理想)을 극복한 것이라고 볼 수 있지만 여러 가지 면에서는 유사한 것도 적지 않았다. 가령 아마추어적이면서 연구적인 스타일이 가장 비슷한 점이었다. 민속학자 이두현을 끌어들여서 연극사를 정리하게 하려 했다든가 유치진, 현철, 안종화 등 대선배들을 초빙하여 노하우를 얻으려 한 것 등도 유사한 것이었다.

그런데 이들이 현대극의 기치를 높이 들 수 있었던 이유로는 그들이 극복하려 했던 극단 신협의 변화도 무시할 수 없다. 즉 이해랑이 미국 브로드웨이 연극 현장을 체험한 후 귀국하여 엘리아 카잔의 정통 리얼리즘 기법을 전수하고, 테네시 윌리엄스의 신작을 소개하면서 현대극을 부르짖은 직후여서 제작극회의 현대극 제창은 큰 반향을 불러일으키는 데 시너지 효과가 있었던 것이다. 그리하여 이들은 레퍼토리도 미국의 신예 극작가 홀워시 홀의 단막극 〈사형수〉(차범석 연출)를 택했을 뿐만 아니라 공연 장소 역시 대극장 아닌 곳으로 선택하여 대성빌딩의 작은 강당에서 막을 올렸다.

제작극회에 집중된 언론의 관심

당시에는 실험극을 할 만한 소극장이 없었기 때문에 부득이 소강당을 빌려 할 수밖에 없었다. 이 역시 극예술연구회가 대극장 아닌 공회당에서 공연을 했던 것과 비교되는 것이다. 여기서 한 가지 사건이 일어나는데, 당초 창립 공연을 월남한 동인 전근영이 하기로 했었으나 그가 남파 간첩 혐의로 체포됨에 따라 차범석이 대신 하게 된 것이다. 어쨌든 이들의 등장은 예상대로 언론의 주목을 받기에 충분했다. 가령 당시 대표적인 메이저 신문인『조선일보』만 하더라도 그 창립 공연을 '현대극의 태동'이라는 부제를 달아 다음과 같이 호평한 바 있다.

제작극회의 제2회 발표회 〈사형수〉의 공연이 지난 24, 25, 26 3일간에 걸쳐 시내 대성빌딩 집회실에서 성황리에 막을 내렸다. 그런데 이번 공연은 원작자인 홀워시 홀의 희곡이 주는 현대적인 드라마투르기가 가지는 절박한 모티브의 우수한 형상성에도 그 영향이 있었겠지만 좁은 장소와 평면지상이라는 무대의 극악 조건을 극복하며 새로운 현대극의 출현에 전력을 경주시킨 제작극회 동인들의 진지한 노력과 연기에 뒷받침이 되고 있는 세련된 지성으로써 종래 신파가 지니는 무지한 제스처를 완전히 무너뜨리고 현대극이 지니는 진실한 상태의 열연으로 무대의 분위기는 관객을 완전히 흡수시키고 말았다. 그리하여 고도한 지성이 만들어내는 감동을 표현해냄으로써 우리나라 현대극은 무대 없는 집회실에서 그 첫걸음을 내디딘 것이다. 그러나 앞으로 이들 제작극회 동인들이 번역극이 아니고 진정 우리 창작극으로써 이러한 성과를 거두어야만 한다는 일반의 기대는 이번 공연에 뒤이어 요청되고 있는 것이다.*

여기서 주목되는 부분은 제작극회의 등장이야말로 진정한 현대극의 시발이라면서 창작극으로 현대극의 진면목을 보여주어야 한다고 지적한 점이다. 사실 전술한 바 있듯이 현대극 태동은 1950년대 초반부터였지만 당시 언론은 진정한 현대극의 출발점을 제작극회의 등장으로 삼았던 것이다. 그 점은 현대극이 등장할 수 있는 바탕을 마련한 이해랑도 인정한 바 있다. 즉 그는 1986년 제작극회 30주년 기념 공연 때의 축사에서 "제작극회는 현대극의 씨앗으로 그 정신의 투철함이 타 극단의 추종을 불허할 만하다. 그것은 새 인재들을 자꾸 길러냈기 때문에 가능했을 것이다. 여하간 한국 근대 연극사로부터 현대 연극운동으로 전환토록 분기점을 만든 자랑스러운 극단"**이라고 높이 평가한 것이다.

---

* 『조선일보』, 1956년 7월 28일자.

** 박현숙, 앞의 책, 82~83쪽.

당시 언론이 제작극회를 진정한 현대극의 시발로 삼은 것은 이들이 신극사상 최초로 소극장 운동을 제창했고, 또 구성 역시 소위 동인제 시스템을 들고 나온 데다가 창립 공연작인 홀워시 홀과 그의 희곡 〈사형수〉에 주목한 데 따른 것으로 볼 수 있다. 주지하다시피 홀워시 홀은 미국의 현대 작가로서 그의 대표적 작품의 하나인 〈The Valiant(勇者)〉라는 작품을 국내에서 의역한 것이 〈사형수〉였다. 원작이 씌어진 것은 1924년이고 곧바로 미국의 여러 소극장 무대에 올려져서 인기를 끌었다. 우리의 젊은 관객들도 흥미를 느꼈을 것임은 불문가지라고 하겠다.

제작극회가 문화계의 화제를 몰고 등장한 뒤 두 번째 작품으로 막스 할베의 〈청춘〉을 역시 기존 극장이 아닌 가톨릭 문화관 무대에 올렸다. 그 후 한동안 공연을 하지 않았는데, 소극장 운동을 제창하고 나선 제작극회가 번역극만 공연해서는 되겠느냐는 내부 여론 때문이었다. 따라서 그들은 거의 1년을 준비한 뒤에 창작극을 주로 무대에 올리기 시작한 것이다. 그러니까 단원들 중에 등단한 극작가가 세 명이나 있었던 만큼 창작극을 주로 공연하자는 여론에 따른 것이었다. 그리하여 이들은 1958년 들어 연속적으로 창작 희곡을 무대에 올렸는데, 차범석의 〈공상도시〉(3막)를 비롯하여 〈불모지〉, 그리고 김경옥의 〈제물〉 등 세 편을 연달아 공연하여 젊은 관객들의 시선을 끌었다.

그러나 제작극회가 당장 광범위하게 대중성을 획득한 것은 아니었다. 따라서 극단 내부에서는 그대로 갈 것인가 아니면 대중을 향한 자체 변화를 시킬 것인가로 분분한 논의가 일어나게 되었다. 그와 관련하여 주도자의 한 사람이었단 차범석은 "어차피 연극은 관객을 전제로 하는 예술일진대 집안끼리의 잔치이거나 편협한 예술 지상주의를 고집할 수 없다는 주장이었다. 방송계나 영화계에서 인재를 끌어들여 좀 더 관객에게 친절한 연극으로 대응해야 하지 않겠는가라는 주장"*이었다고 회고한 바 있다. 그러니까 이들은 30대 초반의 대학극 출신들로만 극단을 이끌어가는 데에는 한계가 있다고 결론 지은 것이었다. 그리하여 이들은 즉각 인재 영입에 나서서 방송계에서 인기를 끌고 있던 고은정, 천선녀, 안영주, 김소원 등 여배우와 신귀환, 남양일, 김숙일, 한미나, 조용수, 최명수, 장신애, 문혜란 등 신인들을 끌어모아 3년여 만에 명실상부한 그럴듯한 극단으로 거듭나게 되었다.

그렇다고 해서 제작극회가 신협 등과 같은 전문 극단이 된 것은 아니었다. 여전히 실험성을 띠는 아마추어 연극 단체였던 것이다. 우선 레퍼토리 선택에서부터 기성 극단과는 달랐고, 공연장 역시 번듯한 대극장을 기피(?)했다는 점에서도 유별났으며, 기성 연극에 저항하는 연극정신 자체에서 현격한 차이를 드러냈다. 그 점은 당시 언론이 잘 지적하고 있다. 가령 당시 『서울신문』에 실린, 제작극회 성격을 짚은 다음과 같은 기사가 단적인 예라고 하겠다.

우리나라에 있어서 동인극은 극도로 침체된 연극의 구명 운동으로 출범하지는 않았다. 오히려 그보다는 기성 극계에 대한 반

---

* 차범석, 앞의 책, 242쪽.

항으로서 새로운 시대를 형성하기 위하여 가장 진취적이고 아방가르드의 역할을 스스로 의식하고 나선 것이다. …(중략)… 대부분 대학 연극의 무대를 거쳐 온 이들 우리나라 젊은 세대의 극동인들은 '연극은 인생의 재현과 단면'이라는 이러한 사고방식에 사로잡히지 않으려고 심혈을 기울이고 있는 것이다. 그들이 생각하고 모색하는 연극이란 요즈음 흔히 극과 시의 결합과 같은 절충적인 것이 아니라 내일로 향하는 오늘의 가장 중요한 고비에 서서 인간은 어떠한 자세를 갖추어야 하며 또한 어떠한 자세로써 창조의 근원과 연결지을 수 있는가를 찾고 있는 것이다. 이러한 연극관에서 출발한 그들은 벌써 연극에 대한 태도부터 기성 연극인과 차별되고 있는 것이다. 이들의 활동을 볼 것 같으면 제작극회를 위시하여 창작극 동인 티어틀 리불 등이 활동하고 있는데 그 가운데서 전기 제작극회는 매년 4회 정기공연을 가지고 있다. 그들도 제대로의 무대를 단 한 번이라도 갖지 못했다. 어떤 때는 무대도 없는 소집회실에서 커튼만 쳐놓고 겨우 무대와 객석을 구분지을 정도였으며 어떤 때는 4류 5류의 소극장에서 날짜도 겨우 얻지 않으면 안 되었다. 대부분이 학교 강당을 빌리는 것이 고작이었다.**

이상의 글에서 특히 주목되는 부분은 제작극회를 비롯해서 1950년대 후반에 생겨난 동인제 극단들의 연극정신이다. 그들은 '인생의 재현과 단면'을 목표로 하는 리얼리즘 연극을 극복하고 인간의 실존을 묘사하겠다는 자세로 임했다. 그만큼 그들은 현대극을 추구

** 『서울신문』, 1959년 5월 20일자.

했다는 이야기다. 그들 중에서 단연 두각을 나타낸 단체는 역시 제작극회였음은 두말할 나위 없다. 그러나 그들은 여전히 아마추어리즘을 벗어나지 않았다. 특히 구성원에서나 발표 공연장 등에서 전문 극단들과 현격한 구별이 되었다. 그러던 중 1958년 서울 을지로 입구에 소극장 원각사(圓覺司)가 문을 열면서 제작극회와 원방각 등 동인제 극단들도 번듯한 무대에서 공연할 수 있게 되었다.

제작극회의 변신

제작극회가 창립되고 3년이 지나면서 여러 가지 시행착오도 있었지만 그래도 동조하는 기성 연극인들이 참여하면서 어느 정도 자신감도 찾아가기 시작했다. 그래서 그들은 소극장 운동답게 신인 창작극도 무대에 올리기로 하고 동인이기도 한 박현숙의 〈사랑을 찾아서〉와 김자림의 〈돌개바람〉 등 단막극 두 편을 원각사 무대에 올리기에 이른다. 그 두 작품에 대하여 이근삼은 "창작극의 공연이라는 것이 거의 없다시피 된 요즈음에 이번 제작극회가 원각사 무대에 내놓은 두 개의 단막극(창작극)은 극계에 적지 않은 관심을 불러일으켰다. 착실히 성장하는 제작극회가 거둔 또 하나의 좋은 성과"*라고 칭찬해줌으로써 그 시도에 대해서만은 긍정적 평가를 내린 바 있다. 물론 그는 공연 내용에 있어서 연기라든가 연출, 조명 등 여러 가지 미숙한 점도 지적하는 것을 빼놓지 않았다.

---

* 이근삼, 「창작극 살리려는 노력—제작극회 공연을 보고」, 『한국일보』, 1960년 3월 22일자.

그러니 뭐니 뭐니 해도 제작극회의 절정은 같은 해에 원각사에서 공연한 존 오스본의 〈성난 얼굴로 돌아보라〉일 것 같다. 주연을 맡았던 동인 최상현이 연출자에 거부감을 표하고 도중하차하는 해프닝을 극복하고 막을 올리게 된 이 작품에 대하여 연출을 맡았던 최창봉은 프로그램에 쓴 글에서 "28세 되는 영국의 청년 작가가 쓴 이 작품이 이제 우리에게는 셰익스피어의 고전보다 더 구미에 맞게 되었다는 것은 한낱 시대성 같은 때문만이 아니고 인간성의 재인식이 지금 우리에게 필요하게 되었기 때문이라는 점에서 멤버들에게 반성할 기회를 많이 주었다"**고 함으로써 작품 선택이 '인간성의 재인식'에 있음을 실토한 바 있다. 이 역시 기성 극단이 추구하는 리얼리즘 연극정신과 배치되는 것이다. 제2차 세계대전 이후 소위 '잃어버린 세대'의 정서를 가장 잘 대변했다는 이 공연에 대한 평가 역시 좋은 편이었다.

영문학자 오화섭은 그 공연에 다하여 "분노는 항거이며 저항이다. 이러한 영(靈)의 절규는 원인과 결과를 가져와야 한다. 분노는 방향을 제시할 때 비로소 가치를 지니게 마련인 것이다. 존 오스본은 〈성난 얼굴로 돌아보라〉에서 젊은이의 분노가 무엇인가를 보여주려고 한다. 실상 성난 젊은이들의 문학운동은 단명한 20세기의 신화이지만 오스본의 연극에서는 무엇에 대한 분노인가가 확실히 드러나 있다고는 할 수 없다. 주인공 지미의 말대로 아무도 생각지

** 제작극회 제9회 공연 프로그램 참조.

않고, 믿음이 없으며 신념과 정열이 없어진 세대, 그렇기 때문에 또 하나의 일요일은 그 전 일요일과 같게 마련이며, 그러한 정신병원 속에서 주인공에게는 생물이건 무생물이건 모두가 분노의 대상이 된다. …(중략)… 이러한 문제작이 제작극회의 이번 공연에서 어느 때보다도 가장 성공적이었다는 것을 동경해 마지않는다. 연출자 최창봉 씨는 지미의 분노에다 개성과 신념이라는 성실성을 부여함으로써 그 분노를 부각시켰다"*고 주제 해설을 곁들여 극찬을 했다.

오화섭 외에도 여러 전문가들이 호평했는데, 특히 영국의 전후 젊은이들의 이유 없는 반항이라는 색다른 주제에 공감한 것 같다. 그러니까 이 작품이 그동안 연극 현장에서 전혀 접해본 일이 없는 이색적인 주제였던 데다가 시의적으로도 4·19학생혁명 직후여서 더욱 젊은이들의 극단 제작극회의 도전이 싱그러워 보였던 것이다. 그런 여세를 몰아 제작극회는 4·19를 제재로 삼은 차범석의 〈껍질이 째지는 아픔 없이는〉 공연으로 분위기를 이어갔다.

이 공연은 제작극회 공연들 중 몇 가지 점에서 차이가 났다. 우선 제작극회가 공연한 첫 번째 창작 장막극이라는 점과 국립극장을 발표 무대로 삼은 점이라고 하겠다. 제작극회가 전문 극단으로 거듭나고 싶은 의지를 보여주려 한 공연이었다는 이야기다. 그런데 제작극회가 주요 활동무대로 삼아왔던 소극장 원각사가 화재로 소실된 것이다. 연극단체가 활동무대를 잃는 것처럼 고통스러운 것은

---

* 오화섭, 「〈성난 얼굴로 돌아보라〉를 보고」, 『동아일보』, 1960년 7월 14일자.

없다. 게다가 실험극장 등 동인제 극단들이 새로운 기치를 들고 나선 데다가 주요 동인이었던 김경옥이 정부 관리로 옮겨 앉았다. 제작극회가 내우외환에 봉착한 것이다. 그와 관련하여 차범석은 전후 사정을 다음과 같이 회고한 바 있다.

그런데 제작극회의 그 동인 정신에 언제부터인가 금이 가기 시작했다. 4·19혁명이 나자 김경옥이 장면(張勉) 정권 아래서 공보실장 자리에 앉게 되면서부터였다. 연극과 정치가 연결지어져서도 안 되지만 연극을 정치 도구화하려는 것도 문제였다. 그러나 더 근본적인 문제는 동인들 자신의 연극에 대한 자세에 변화가 일어났다. 연극애호가와 연극전문가 사이에서 생기는 갈등이 바로 그것이다. 1956년 창단 당시 우리는 순수한 연극애호가들의 모임이었다. 그러나 시간이 흘러감에 따라 연극을 직업으로 삼고 전문화시켜야 한다는 의견이 대두되었다. 그것은 제작극회의 출범에 자극을 받았는지 여러 개의 극단이 꼬리를 물고 창단되었다. 실험극장, 동인극장, 횃불극회, 원방각 등 소극장 연극단체가 이어지니 우리는 뭔가 변화가 있어야지 언제까지나 연극애호가들만의 연극을 할 때가 아니라는 게 바로 나의 주장이었고 여기에 찬동한 동인이 기획을 맡아 오던 김유성이었다. …(중략)… 우리 두 사람은 예의 의견 교환 끝에 새로운 극단을 창단하기로 하고 가장 가까운 배우이자 동인의 한 사람인 오사량에게 참여 의사의 여부를 타진했다. 오사량은 전적으로 찬동하지만 인정 의리상 다른 동인과 헤어질 수 없다면서 나의 손을 꼭 붙들었다. 격려의 악수였다.**

** 차범석, 『예술가의 삶 6』, 혜화당, 1993, 182쪽.

제작극회를 실질적으로 이끌어오던 차범석이 단체를 이탈하게 되는 과정의 위와 같은 회고는 제작극회가 일단 분열하면서 약화되는 배경을 설명해준다. 모두가 알다시피 차범석은 제작극회를 떠나 2년여 뒤에 극단 산하(山河)를 만들어 운영하게 되고, 제작극회는 여성 동인 박현숙이 맡아서 한동안 이끌게 된다. 그렇지만 1960년대 동인제 극단 시대가 열리는 데 있어 결정적 씨앗과 동인(動人)도 되었던 제작극회 자신만은 무섭게 치고 나오는 신진 극단들의 난립 속에 군소 극단으로 전락하는 운명을 감수해야 했다. 바로 그 점에서 제작극회는 1956년부터 4년여 동안의 활동으로 이 땅에 현대 연극사의 문을 열었고 이어서 1960년대의 동인제 극단 시대가 펼쳐질 수 있는 토대를 마련함으로써 그 역사적 사명은 다한 것이라고 말할 수 있다.

무대 위 세상
무대 밖 세상

초판 인쇄 · 2016년 11월 10일
초판 발행 · 2016년 11월 15일

지은이 · 유민영
펴낸이 · 한봉숙
펴낸곳 · 푸른사상사

주간 · 맹문재 | 편집 · 지순이 | 교정 · 김수란
등록 · 1999년 7월 8일 제2-2876호
주소 · 경기도 파주시 회동길 337-16 푸른사상사
대표전화 · 031) 955-9111(2) | 팩시밀리 · 031) 955-9114
이메일 · prun21c@hanmail.net / prunsasang@naver.com
홈페이지 · http://www.prun21c.com

ⓒ 유민영, 2016
ISBN 979-11-308-1057-7   03680
값 20,000원

이 도서의 국립중앙도서관 출판예정도서목록(CIP)은 서지정보유통지원시스템 홈페이지
(http://seoji.nl.go.kr)와 국가자료공동목록시스템(http://www.nl.go.kr/kolisnet)에서 이용하실
수 있습니다.(CIP제어번호: CIP2016026469)